Georg Markus

Geschichten der Geschichte

Georg Markus

Geschichten der Geschichte

Unvergeßliches von Kaisern, Käuzen, großen Künstlern und kleinen Leuten

Amalthea

Bildnachweis:
Votava (4), S. Koller, Öst. Nationalbibliothek (2), Camera Press, Ch. Demel (2), Gradwohl, Trautenberg, Georg Mikes, Martin A. Jöchl (2), Karl Slaba, ORF, Tuszynski, Archiv der Kronen Zeitung, Privatarchiv des Autors.

Lektorat: Gerhard Demel
Umschlaggestaltung: Wolfgang Heinzel
Umschlagmotiv: Kaffeehaus-Gesellschaft, Österreichische Nationalbibliothek, Wien (vorne), Georg Markus auf dem Marcus-Auto, Martin A. Jöchl, Wien (hinten)
Herstellung: VerlagsService Dr. Helmut Neuberger & Karl Schaumann GmbH, Heimstetten
Satz: Filmsatz Schröter GmbH, München
Gesetzt aus 10/12 Punkt Garamond
Druck und Bindung: Wiener Verlag, Himberg
Printed in Austria 1992
ISBN 3-85002-329-X

Inhalt

War Kolumbus ein Wiener?

Vorwort

Es begann mit einem Anruf Marcel Prawys, der mich aufforderte, meine Zeitungsserie über Christoph Kolumbus auch als Buch zu veröffentlichen. Ich fühlte mich geehrt, war aber dagegen, da ich der Meinung bin, daß man als Biograph den zu Beschreibenden nicht nur verstehen, sondern auch erfühlen können muß. Als Wiener versuchte ich das in meinen Büchern über Freud, Farkas, Moser oder Hörbiger – die alle aus meiner Welt, die alle (mehr oder weniger) aus Wien kamen. Aber Kolumbus, der Genuese, der über Portugal und Spanien nach Amerika gelangte, das er eigentlich für Indien hielt? Nicht unbedingt ein Buchthema für einen eingefleischten Wiener!

Etwas später fragte der Amalthea-Verlag um eine Zusammenfassung meiner historischen Reportagen an. Geschichten der Geschichte, das sind Berichte einer untergegangenen Welt, die dennoch lebendig blieb. Denn wir alle leben mit und in dieser Geschichte, ob sie nun zu den erfreulichen oder zu den dunklen Kapiteln der Menschheit zählt. Helden kommen darin ebenso vor wie die finsteren Gestalten früherer Generationen. Könige finden sich in diesem Buch und Politiker, große Künstler wie »kleine Leute«. Ich reiste nach Genf und nach Hollywood, nach New York, London, Rom und Berlin. Und versuchte auch im »internationalen Teil« meiner Schilderungen Wiener zu bleiben: Auch Giacomo Casanova verführte hierzulande reihenweise, auch im Leben der Agatha Christie gibt es österreichische Spuren, auch in Wien findet man mehrere Stradivari-Geigen. Die Wurzeln von vier Päpsten liegen in der k. k. Monarchie, auch der Suezkanal hat einen österreichischen »Vater«. Und das Automobil haben »wir« überhaupt erfunden.

Als ich dann dieses Buch zusammenstellte und die Kapitel von Demel über Sacher bis Nestroy, Schnitzler, Billy Wilder, die Strauß-Dynastie und Kaiser Joseph II. vor mir lagen, da fiel mir auch der Genuese Kolumbus wieder in die Hände. Kein Wiener zwar, da mag man die Sache drehen und wenden, wie man will. Aber nachdem wir, einem alten – und wahrlich nicht gerade geschmackvollen – Scherz zufolge, schon aus Hitler einen Deutschen und aus Beethoven einen Österreicher gemacht haben, lag es doch nahe, Kolumbus wenigstens zu »neutralisieren«. Einerseits hat er Amerika entdeckt (eine Leistung, die deutlich für seine österreichische Abstammung spricht), andererseits waren die Methoden, die er dabei anwandte, alles andere als gemütlich. Also mußte er Ausländer bleiben!

Er bleibt es, auch in diesem Buch, und findet sich in bester (also: schlechtester) Gesellschaft mit anderen Nicht-Österreichern wie Englands blutigem König Heinrich VIII., dessen Landsmann »Jack the Ripper« und der glücklicherweise bereits ebenfalls Geschichte gewordenen Berliner Mauer.

Von Schubert über Mahatma Gandhi, dem Lieben Augustin bis Christoph Kolumbus – sie alle lieferten Geschichten der Geschichte. Unterschiedlicher Herkunft dürfen sie sein. Langweilig – so hoffe ich jedenfalls – nie.

Georg Markus
Wien, im August 1992

»Nichts ist leichter als Klavierspielen«

Musikgenies

Das Geheimnis der Stradivari

Die berühmteste Geige der Welt

Bis zu 25 Millionen Schilling werden heute für eine Stradivari geboten. Weltberühmte Geiger wie Yehudi Menuhin, Pinchas Zukerman, Gidon Kremer und Anne-Sophie Mutter zählen zu den glücklichen Besitzern eines solchen Klangwunders. Was ist das Geheimnis der Stradivari, was unterscheidet sie von einer alten Fiedel, die's für 1500 Schilling schon am Flohmarkt gibt?

»Antonio Stradivari hat seinen Instrumenten eine spezifische Form gegeben, die ihnen ein außergewöhnliches Klangvolumen verleiht«, meint der Wiener Geigenbauer Otmar Lang. Aus Fichte und Ahorn hergestellt, wurden Stradivaris rötlichbraune Violinen mit Lacken überzogen, deren Zusammensetzung heute nicht mehr rekonstruiert werden kann.

In Österreich kennen wir vier Stradivaris. Sie gehören den Virtuosen Wolfgang Schneiderhan und Christian Altenburger, zwei weitere befinden sich im Besitz der Oesterreichischen Nationalbank, die sie dem Wiener Schubert-Trio sowie dem Philharmoniker Rainer Küchl als Dauerleihgaben zur Verfügung stellt.

Konzertmeister Küchl liebt an seiner Stradivari »die vollendete Qualität und Tragfähigkeit des Tones. Dazu kommt das absolute Vertrauen, das man in eine solche Geige hat. Es ist aber auch der Name, der ihr einen besonderen Nimbus verleiht«. Immer, wenn er auf Reisen ist, läßt Professor Küchl das Prunkstück weder im Flugzeug noch im Hotel aus den Augen – immerhin ist seine »Stradivari Chaconne« aus dem Jahre 1725 auf 24 Millionen Schilling versichert.

Wie alle wirklich großen Geigen der Welt stammt auch diese aus der italienischen Stadt Cremona. Antonio Stradivari, der genialste der dort ansässigen Instrumentenbauer, war Schüler des großen Nicola

Amati, dessen Werk er zur Vollendung führte. Sein Genie brachte dem berühmtesten Geigenbauer aller Zeiten so viel ein, daß »Reich wie Stradivari« in Italien zum geflügelten Wort wurde.
Der bekannte Geiger Thomas Christian, Professor am Konservatorium der Stadt Wien, beschäftigt sich seit Jahren mit der Geschichter großer Geigen. Man schätzt, daß es heute weltweit 500 Stradivaris gibt. »Doch ganz genau wissen wir's nicht. So wurde in den letzten Kriegstagen des Jahres 1945 von den Sowjets im Eisenstädter Schloß Esterházy eine riesige Instrumentensammlung in Brand gesteckt, wobei auch etliche Stradivaris vernichtet wurden. Andere Geigen ruhen nach Flugzeugkatastrophen für immer auf dem Meeresboden.«
Gerade diejenigen, die auf den wertvollsten Instrumenten zu spielen in der Lage wären, können sie sich meist nicht leisten. »Ein Großteil der Geigen befindet sich in den Händen reicher Sammler, die sie als Wertanlage in Vitrinen aufbewahren«, bedauert Thomas Christian. Kein Wunder: Erstrangige Instrumente, die vor einigen Jahren noch für eine Million zu haben waren, werden heute zum zehn- bis zwanzigfachen Betrag gehandelt.«
Vorsicht ist freilich geboten, denn gefälscht wird, seit gegeigt wird. Schon 1737, als Stradivari im Alter von 93 Jahren starb, kamen »Stradivaris« auf den Markt, die seine Schüler und Mitarbeiter in Eigenregie gebaut und nachträglich mit begehrten Namensschildern aus der Werkstatt des Meisters versehen hatten. Manche Fälscher, die in späteren Jahrhunderten wirkten, kamen dem Genie ihrer Vorbilder nahe. So erzählt man, daß Niccolò Paganini, einer der größten Virtuosen aller Zeiten, eine Guarneri besaß, die er dem Pariser Geigenbauer Jean-Baptiste Vuillaume zur Überprüfung brachte. Vuillaume kopierte das Original, legte Paganini scherzhalber beide Geigen vor – und dieser wollte die falsche mit nach Hause nehmen.
Nicht alle Fälscher hatten so viel Talent. Vor einigen Jahren tauchte in Oberösterreich eine »Antonio Stradivari« auf, deren Stempel die Jahreszahl 1771 trug. Der Meister war zu diesem Zeitpunkt schon seit über 30 Jahren tot!
Daß Unmengen falscher Stradivaris in Umlauf sind, weiß man spätestens, seit die Stadt Cremona 1937 den 200. Todestag ihres

großen Sohnes begehen wollte. Von 2000 aus aller Welt eingeholten Geigen, Violoncellos und Bratschen, die aus diesem Anlaß ausgestellt werden sollten, erwiesen sich nur 40 als echt – alle anderen waren nachgebaut.
In Böhmen gab es vor dem Zweiten Weltkrieg ganze Dörfer, deren Bewohner sich darauf spezialisiert hatten, gefälschte Meistergeigen herzustellen. Stradivari-Etiketten wurden nachgedruckt, durch Kakao oder schmutziges Wasser gezogen und in primitive Imitationen geklebt. So wird dem Wiener Dorotheum an Besichtigungstagen heute noch »jede halbe Stunde eine falsche Stradivari, Amati oder Guarneri zum Verkauf angeboten«, erzählt Schätzmeister Ferdinand Kugler.
Tausende Violinen lagern immer noch auf Dachböden und werden dort tagtäglich von Kindern oder Enkelkindern gutgläubiger Kunden der seinerzeitigen »Geigen-Mafia« entdeckt. Die Enttäuschung ist meist groß, zumal die Zeiten, da man in einem verstaubten Violinkasten tatsächlich noch »eine echte Stradivari« finden konnte, längst vorbei sind.

Eine Dynastie im Dreivierteltakt

»Die Sträuße«

Wir begegnen hier einem weltweit einmalig dastehenden Phänomen: einer Familie, deren männliche Mitglieder buchstäblich alle genial waren. Der Vater und die drei Söhne. Da kann sich's natürlich nur um »die Sträuße« handeln.
Johann Strauß Vater, der Gründer jener Familie, die den Dreivierteltakt weltweit populär machte, war im biedermeierlichen Wien als Sohn eines Gastwirts, der die Schenke »Zum guten Hirten« am Donaukanal betrieb, zur Welt gekommen. Schon in der väterlichen Schankkapelle stellte er sein überragendes musikalisches Talent unter Beweis, wurde aber von den Eltern gezwungen, bei einem Buchbinder in die Lehre zu gehen.

Als Strauß 15 Jahre alt war, lernte er den etwas älteren Kapellmeister Joseph Lanner kennen, der ein Dreimannorchester leitete und Johann Strauß sen. als Bratschist engagierte. Bald gingen die beiden jedoch getrennte Wege, Strauß gründete eine eigene, wesentlich größere Kapelle, wurde zum erbitterten Konkurrenten Lanners und stellte im Alter von 22 Jahren seine erste Komposition – den »Täuberlwalzer« – vor. Während bis dahin bei Hof immer noch fast ausschließlich das gespreizte Menuett getanzt wurde, machte Strauß den Dreivierteltakt hoffähig und den Walzer zum beliebtesten Gesellschaftstanz für Generationen. Als 30jähriger wurde er zum Hofballmusikdirektor ernannt.
Im selben Jahr noch verließ er seine Frau und die drei Söhne. Der älteste, Johann, war damals zehn, Josef acht, Eduard gerade erst zur Welt gekommen. Der Hofballmusikdirektor Johann Strauß lebte fortan mit seiner Lebensgefährtin Emilie Trampusch, einer Modistin, und kümmerte sich herzlich wenig um seine Familie. Einen Wunsch hatte er freilich »den Buben« mit auf den Weg gegeben: »Alles könnts werden, nur eins nicht – Musikanten!« Zu viele gescheiterte Existenzen hatte Vater Strauß im Laufe seines Berufslebens unter den Kollegen gesehen, Künstler gehörten damals – mit Ausnahme der wenigen, die berühmt waren – den untersten Sozialschichten an. Aber der väterliche Protest half nichts, die Musik lag den Söhnen im Blut, sie mußten Musiker werden.
War Joseph Lanner anfangs der Konkurrent von Strauß Vater, so wuchs jetzt in seinem eigenen Sohn Johann ein Genie heran, das die Popularität des »alten Strauß« sehr schnell in den Schatten stellte. Johann Strauß Sohn, der »Walzerkönig«, wurde zum beliebtesten Österreicher gleich nach dem Kaiser – wenn er nicht zeitweise sogar noch populärer war als dieser.
Der Kaiser war übrigens schlecht auf Johann zu sprechen, da dieser im Jahre 1848 einen gegen das Haus Habsburg gerichteten »Revolutionsmarsch« komponiert hatte, worauf Franz Joseph sich sein Leben lang weigerte, Strauß in den Adelsstand zu erheben. Es dauerte Jahrzehnte, bis der Walzerkönig »hoffähig« wurde, dann übernahm er aber den Posten seines Vaters und wurde Hofballmusikdirektor.
Johann war nicht nur der populärste, sondern auch der fescheste

Musiker seiner Zeit. Die Frauen himmelten ihn an, scharten sich um ihn, sein Lebenswandel wird in einem Akt der k. k. Polizeidirektion als »unsittlich und leichtsinnig« bezeichnet. Der »Strauß-Schani«, wie ihn alle Welt nannte, war dreimal verheiratet, etliche Male verlobt und im Wien des vorigen Jahrhunderts Mittelpunkt gesellschaftlicher Skandale – etwa, als seine zweite Frau mit dem Direktor des Theaters an der Wien »durchging«. Oder als er in seiner dritten Ehe der Bigamie bezichtigt wurde, worauf er zum protestantischen Glauben überwechselte und die österreichische Staatsbürgerschaft aufgab, um den Rechtsfolgen seiner (gesetzlich gültig gebliebenen) zweiten Ehe zu entgehen.

Hätte Bruder Josef eine Generation später gelebt – er wäre unter Garantie der populärste Musiker seiner Zeit gewesen. Aber da war eben der ältere Johann, neben dem keiner bestehen konnte, auch wenn Josef Melodien wie den »Dorfschwalbenwalzer« oder »Mein Lebenslauf ist Lieb und Lust« komponiert hatte. Als Absolvent der Technischen Hochschule Wien trug Josef den Titel Ingenieur, war ein überaus begabter Mathematiker und hatte eine Straßenkehrmaschine erfunden. Aber in jedem Strauß steckte Musik, und die mußte einfach raus. Wann immer sein älterer Bruder verhindert war, übernahm Josef die Leitung der Johann-Strauß-Kapelle, konnte aber auf Grund seines labilen Gesundheitszustands zeitlebens keiner geregelten Arbeit nachgehen.

Eduard, der Jüngste, hatte es zweifellos am schwersten. Obwohl er eine Diplomatenschule absolviert hatte, war er von der Musik ebenso besessen wie seine Brüder und begann in der Kapelle Johanns Violine und Harfe zu spielen, bis auch er ein eigenes Orchester gründete, mit dem er in aller Welt Sensationsgastspiele gab. Doch sämtliche Erfolge konnten nicht über die Verbitterung hinwegtäuschen, doch nur »der kleine Bruder« vom großen Johann zu sein. In einem Anfall von Sinnesverwirrung vernichtete er in reiferen Jahren alle vorhandenen Noten des Vaters und der Brüder.

Mehrere überragende Talente in einer Familie sind in der Musikwelt Rarität: Mozart hatte einen großen Vater, Bach und Wagner außerordentlich begabte Söhne, Haydn einen bemerkenswerten Bruder. Aber daß eine Musikerdynastie ausschließlich aus Genies besteht – das macht den »Sträußen« keine andere Familie nach.

Und es wird noch sehr viel Wasser »die Donau so blau« hinunterfließen, und die ganze Welt wird immer noch nach ihren Klängen tanzen.

Der Unvollendete

Franz Schubert (1797–1828)

Man versuche, sich in diese Zeit zu versetzen. In Wien leben die Dichter Grillparzer, Raimund, Nestroy, Lenau, Stifter; die Maler Waldmüller, Amerling, Kriehuber, Schwind; die Komponisten Beethoven und Schubert. Österreich ist eine Hochburg genialer Künstler, doch kaum einer wird in seiner wahren Größe erkannt. Am allerwenigsten Franz Schubert.

Ganze 31 Jahre ist er alt geworden, und dieser kurze Zeitraum ist vielfach falsch überliefert. Das Bild vom ewig unglücklich verliebten Schubert-Franzl ist ja auch wirklich zu schön, um nicht von Romanautoren, Biographen und Filmregisseuren immer wieder entstellt zu werden. Hast halt ein Pech g'habt, Franzl, warst net sehr schön, net sehr gebildet und zu guter Letzt bist g'storben und konntest nicht einmal deine »Unvollendete« vollenden.

Das ist schon der erste Irrtum, denn die »Unvollendete« – korrekt: Symphonie in h-Moll – hat Schubert im Jahre 1822, also sechs Jahre vor seinem Tod, komponiert. Warum er sie nicht vollendet hat, blieb unbekannt, mit seinem frühen Ableben hat es jedenfalls nichts zu tun.

»Ungebildet«, so sagt man, sei er gewesen, dabei ist aus seiner Korrespondenz klar ersichtlich, daß er über umfassendes humanistisches Wissen verfügte. Ja, und dann das Lieblingslied aller Schubert-Biographen: Die Geschichte von der unglücklichen Liebe. Mag sein, daß er nie die Erfüllung fand, doch in Wahrheit sind all die Behauptungen reine Spekulation. Wirklich nachweisbar sind zwei Beziehungen: Seine Jugendliebe Therese Grob wartete drei

Jahre auf ihn, ehe sie einen anderen heiratete. Diese Affäre widerlegt also den »Dreimäderlhaus«-Film- und Romanstoff ganz klar, demzufolge ihn »keine wollte«. Nachweisbar ist weiters, daß Schubert seine Schülerin Comtesse Karolin Esterházy verehrte, »diese seine Liebe jedoch nicht erwiderte«. Daß er aber deswegen gleich zum unglücklichen Liebhaber auf Lebenszeit gestempelt wurde, ist das typische Produkt einer unbarmherzigen Kitschindustrie.

Das Musikgenie wuchs in äußerst beengten Verhältnissen auf. Seine Mutter hatte 14 Kinder in die Welt gesetzt, nach deren Tod bekam seine Stiefmutter weitere fünf. Franz hatte also nicht weniger als 18 Brüder und Schwestern (von denen einige im Säuglingsalter verstarben). Die überlebenden Geschwister überragte er sehr früh, wie den Aufzeichnungen seines Vaters zu entnehmen ist: »In seinem 8. Lebensjahr brachte ich ihm die nötigen Vorkenntnisse zum Geigenspiel bei und übte ihn soweit, bis er imstande war, leichte Duetten ziemlich gut zu spielen; nun schickte ich ihn zur Musikstunde des Herrn Michael Holzer, Chorregenten in Lichtental. Dieser versicherte mehrmals mit Tränen in den Augen, einen solchen Schüler niemals gehabt zu haben. ›Wenn ich ihm was Neues beibringen wollte‹, sagte er, ›hat er es schon gewußt. Folglich habe ich ihm eigentlich keinen Unterricht gegeben, sondern mich bloß mit ihm unterhalten und ihn stillschweigend angestaunt.‹« Während der Gymnasialzeit war Schubert Mitglied der Sängerknaben, er erhielt aber auch Musikunterricht vom berühmten Hofkapellmeister Salieri, dem früheren Gegenspieler Mozarts. Schuberts große Bescheidenheit geht aus einem Brief hervor, in dem er sich seiner Kindheit erinnerte: »Zuweilen glaubte ich wohl selbst im stillen, es könne etwas aus mir werden – aber wer vermag nach Beethoven noch etwas zu machen.«

»Geworden« – im Sinne einer beruflichen Hierarchie – ist Schubert tatsächlich nichts. Denn was immer er anzupacken versuchte, es ging daneben: Seine Stellung als Hilfslehrer an der Schule des Vaters gab er bald auf, weil ihm diese Tätigkeit keine Zeit zum Komponieren ließ. Es fanden sich kaum Verleger, die seine Kompositionen gedruckt hätten, und nur drei Bühnenstücke von Schubert wurden zu seinen Lebzeiten aufgeführt: »Die Zwillingsbrüder«, »Rosamunde« und »Die Zauberharfe«. Schuberts Bewerbung um den

Direktionsposten an der Musikschule Laibach wurde ebenso abgelehnt wie sein Bemühen um die Stelle als Vizehofkapellmeister und als Dirigent am Kärntnertortheater.
Gerade dem tragischen Umstand, daß er keine feste Anstellung fand, verdanken wir die ungeheure Fülle seines Werks, denn nur dadurch konnte sich Schubert praktisch Tag und Nacht seinen Kompositionen widmen. Obwohl Beethoven fast doppelt so alt wurde wie er, ist Schuberts Œuvre noch umfangreicher. In den wenigen Jahren, die ihm zur schöpferischen Arbeit blieben, schuf er weit mehr als 1000 Lieder, Klavierstücke, Ouvertüren, Kammermusiken, Messen, Chöre, Tänze, Bühnenstücke sowie acht Symphonien. »In einem halbdunklen, feuchten und ungeheizten Kämmerlein, in einen alten, fadenscheinigen Schlafrock gehüllt, frierend und komponierend«, so behielt ihn ein Freund in Erinnerung. »Die Schwierigkeiten seiner Lage lähmten seinen Fleiß und seine Lust durchaus nicht«, schreibt ein anderer, »er mußte singen und dichten, das war sein Leben.«
Allen Widrigkeiten des Lebens zum Trotz brachte es Schubert zu einem gewissen Bekanntheitsgrad im biedermeierlichen Wien. Er gab des öfteren Konzerte in privaten Salons und hatte einen prominenten Freundeskreis, zu dem Franz Grillparzer und Moritz von Schwind zählten.
An der katastrophalen Finanzlage des fast immer Hochverschuldeten änderte dies wenig, der »Liederfürst« konnte sich zeitweise nicht einmal ein eigenes Untermietzimmer leisten und mußte bei Freunden oder Verwandten schlafen. Auch die letzten Wochen seines Lebens verbrachte er bei seinem älteren Bruder Ferdinand. »Ich werde wohl im Alter an die Türen schleichen und um Brot betteln müssen«, lautete ein Verzweiflungsschrei Schuberts.
Doch es gab kein Alter. Das Musikgenie verstarb in den besten Mannesjahren – an Syphilis, wie vielfach behauptet wird. Und das ist die letzte Verfälschung seiner Biographie, denn der Komponist litt zwar an der damals grassierenden Geschlechtskrankheit, als Todesursache ist im Bericht des Ärztekonsiliums jedoch »schweres Nervenfieber« angeführt. Vermutlich war er an Bauchtyphus erkrankt, ein im 19. Jahrhundert infolge der schlechten Trinkwasserqualität weitverbreitetes Übel.

Vollendet ist sein Werk, vollendet das Genie Franz Schubert. Unvollendet sein Leben, das nur 31 Jahre währte, aus dem er am Höhepunkt seiner Schaffenskraft gerissen wurde. »Die Tonkunst begrub hier einen reichen Besitz«, ließ Franz Grillparzer auf Schuberts Grabstein meißeln, »aber noch viel schönere Hoffnungen.«

»In 50 Jahren komme ich wieder«

Vladimir Horowitz, 1987 in Wien

Irgendwie hatte ich den Eindruck, als wär's sein Doppelgänger, der da im Wiener Hotel Imperial abgestiegen ist. Denn seit Jahren lese ich vom »verrückten Genie« Vladimir Horowitz, einem »senilen Wunderkind« (»Der Spiegel«), »Hypochonder« (»New York Times«) und überhaupt »merkwürdigen Musiker« (»Stern«). Der Welt größter Pianist, dem nachgesagt wird, fast ebenso viele Stunden auf der Psychiatercouch verbracht zu haben wie auf dem Klavierstockerl, scherzt, lacht, zeigt die Zunge, schneidet Grimassen. Aber verrückt ist er sicher nicht. Das erstaunlich rüstige Musikgenie gibt nachmittags (»Abends spiel' ich prinzipiell nicht«) im Wiener Musikverein ein Konzert.

Übrigens das teuerste, das es in Österreich je gegeben hat. Für seinen Zweistundenauftritt streift der Maestro rund 4,5 Millionen Schilling ein. Horowitz-Fans, die nicht bereit sind, bis 3000 Schilling für die Eintrittskarten auszugeben, tröstet er: »In 50 Jahren komme ich sowieso wieder.« So viel Zeit ist auch seit seinem letzten Wien-Gastspiel vergangen.

Am Zustandekommen des Auftritts im Musikverein waren ausnahmsweise weder die mächtigsten Männer der Welt noch ein königlicher Thronfolger beteiligt, wie das bei Horowitz-Engagements im Normalfall durchaus üblich ist: Sein vorjähriges Konzert in Moskau fädelten Reagan und Gorbatschow bei ihrem Genfer Gipfeltreffen ein, 1982 griff Horowitz nach Intervention des briti-

schen Prinzen Charles auf der Bühne der Londoner Royal Festival Hall in die Klaviertasten, und das 50-Jahr-Jubiläum seines Amerikadebüts feierte er auf Einladung des damaligen Präsidenten Carter mit einem Festkonzert im Weißen Haus.
Nach Wien ließ »der liebe Gott unter den Klavierspielern« seinen 30 Jahre alten Steinway-Flügel einfliegen, zu dem er dann auf dem Podium des Musikvereins »wie ein Pinguin watschelt und zum Spielen so weit davor Platz nimmt, als mache ihm das Instrument angst«, wie ein Kritiker einmal einen Horowitz-Auftritt beschrieben hat.
Angst ist tatsächlich ein Hauptwort im Leben der größten Klavierlegende des Jahrhunderts. Geboren in Kiew, als noch der Zar herrschte, lernte der Sohn eines Ingenieurs und einer Pianistin sehr früh Gewalt und Verfolgung kennen: Der einjährige Vladimir wurde bei einem Anschlag auf seine jüdische Familie durch eine Revolverkugel verletzt, als 13jähriger mußte er mitansehen, wie die Bolschewiken das Elternhaus stürmten und sein geliebtes Klavier aus dem Fenster warfen. Bis zur Machtübernahme der Kommunisten in gutbürgerlichen Verhältnissen aufgewachsen, wurde Vladimir Horowitz nach der Revolution durch sein Klavierspiel zum Familienerhalter. Immerhin hatte man ihm schon auf dem Konservatorium in Kiew gesagt, »daß ich mehr sei als ein üblicher Pianist«.
Sein Geburtstag ist der 1. Oktober ... – und hier beginnt bereits der Biographenstreit. 1903 schreiben die einen, 1904 die anderen. Im Hotel Imperial erklärte der Maestro am Tag vor seinem Wiener Konzert, wie's dazu kam: »1903«, plaudert er in englisch-deutschem Kauderwelsch mit russischem Akzent aus, »ist richtig. Als ich 1920 vor den Kommunisten flüchtete, hatte mein Bruder das Geburtsjahr in meinem Paß gefälscht, denn als 17jährigen hätten sie mich zum Militär eingezogen, so ließen sie mich ausreisen.«
Über Deutschland und Frankreich gelangte er in die USA, wo er sehr schnell zum Liebling des Publikums wurde. Bereits Ende der zwanziger Jahre rühmte die Kritik nach einem Konzert in der Carnegie Hall »eine Klangfülle, die in der Geschichte des Klavierspiels unvergleichlich ist«.
1932 hatte er die entscheidende Begegnung seines Lebens: Arturo

Toscanini nahm mit ihm Tschaikowskis Klavierkonzert in b-Moll auf, machte ihn zum Lieblingssolisten und – Schwiegersohn.
Vladimir Horowitz heiratete Wanda Toscanini. Eigentlich wollte ich von ihm wissen, wie's dazu kommt, daß er immer wieder als kompliziert, exzentrisch, ja sogar verrückt bezeichnet wird, wo er doch den Eindruck eines durchaus normalen Zeitgenossen macht, der freilich ebenso gern Komödie wie Klavier zu spielen scheint. Doch das ist mehr ein Thema für Wanda: »Als verrückt gilt er, weil er nur Huhn und Seezunge ißt, spätnachts zu Bett geht und dann bis mittags in einem verdunkelten Raum zu schlafen pflegt.« Er lacht weise, zupft an seinem Mascherl und sagt: »Es ist besser, sie schreiben, man ist verrückt, als sie schreiben gar nichts.«
Zu seinem Image als schlimmes Kind, das so gern Eiscreme schlekken würde, aber von der strengen Ehefrau daran gehindert wird, hat das Original freilich zeitlebens selbst einiges beigetragen: Nach ausgedehnten Konzerttourneen legte er immer wieder Erholungspausen ein, deren längste immerhin 25 Jahre dauerte. Wo immer er hinkommt, führt er eine Maschine zur Desinfektion des Trinkwassers mit, früher war er auch stets mit eigenem Koch angereist (»Der Wiener Küche vertraue ich aber«).
In das 220 m^2 große Appartement des Hotel Imperial, das vor Horowitz sein Landsmann Chruschtschow ebenso bewohnte wie Englands Königin Elizabeth, der Schah oder Marschall Tito, wurde kurz vor der Ankunft des Pianisten ein weiterer Steinway-Flügel gehievt. Wie lange er denn täglich übt, wurde er gefragt. »Ach wissen Sie«, antwortete Horowitz, »an manchen Tagen übe ich gar nicht.« Und dann verschmitzt: »Wenn man in den letzten 50 Jahren so viel gespielt hat wie ich, kann man's schon.«
Trotzdem mache ich mir um Mozart, Schubert, Liszt, Schumann und Chopin, die er in sein Wiener Programm eingebaut hat, keine Sorgen. Wie hat er einmal gesagt? »Nichts ist einfacher als Klavierspielen.«
Tatsächlich: Ein bissel Genialität reicht vollkommen.

PS: Vladimir Horowitz starb am 5. November 1989 in New York.

Wie arm wären wir ohne ihn

Wolfgang Amadeus Mozart (1756–1791)

Er ist das Genie schlechthin. Wie arm wären wir alle ohne Mozarts Melodien. Überlegen wir anhand seines Schicksals, wie sehr die Menschheitsgeschichte von Zufällen abhängig ist: Seine Mutter brachte sieben Kinder zur Welt, von denen fünf im Säuglingsalter starben. Eines der beiden, die überlebten, war Wolfgang Amadeus. Nur 35 Jahre weilte er auf dieser Welt, aber wäre er ein Jahr früher gestorben – wir hätten »Die Zauberflöte« nicht. Oder andererseits: Welche Melodien wären noch entstanden; hätte er ein paar Jahre länger gelebt. Aber wir müssen dankbar sein, Mozart lebte – und das war ein Gottesgeschenk.

Kein Mensch wird das Phänomen Mozart je begreifen können. »Was machst du da?« fragte Vater Leopold den vierjährigen Wolfgang, als dieser ein paar Noten auf ein Blatt Papier gekritzelt hatte. »Ein Konzert für Klavier«, antwortete der geniale Knirps, »der erste Teil ist bald fertig.« Wenige Monate danach entstand sein erstes »offizielles« Werk (die »Nr. 1 im Köchelverzeichnis der sämtlichen Tonwerke W. A. Mozarts«). Schon die früheren Kompositionen zeigen die Genialität des kleinen Wolfgang, der auch das Klavierspiel in Vollendung beherrschte, wie sein Vater bescheinigte: »Diesen Menuett und Trio hat der Wolfgangerl den 26ten January 1761 einen Tag vor seinem 5ten Geburtstag um halb 10 Uhr nachts in einer halben Stund gelernet.« Ein Jahr später unternahm er bereits Konzertreisen und wurde in ganz Europa als Wunderkind gefeiert.

Mozarts Vater war Hofkomponist des Salzburger Erzbischofs und widmete der musikalischen Erziehung seiner Kinder sehr viel Zeit. Gemeinsam mit seiner Tochter Maria Anna (genannt Nannerl) begleitete er den genialen Sohn während der ersten Tourneen. Im Alter von sieben Jahren spielte Wolfgang Amadé, wie er sich bald nannte, vor Maria Theresia in Schönbrunn. Oft zitiert wird die Geschichte von der leutseligen Kaiserin, »auf deren Schoß Wolfgang sprang, sie um den Hals nahm und ihr Gesicht mit Küssen bedeckte«. Weniger bekannt ist die Tatsache, daß Maria Theresia später ihrem Sohn Ferdinand brieflich mitteilte, Mozart gehöre »dem unnützen Volk an, das Kunst nicht als noble Freizeitpassion, sondern zum Profit betreibt.«

Der Salzburger Erzbischof Graf Colloredo nahm den 13jährigen als Hofkonzertmeister unter Vertrag, doch später fühlte sich Mozart in der heutigen Mozartstadt beengt. Nach einem Streit mit dem Bischof blieb der weitgereiste Komponist fortan in Wien, wo er Konstanze Weber, die Schwester seiner Jugendliebe Aloysia, heiratete. Sie schenkte ihm sechs Kinder, von denen nur zwei den Vater überleben sollten.

In dieser Zeit entstanden einige der gewaltigsten Werke der Musikgeschichte. Zwar mußte er die ersten Jahre seines Wien-Aufenthalts durch Klavierunterricht »an meist unbegabten Schülern« finanzieren, aber bald war sein überragendes Talent Gesprächsthema. Mozart wurde – neben Haydn und Beethoven – zum Hauptvertreter der »Wiener Klassik«, er gab Konzerte, vor allem aber komponierte er. Keiner hat dieses Genie mit wenigen Worten treffender beschrieben als Franz Grillparzer, ein anderer großer Österreicher: »Am siebten Tag erschien der Mensch – es war Mozart.«

Und dieser Genius soll bettelarm gewesen sein, wie uns zwei Jahrhunderte lang überliefert wurde? Die neuere Mozart-Forschung rückt dieses düstere Bild ein wenig zurecht. Fest steht, daß eine »angemessene Honorierung« seiner Werke gar nicht möglich sein konnte, wie viele Gulden hätte man ihm etwa für »Don Giovanni« zahlen sollen – zehn, hundert, eine Million? Daß er hungern mußte, ist jedenfalls widerlegt. Kaiser Joseph II. hatte Mozart 1787 zum k. k. Kammerkompositeur ernannt und ihm ein festes Gehalt bezahlt. Auch seine Opern verschafften Mozart Einnahmen, die ihm ein – zumindest gutbürgerliches – Leben hätten sichern können. Allein als Klaviervirtuose verdiente er rund 10 000 Gulden pro Jahr (nach heutigem Geldwert rund 1,7 Millionen Schilling).

Der wahre Grund der ständigen Finanznot dürfte wohl in Mozarts krankhafter Leidenschaft zum Glücksspiel zu suchen sein. »Er spielte hoch, ganze Nächte hindurch, er war sehr leichtsinnig«, vermerkte ein Zeitgenosse, der Kapellmeister Destouches. Karten und Billard wären ihm wichtiger gewesen als das Klavierspiel: »Wenn ein berühmter Billardspieler in Wien ankam, hat's ihn mehr interessiert als ein berühmter Musiker.« Der Biograph Uwe Kraemer vermutet, »Mozart dürfte wohl den größten Teil seines Vermögens verspielt haben.«

Der wirkliche Skandal für Österreich war Mozarts Beisetzung in einem Armengrab auf dem Friedhof von St. Marx. Weder Staat noch ein Privatmann konnten sich aufraffen, dem Meister eine würdige Begräbnisstätte zu stiften, und seine Witwe war nicht in der Lage, die erforderlichen Gebühren zu zahlen. Zwar wurde Mozart später ein Ehrengrab errichtet, doch sind seine sterblichen Überreste bis heute nicht wieder aufgetaucht.

In Mozarts Todesjahr war noch »Die Zauberflöte« entstanden, die er seinen Logenbrüdern bei den Freimaurern gewidmet hatte. Das allerletzte Werk konnte er nicht beenden: Es war ein Requiem, das Graf Walserberg-Stuppach anonym bei Mozart in Auftrag gegeben hatte, um sich später – wie es geplant war – selbst als Komponist des Stücks auszugeben.

Ein »hitziges Frieselfieber« als Folge einer Nierenerkrankung raffte Mozart in seinen besten Jahren dahin. Die schauerlichste Legende entstand nach seinem Ableben: Sein Konkurrent Salieri – wurde verbreitet – hätte ihn vergiftet. Als ob die wahre Tragödie des Musikgenies nicht schlimm genug gewesen wäre.

Gespräch mit Mozart

Fiktives Interview zum 200. Todestag des Meisters

Es ist ein nebliger Herbstmorgen am St. Marxer Friedhof, und der Meister empfängt mich zum Exklusivinterview. »Hier hat man mich also begraben?« fragt er.

»Nicht direkt«, sage ich. »Ursprünglich stellte man Ihnen ein

Armengrab zur Verfügung, erst später erkannte man Ihre Größe und errichtete diese Gedächtnisstätte.«

»Was führt Sie zu mir, Redakteur Markus?« will das Genie wissen.

»Das Mozartjahr«, antworte ich. »1991 begehen wir Ihren 200. Todestag.«

»Mein Gott, so lang ist das schon wieder her? Lassen Sie mich rechnen: 1791 überfiel mich dieses gräßliche Schüttelfieber. 1791 bis 1991... stimmt, zweihundert Jahre! Meinen Todestag feiert man also – an meinen Geburtstagen hat mir kein Mensch gratuliert, damals. Naja. Gibt's denn heut' überhaupt noch Leute, die meinen Namen kennen?« fragt Mozart.

»Aber Herr Professor«, entgegne ich, »Sie gelten als größtes Musikgenie aller Zeiten, Kaffeehäuser sind nach Ihnen bekannt, es gibt Mozartkugeln, Mozartschnitten, Mozartzöpfe, Mozartbrunnen, -plätze und -straßen – und einige Leute kennen sogar Ihre Musik.«

»Man kennt meine Musik? Das hätte mir bei Lebzeiten widerfahren sollen! Welche meiner Werke werden denn noch gespielt?« will Mozart wissen.

»Figaro«, »Don Giovanni«, »Zauberflöte«, fallen mir spontan ein.

»Und wie verkauft sich das Zeug?« fragt er weiter.

»Eine ganze Industrie lebt von Ihrem Namen, Meister Mozart. Vor allem während der Salzburger Festspiele.«

»In Salzburg gibt es Festspiele? Warum denn das?«

»Alles nur Ihretwegen«, erkläre ich dem Ahnungslosen. »Hunderttausende kommen, um Mozart zu hören und Mozarts Geburtshaus zu besichtigen.«

»Mein Geburtshaus? Ausgeschlossen, das kann's doch gar nicht mehr geben, das drohte doch schon zu meinen Lebzeiten einzustürzen, weil wir kein Geld für die Renovierung hatten.«

»Einsturzgefahr besteht immer noch, aber aus einem ganz anderen Grund: Touristen aus aller Welt stapfen durch das Haus, weil sie das Spinett sehen wollen, an dem Sie gespielt haben.«

»Seinerzeit hat man mich vertrieben aus Salzburg.«

»Lieber Meister«, versuche ich Mozart zu beruhigen, »darauf können doch die Herren von der Plattenindustrie keine Rücksicht nehmen. Von Ihren Singles, LP's und CD's wird fast soviel verkauft wie von Falco.«

»Falco? Was ist das?«
»Ein Musikant unserer Tage.«
»Also etwas Ähnliches, wie ich's vor zweihundert Jahren war?«
»Nicht ganz so genial, aber dafür wesentlich geschäftstüchtiger. Überhaupt seit er die Idee hatte, einen Schlager Ihnen zu Ehren ›Amadeus‹ zu nennen. Damit hat er Millionen umgesetzt.«
»Die heutigen Musiker leben also besser als unsereins zur Zeit der Kaiserin Maria Theresia?«
»Wenn einer im Geschäft ist, kann er durch den Plattenverkauf sein Auslangen finden.«
»Und was sind Platten?« fragt Mozart.
»Kunststoffscheiben, auf denen Musik gespeichert wird.«
»Zu meiner Zeit hat man die Musik auf Notenblättern gespeichert.«
»Gott sei Dank!« sage ich, »erst kürzlich gelangte bei Sotheby's eine Notenhandschrift von Ihnen zur Versteigerung und erzielte 55 Millionen.«
»Gulden?«
»Schilling. So heißt unsere heutige Währung.«
»Wie viele Schilling würde ich denn heutzutag' mit meiner Musik verdienen, wäre ich jetzt am Leben?«
»Also, wenn Ihre Platten den Qualitätsansprüchen von Ö 3 genügen würden, Meister, dann könnte ich Sie mir glatt in den Hitparaden vorstellen. Ihr Sound ist ja echt crazy, wie man heute sagt.«
»Was sagt man heute? Ich versteh' überhaupt kein Wort. Platten, Hitparaden, Sound, crazy. Spricht man denn nicht mehr Deutsch in Österreich.«
»Wenig.«
»Könnte etwa meine ›Kleine Nachtmusik‹ in diese Hitparade gelangen?«
»Aber sicher, wenn wir die Musik durch Joesi Prokopetz arrangieren und von der Ersten Allgemeinen Verunsicherung instrumentieren ließen, könnte das der Weihnachtsrenner der Saison werden. Überhaupt wenn eine clevere PR-Agentur die Promotion der Mozartfeiern übernimmt.«
»Wie wird man denn meinen 200. Todestag feiern?«
»Es darf kein Spektakel werden, wurde verkündet. Aber Sie müssen schon verstehen, Meister Mozart: Mit einem einzigen Tag kommen

wir nicht durch, es ist nicht einmal gelungen, alle Programmpunkte innerhalb eines Jahres unterzubringen. Daher beginnen die offiziellen Feierlichkeiten schon an Ihrem 199. Todestag. Und am 1. Jänner 1991 dürfen Ihre Melodien erstmals mit den Walzern und Polkas der Familie Strauß im Neujahrskonzert der Wiener Philharmoniker gespielt werden. Weltweit! Was sagen Sie dazu?«
»Das find' ich echt crazy!«
»Na sehen Sie, Meister Mozart. Im neuen Jahr geht's dann richtig los: Jedes Klavier, jede Geige, jede Oboe, die in diesem Land noch einen Ton von sich geben, werden Mozart spielen. Bürgermeister Zilk macht Ihnen zu Ehren 80 Millionen Schilling locker!«
»80 Millionen?« Mozart blickt verstört zu Boden. »Und mich hat man hungern lassen und in ein Armengrab gesteckt!«
»Aber Herr Mozart«, werde ich ein bißchen böse, »denken Sie doch nicht so kleinkariert. Mozart ist viel zu groß, um hungrig zu sein. Und was braucht einer an sein Grab zu denken, wenn er ohnehin unsterblich ist! Mozart ist ein Genie, Mozart gehört der ganzen Welt.«
»Ach ja, das verstehe ich. Verzeihen Sie, daran hab' ich nicht gedacht.«
»Herr Professor Mozart, wir danken für das Gespräch.«

KRIMINELLES

Räuber, Mörder, Mädchenhändler

Wer war »Jack the Ripper«?

Der Mann, der London in Angst und Schrecken versetzte

London, im Herbst 1888: Fünf Prostituierte wurden ermordet. Der Täter: Unbekannt. In die Kriminalgeschichte eingegangen als »Jack the Ripper«. Eine Affäre, die Geschichte machte: Zwischen 31. August und 9. November 1888 wurden in East End, einem Elendsviertel der britischen Metropole, die grausam verstümmelten Leichen von fünf Freudenmädchen aufgefunden. Ganz junge Frauen waren darunter, aber auch ältere, die man für wenige Pennies »kaufen« konnte. Von Anfang an – das erste Opfer hieß Marianne »Polly« Michels – wütete der Täter nach einem festgefahrenen Ritual: er schnitt seinen Opfern die Kehle durch und tranchierte sie anschließend regelrecht. Ohren, Nasen, Brüste, Herz, Leber oder Gebärmutter wurden abgeschnitten. Das eine oder andere Organ hängte der offensichtlich Geisteskranke an eine Wand des jeweiligen Tatorts, andere Körperteile nahm er mit nach Hause. Ende September 1888 schickte der Täter eine halbe Niere eines Opfers per Post an Scotland Yard. Ein »Bekennerbrief«, den er an die Londoner »Central News«-Nachrichtenagentur richtete, trug die Unterschrift: »Jack the Ripper« (zu deutsch: »der Aufschlitzer«). Mehr als dieses Pseudonym konnte bis zum heutigen Tag nicht eruiert werden.

Und das, obwohl die schauerlichen Taten des zu trauriger Berühmtheit gelangten Unholds eine der größten Polizeimaschinerien aller Zeiten in Bewegung setzte. Zahllose Personen wurden vorübergehend festgenommen – doch keinem Verdächtigen konnte auch nur einer der schrecklichen Morde nachgewiesen werden.

Die ganze Welt war zur Jahrhundertwende von einer Jack-the-Ripper-Hysterie erfaßt. Eine der Spuren führte sogar bis nach Wien, wo man 1892 den 49jährigen Fleischhauergesellen Alois

Zeitgenössisches Bild: England jagt »Jack the Ripper«

Szemeredy in die k. u. k. Polizeidirektion schaffte, weil er von Kriminalbeamten für Jack the Ripper gehalten wurde. »Verdächtig« an ihm war, daß er zum Zeitpunkt der Londoner Morde in Wien drei einander widersprechende Meldezettel ausgefüllt hatte. Szemeredy wurde ins Irrenhaus gesteckt, wo er im selben Jahr noch starb. Nachweisen konnte man ihm die Taten ebensowenig wie Dutzenden anderen, als pervers geltenden Männern, die von Chicago bis Moskau, von Paris bis Amsterdam verhört wurden. Vom »Wiener Ripper« stand nicht einmal fest, ob er in seinem ganzen Leben überhaupt je bis nach London gekommen war.

Sicher in London war zu diesem Zeitpunkt hingegen Prinz Albert, Enkel der Queen Victoria und Großonkel der heutigen Königin Elizabeth. Sein Name geistert seit mehr als einem Jahrhundert durch Dutzende Bücher, die sich mit dem »Ripper« beschäftigen: Tatsächlich gab es den Verdacht, der angeblich abartig veranlagte Albert sei das mordende Ungeheuer. Die Verhaftung des Täters war, wie es hieß, »auf höchsten Befehl« verhindert worden, als die Polizei dem Prinzen auf die Spur kam.

Gegen die Theorie, ein perverser Sproß des Königshauses sei »Jack the Ripper«, spricht unter anderem die Tatsache, daß Queen Victoria nachweislich sowohl beim Innenminister als auch beim Polizeipräsidenten von London mehrmals persönlich intervenierte, um die Aufklärung der grausamen Hinrichtungen voranzutreiben.

Stand doch ganz England in den Monaten, als man tagtäglich neue Verbrechen befürchten mußte, unter Schock. Ein sozialdemokratischer Redner drohte sogar, den Polizeipräsidenten »am nächsten Laternenpfahl aufzuknöpfen«, weil die Ausforschung des Täters nicht gelang.

Scotland Yard wurde mit Hinweisen von Zeugen bombardiert, die den Täter gesehen haben wollten – doch die Angaben waren so widersprüchlich, daß sie sich als wertlos erwiesen. London war voll von Amateur-»Detektiven«, die Unschuldige ins Zwielicht brachten: Da wurde ein russischer Agent, der tatsächlich zwei Ripper-Opfer gekannt hatte, ebenso »entlarvt« wie ein Sekretär der Heilsarmee, der angesehene Anwalt Montague John Druit wie eine »als Mann verkleidete Hebamme«, die die Dirnen aus Rache ermordet haben sollte, weil sie von ihnen als Engelmacherin allzu schlecht bezahlt worden sei.

Großbritannien atmete auf, und Londons Frauen wagten sich wieder auf die Straßen, als nach etwas mehr als zwei Monaten der Spuk vorbei war und kein weiterer Mord gemeldet wurde. Alle Welt rätselte, was zum Ende der Verbrechensserie geführt hatte. Dr. Francis Camps vom Gerichtsmedizinischen Institut in London lieferte dafür drei mögliche Begründungen. Version A: »Jack the Ripper« ist nach seinem letzten Mord unter ungeklärten Umständen verstorben. Version B: Er verließ London und konnte irgendwo untertauchen. Version C: Er wurde wegen einer anderen Straftat verhaftet beziehungsweise in eine Heilanstalt für Geisteskranke gebracht, ohne daß man in ihm den Mörder erkannte.

Der Stuhl des Todes

Die Geschichte einer Tötungsmaschine

Zur Hinrichtung William Kemmlers in der Strafanstalt von Auburn im Staate New York waren mehr Schaulustige gekommen, als sonst bei Exekutionen üblich. Denn der Deutschamerikaner, der seine Braut ermordet hatte, sollte an diesem 6. August 1890 durch eine vollkommen neue »Tötungsmaschine« hingerichtet werden: Kopf und Unterschenkel des auf einem Holzsessel festgebundenen Delinquenten wurden an Elektroden angeschlossen und führten nach Zuleitung starker Stromstöße zum »schnellen und sauberen Tod«. Mehr als zweitausend Insassen warten in den Todeszellen amerikanischer Gefängnisse auf ihre Hinrichtung.
Zwar wurde die Todesstrafe in jenem Land, das sich als Hochburg der modernen Zivilisation sieht, zwischen 1967 und 1977 nicht angewendet, doch gehört sie inzwischen längst wieder zum Alltag der US-Justiz. Vollstreckt wird in erster Linie mittels elektrischem Stuhl, in dem sich, wie es der Journalist Egon Erwin Kisch schon am Beginn unseres Jahrhunderts ausdrückte, »der Geist des Mittelalters mit der größten Erfindung der Neuzeit, der Elektrizität, verbindet«.
Zu Protesten in der Bevölkerung war es bereits im Jahr vor der ersten »Benützung« des elektrischen Stuhls gekommen, als nämlich Zeitungen darüber berichteten, daß die Funktionstüchtigkeit des neuen Apparates an Hunden und anderen Tieren erprobt würde. Auch unmittelbar nach der »historischen Exekution« William Kemmlers stand der elektrische Stuhl im Blickpunkt der Kritik: »Der Tod trat nicht sofort ein«, prangerte die Fachzeitung »The

Electrical Engineer« an, »vielmehr setzte die Atmung nach Abstellung der Stromstöße wieder ein. Kemmler starb erst bei der Wiederholung des Vorganges, wobei ihm Brandwunden an den Kontaktstellen der Elektroden zugefügt wurden und die Zuschauer alle Anzeichen des Todeskampfes mitbekamen, der ebenso verzweifelt war, wie man es sonst auf den Galgengerüsten beobachten kann«. Die »New York Times« sprach von einem »grauenhaften Spektakel«, das »weitaus schlimmer als Erhängen« gewesen sei.
Rund viertausend Schwerverbrecher haben seit William Kemmler ihr Leben auf dem elektrischen Stuhl gelassen. An der Prozedur hat sich in hundert Jahren, abgesehen von einigen mechanischen »Verbesserungen«, wenig geändert: Lehne und Rückenbrett des Todesstuhls werden, je nach Größe und Gewicht des rechtskräftig Verurteilten, in die gewünschte Position gebracht, damit dieser »in bequemer Sitzhaltung« Platz nehmen kann. Nachdem Arme und Beine mit Lederriemen festgebunden werden und der Kopf mit einem Eisenhelm bedeckt wird, läßt der Scharfrichter per Knopfdruck drei Stromstöße zu je 1900 Volt durch den Körper des Todeskandidaten schnellen. »Der Delinquent zuckt heftig«, liest man in Berichten amerikanischer Gerichtsreporter, »bäumt sich kurz auf und sackt bei Abschalten des Stroms in sich zusammen. Gesicht und Gliedmaßen sind blau und aufgedunsen, zwischen den geschwollenen Lippen läuft Speichel hervor«.
Der Tod solle, versichern die Hersteller des grausigen Instrumentariums, innerhalb von achtunddreißig Sekunden eintreten. Neuere Untersuchungen haben freilich ergeben, daß in vielen Fällen genau das nicht zutrifft. Denn immer wieder kommt es zu »Pannen«, da jeder Mensch auf die Zufuhr bestimmter Strommengen anders reagiert. Weiters führen schlechter Kontakt zwischen den Elektroden und der Haut des Rechtsbrechers zu Funkenbildung, schweren Verbrennungen und langem, qualvollem Sterben.
Vielfach wird behauptet, der Tod auf dem elektrischen Stuhl sei schrecklicher als die Hexenverbrennung im Mittelalter.
Als einer der schlimmsten Fälle ist der des Weißen John Louis Evans in Erinnerung, der am 22. April 1983 genau vierzehn Minuten mit dem Tod kämpfte, ehe in seinem fast schon verkohlten Körper endlich das Herz zu schlagen aufhörte. Elf Minuten dauerte

der Todeskampf Anthony Bertolettis im Starke-Gefängnis von Florida. Die rapid ansteigende Gewaltkriminalität in den USA ließ den Ruf nach der Todesstrafe in den vergangenen Jahren lauter werden. Zum Tode verurteilt kann werden, wer wegen »Mordes mit erschwerenden Umständen« – dazu zählen Raub, Vergewaltigung und Entführung – schuldig ist. Und so wird sie heute in achtunddreißig der fünfzig amerikanischen Bundesstaaten vollstreckt, wobei neben dem elektrischen Stuhl auch Todesspritze und Gaskammer zur Anwendung kommen. Zwei Bundesstaaten – Illinois und Oklahoma – haben die Todesstrafe erst vor kurzem wieder eingeführt und die ersten Hinrichtungen sofort vorgenommen.
Vergeltung und Abschreckung werden laut amerikanischer Verfassung mit der Todesstrafe bezweckt. Doch ist man längst schon zur Überzeugung gelangt, daß der elektrische Stuhl ein Folterinstrument ist.

Mädchenhandel

Als Frauen wie Waren verschachert wurden

Es gibt ihn nach wie vor, den Mädchenhandel. Eines der schmutzigsten Verbrechen ist noch immer nicht ganz ausgestorben. Natürlich spielt das Geschäft mit Frauen heute nicht mehr dieselbe Rolle wie in früheren Jahrhunderten, als »das Weib« als Ware galt, die man von Kontinent zu Kontinent verschacherte. Auch aus Europa und aus dem alten Österreich landete so manches Mädchen auf verschlungenem Wege in irgendeinem orientalischen Harem oder Freudenhaus. Von diesen Tragödien wissen wir wenig, niemand hat ihr Leben aufgezeichnet, die Chronik schweigt. Wir können hier aber von drei außergewöhnlichen Frauen der Geschichte berichten, die Opfer von Mädchenhändlern gewesen sind. Und von der Versteigerung eines Mädchens am Beginn unseres Jahrhunderts.
Eine der unglaublichsten Geschichten ist wohl die der für ihre

Schönheit berühmten Gräfin Sophie Potocka, die 1773 als Tochter eines armen Schuhmachers zur Welt kam und es zu allerhöchstem Ruhm und seltenem Reichtum brachte. Am Anfang ihres wahrgewordenen Märchens steht Menschenhandel. Graf Auguste de La Garde, Chronist des Wiener Kongresses und persönlicher Freund der Gräfin, hat uns ihre Geschichte hinterlassen.

Sie beginnt in ihrer Geburtsstadt Konstantinopel. Als der französische Gesandte eines Tages durch die Altstadt ritt, fiel ihm ein dreizehnjähriges Mädchen, das mit anderen Kindern auf der Straße spielte, von solch betörender Schönheit auf, daß er es ansprach und seine Mutter für den nächsten Tag in die Botschaft bestellte. Er bot ihr 1500 Piaster für die Überlassung ihrer Tochter an, der er die beste Erziehung in Paris zukommen lassen wollte. Die Mutter willigte ein und unterschrieb einen ihr vorgelegten Vertrag. Ein Vorgang, der im Orient nicht so außergewöhnlich war.

Sophie war noch ein halbes Kind, als sich der russische General Johann de Witt in sie verliebte und sie zur Frau nahm. Auf den Gesellschaften zwischen Petersburg und Wien galt sie als schönste Frau ihrer Zeit, in der sich europäische Bildung und Geisteshaltung mit der pikanten Anmut des Orients verbanden. Zweiundzwanzigjährig lernte sie in Hamburg den wesentlich älteren Grafen Felix Potocki, einen der reichsten Edelmänner Polens, kennen und lieben. Der Graf ging zum General de Witt, und es kam zu Mädchenhandel Nummer zwei: Für die beinahe unvorstellbare Summe von zwei Millionen Gulden kaufte er dem General die Frau ab. Scheidung und neuerliche Verehelichung fanden an demselben Tag statt, aus dem einst bettelarmen Mädchen aus Konstantinopel war eine der reichsten Frauen Europas geworden.

Die Gräfin Potocka wurde von ihrem Mann mit Schmuck und Ländereien überhäuft und verwaltete nach seinem Tod eine der weltweit größten privaten Besitzungen.

Ende des 18. Jahrhunderts lebte auch Aimee Dubucq de Rivery, Tochter eines Aristokraten auf der Insel Martinique. Sie war die Cousine Josephines, der späteren Gemahlin Napoleons. Frankreichs Kaiserin war es auch, die uns in ihren Memoiren die Geschichte ihrer gleichaltrigen Cousine erzählte: Mit einundzwanzig Jahren reiste Aimee von der französischen Stadt Nantes, wo sie die

Klosterschule abgeschlossen hatte, zurück nach Martinique. Auf der Fahrt wurde das Schiff von Piraten geraubt und nach Algier verschleppt, wo man die schöne Aimee dem Harem des Sultans Abdul Hamid von Osmanien zum Kauf anbot. Er machte sie zu seiner Lieblingsfrau und den ihm von Aimee geschenkten Sohn Mahmud zum Thronerben.
Die bei weitem größte »Karriere« eines verkauften Mädchens schaffte freilich die Tochter eines litauischen Bauern, die als Katharina I. Zarin von Rußland wurde. Bei der Eroberung der Stadt Marienburg in Livland im Jahre 1702 war sie vom russischen General Tscheremetow gefangengenommen und dem Fürsten Menschikow »geschenkt« worden. In seinem Haus lernte sie Zar Peter den Großen kennen, der sie zunächst zur Geliebten und – nach der Geburt ihres dritten Kindes – zu seiner Frau machte. Sie wurde zur Kaiserin gekrönt und folgte Peter dem Großen, als er starb, auf den Thron. Auch als Zarin schämte sie sich nie ihrer einfachen Herkunft und wußte durch Milde und Gerechtigkeit auch ihre Gegner zu gewinnen. An der Wiege ihres Aufstiegs zu ungeahnten Höhen stand ein schmutziger Mädchenhandel.
In der Stadt Dubois im amerikanischen Bundesstaat Pennsylvania gelangte das schönste Mädchen der syrischen Kolonie, Maud Kassuf, zur Versteigerung, wobei dem Höchstbieter die Ehe versprochen wurde. Die »Kronen Zeitung« vom 16. November 1905 veröffentlichte einen Stimmungsbericht der seltsamen Lizitation: »Zur Versteigerung gelangt Maud Kassuf, 17 Jahre alt, 1 Meter 55 groß, 55 Kilogramm schwer«, kündigte der Auktionsleiter an. »Die äußeren und inneren Vorzüge brauche ich wohl nicht anzuführen, da die geschätzten Gentlemen sie gewiß selbst kennen.« Und dann nahm die Versteigerung ihren Lauf: »Zweitausend Dollar, wer gibt mehr?« – »Zweitausendfünfhundert«, ruft der Lederhändler Washington Burkers, – »und fünfzig«, steigert der Apotheker Bob Silders, von dem sich bereits vier Frauen haben scheiden lassen. Den »Zuschlag« erhielt schließlich Charles Hazey, Hauptgesellschafter einer Zuckerfabrik, der die Braut für sechstausend Dollar kaufte. Damit ging die Auktion zu Ende, deren Ertrag die Mutter der Braut einstreifte. Ob sie und die anderen handelnden Personen vor den Richter kamen, ist nicht bekannt.

Denn eines ist klar: So märchenhaft einige der hier geschilderten Fälle klingen mögen, unterlagen sie alle den einschlägigen Paragraphen, die gegen Kuppelei und Menschenhandel geschaffen und auch damals schon mit schwerem Kerker verfolgt wurden. Allerdings nur dann, wenn Anzeige erstattet oder der Skandal sonstwie bekannt wurde. Was sehr oft nicht der Fall war.
Nicht die Rede war hier von den Fällen, die weniger glücklich endeten. Von den Mädchen, die aus Wien, Paris oder Rom verschleppt und in orientalische Bordelle gesteckt wurden. Und deren Schicksale im dunkeln blieben.

Fehlurteile

Wenn die Justiz irrt

Wie ein roter Faden ziehen sich die fatalen Irrtümer der Justiz durch die Weltgeschichte. In unserem Archiv fand ich eine gespenstische Parallele zum Gerichtsfall um jene vier Polizisten von Los Angeles, die 1992 einen schwarzen Autofahrer krankenhausreif schlugen und trotz eindeutiger Beweise freigesprochen wurden:
In den sechziger Jahren hatte man in den USA dem schwarzen Boxer »Hurricane« Carter drei Morde in die Schuhe geschoben und ihn dann zu lebenslanger Haft verurteilt. 19 Jahre saß er, ehe sich seine Schuldlosigkeit erweisen sollte. Das Fehlurteil, bei dem auch damals rassistische Gründe mitspielten, war durch die Bestechung eines Augenzeugen mit 10 000 Dollar zustande gekommen.
Neben Falschaussagen sind es im allgemeinen Schlampereien bei den polizeilichen Ermittlungen, zweifelhafte Vernehmungsmethoden und allzu schwache Indizien, die zu Fehlurteilen führen. In Österreich, schätzt man im Justizministerium, werden durchschnittlich 15 Personen im Jahr zu Unrecht verurteilt. Ein Vorarlberger, der drei Jahre seines Lebens »irrtümlich« als Räuber eingesperrt war, erhielt 600 000 Schilling als Entschädigung. Ein Bettel,

wenn man bedenkt, was es bedeutet, grundlos hinter Kerkermauern sitzen zu müssen.
In etlichen Fällen, die uns die Justizgeschichte überlieferte, stellte sich die Unschuld eines Angeklagten freilich zu spät heraus, um ihm wenigstens nachträglich Gerechtigkeit widerfahren zu lassen. Dann nämlich, wenn der zu Unrecht Verurteilte bereits hingerichtet war, als der Irrtum aufflog.
So etwa im Falle des Kaufmanns Joseph Lesurques, den man 1796 beschuldigte, gemeinsam mit drei Komplizen die Postkutsche Paris–Lyon überfallen und dabei den Postillion getötet zu haben. Lesurques hatte am Tag der Vorverhandlung zufällig bei Gericht zu tun, wo er von zwei Tatzeugen »eindeutig erkannt« wurde. Obwohl der ebenso angesehene wie unbescholtene Mann ein lupenreines Alibi vorweisen konnte, wurde er zum Tode verurteilt und am 10. März 1797 hingerichtet.
Ein halbes Jahr später konnte ein mehrfach vorbestrafter Mann namens Dubosq als tatsächlicher Täter festgenommen werden. Er sah Monsieur Lesurques verblüffend ähnlich, ja – er war ein Doppelgänger des Justizopfers. Auch Dubosq wurde zum Tod verurteilt und hingerichtet. Dem armen Lesurques konnte das Leben freilich nicht wiedergegeben werden. Seine Witwe verfiel dem Wahnsinn, eine seiner beiden Töchter nahm sich das Leben.
Laut einer Untersuchung des Amtsgerichtsrates Sello wurden nach dem Ende der Französischen Revolution bis zum Jahre 1911 in Europa an die 300 Menschen zu Unrecht hingerichtet, 15 davon in Österreich-Ungarn. Zumindest einem irrtümlich zum Tod Verurteilten hat Kaiser Franz Joseph, der Hinrichtungen nur selten zuließ, das Leben gerettet. So weigerte er sich auch, der Exekution des Kärntner Winzers Franz Bratschura zuzustimmen, der 1903 zum Tod verurteilt wurde, weil er seine zwölfjährige Tochter nicht nur ermordet, sondern danach auch gegessen (!) haben soll. Drei Jahre später wurde das Mädchen als Landstreicherin aufgegriffen – lebend. Bratschura ging daraufhin frei.

»Durchsetzen wird sich das sicher net«

Forscher, Erfinder, Entdecker

Rücken Sie Ihre Gläser zurecht

Die Geschichte der Brille

Vor hundert Jahren karikierte man den Grafen Bobby noch mit Monokel oder Zwicker, um seine Blödheit zu unterstreichen. Der Brillenträger von heute ist weit davon entfernt, als Witzfigur zu gelten. Die Brillenträger Goethe, Freud und Einstein haben die Welt eines Besseren belehrt: Kurz- oder weitsichtig zu sein, deutet eher auf hohe Intelligenz hin als auf das Gegenteil.
Sollten Sie, verehrter Leser, zu jenen 52 Prozent der Bevölkerung zählen, die eine »Vorrichtung zum Ausgleich eines Brechungsfehlers der Augen« (wissenschaftliche Erklärung) benötigen, dann rücken Sie jetzt Ihre Gläser zurecht. Denn hier erfahren Sie, wie's vor 700 Jahren zu dieser für uns alle revolutionären Erfindung kam.

Im Jahre 1286 herrschte tiefstes Mittelalter, die Habsburger waren eben erst an die Macht gekommen, der überwiegende Teil der Bevölkerung konnte weder lesen noch schreiben. Und Analphabeten brauchen keine Brillen.
Das geistige Leben spielte sich vorwiegend hinter Klostermauern ab, die Ordensleute waren also Hauptleidtragende des Phänomens, daß etwa mit dem 40. Lebensjahr die Sehkraft des Menschen nachzulassen beginnt. Glas konnte zwar seit langem schon erzeugt werden, doch war man noch nicht in der Lage, es für den optischen Gebrauch zu bearbeiten. Bei den ersten Versuchen wurden daher – neben Quarz und Bergkristall – Halbedelsteine verwendet, die Barille hießen. Sie gaben der Brille später den Namen.
Diese sogenannten »Lesesteine« waren unhandlich, wenig effektiv und konnten sich daher nicht durchsetzen. Kaum war aber das Glas als Sehbehelf entdeckt, faßte ein heute namentlich nicht mehr bekannter Kunsthandwerker aus Murano bei Venedig »zwey Lin-

sen mit gestielten Ringen zusammen, welche Konstruktion man auf die Nase setzen konnte«. So geschehen im Jahre 1286.
In seinem Bestseller »Der Name der Rose« beschreibt Umberto Eco, welche Verwunderung der im 14. Jahrhundert lebende Mönch William von Baskerville bei Patres auslöste, als dieser die Bibliothek des Benediktinerklosters betrat und mit Hilfe einer »kleinen zweizackigen Gabel, die zwei dicke mandelförmige Gläser umspannte«, in alten Folianten zu lesen begann: »Die anderen Mönche betrachteten William mit großer Neugier, wagten es aber nicht, ihm Fragen über seine Gläser zu stellen.« Jedenfalls erkannte der Chronist, »daß auch ihnen dieses wunderbare Gerät nicht bekannt war«.
Mit diesem »wunderbaren Gerät« war ein jahrtausendealter Traum Wirklichkeit geworden. Man darf nicht vergessen, daß Gelehrte infolge Sehschwäche spätestens ab dem 50. Lebensjahr – so sie dieses Alter überhaupt erreichten – nicht mehr arbeitsfähig waren.
Von Tür zu Tür ziehende »Brillenhausierer« boten nun dem staunenden Volk verschieden geschliffene Gläser an. Und stießen mit ihrem »Werk des Satans« lange Zeit auf Skepsis und Ablehnung. Die Ur-Brillen wirkten auch äußerst komisch, und so wurden die anfangs riesigen Gestelle aus Holz oder Edelmetall zum Gespött der Zeitgenossen. Auch weil das hohe Gewicht der ersten Brillenkonstruktionen zu einer eigenartigen, steifen Kopfhaltung zwang.
Während das individuelle Schleifen der Gläser und deren Fassung bald befriedigend gelöst werden konnten, bereitete es große Probleme, das Gestell zuverlässig und bequem am Kopf zu fixieren. Es gab Zwicker, die auf der Nase schmerzten, man konstruierte »Mützenbrillen«, die an einer tief ins Gesicht gezogenen Kappe befestigt waren, in China wurden Brillen entwickelt, die mit Gewichten hinter den Ohren festgehalten wurden. Das »Glas am Stiel« – wie es etwa Goethe trug – raubte die Bewegungsfreiheit der Arme, und das beim Wiener Kongreß modern gewordene Einglas oder Monokel bot ein geringes Sehfeld und verlieh dem Träger den wenig schmeichelhaften Ruf eines Gecken.
Erst als ein Pariser Optiker eine »Ohrenbrille mit Haltestangen« konstruierte, deren Bügel hinter dem Kopf zusammengebunden wurden, hatte die Geburtsstunde unserer heutigen Augengläser

geschlagen. Und von da an konnten sie ihren Siegeszug antreten – zumal auch immer mehr Menschen des Lesens mächtig waren.
In unserem Jahrhundert wurde die einst verschmähte Sehhilfe schließlich zum Statussymbol des Intellektuellen, ja oft sogar zum modischen Attribut.
Und Marilyn Monroe machte das Augenglas sexy. In dem Hollywoodfilm »Wie angelt man sich einen Millionär?« angelte sie erst dann erfolgreich, als sie sich dem Auserwählten mit Brille gezeigt hatte.

Ein Kanal für die ganze Welt

Alois von Negrelli, der Planer des Suezkanals (1799–1858)

Mehr als zwanzigtausend Schiffe befahren ihn pro Jahr, den ägyptischen Suezkanal. Jedes Schiff erspart sich – dank dieser künstlich angelegten Wasserstraße – eine rund 7000 Kilometer lange Seereise um das »Kap der Guten Hoffnung«. Die Pläne für den Suezkanal – eines der bedeutendsten technischen Bauvorhaben aller Zeiten – stammen von dem österreichischen Ingenieur Alois Negrelli.
Den Wunsch, einen Verbindungsweg zwischen Mittelmeer und Rotem Meer zu errichten, gab es bereits im Altertum. Doch erst im vorigen Jahrhundert gelang es, diesen Plan in die Tat umzusetzen.
Im Jahre 1850 wurde eine »Internationale Kommission für den Suezkanal« ins Leben gerufen, der neben Ägypten auch Frankreich, Großbritannien, Deutschland und Österreich angehörten. Die europäischen Großmächte waren deshalb so brennend am Bau des Kanals interessiert, weil der Warenhandel mit Asien gerade damals ungeheuer expandierte. Doch die Seereise um Afrika verschlang gewaltige Geldmittel, war einfach zu kostspielig.
Alle beteiligten Nationen sandten Ingenieure nach Ägypten, die verschiedene Pläne erstellten, Österreich schickte sein »technisches Aushängeschild«, den in Südtirol geborenen Alois Negrelli. Und war damit gut beraten. Denn während die anderen Ingenieure innerhalb der 160 Kilometer langen Verbindung zwischen Port Said

Starb vor Baubeginn des Suezkanals: Alois von Negrelli

und Suez mehrere Schleusen vorsahen, trat Negrelli als einziger für den Bau eines schleusenlosen Kanals ein. Er begründete dies mit dem äußerst geringen Niveauunterschied.
Nach eingehenden Vermessungsarbeiten und genauer Prüfung aller Vorschläge wurde Negrellis Plan als bester angenommen. Doch wer glaubt, daß dieser Österreicher zu Lebzeiten als Planer des Suezkanals gefeiert wurde oder wenigstens seine Witwe an dem gigantischen Vorhaben Anteil hatte, der irrt.
Am 24. April 1859, sechs Monate nach Negrellis Tod, erfolgte in Port Said der erste Spatenstich für den Suezkanal. Und damit begann der – fast könnte man sagen – kriminelle Mißbrauch geistigen Eigentums. Denn das Ableben des eigentlichen Schöpfers vor Baubeginn machte sich ein französischer Geschäftsmann und Diplomat zunutze: Ferdinand de Lesseps verschaffte sich Negrellis Pläne, dessen Urheberschaft er kaltblütig bestritt. Dank guter Beziehungen, die Lesseps als ehemaliger französischer Vizekonsul in Kairo besaß, gelang es ihm, politische und finanzielle Probleme aus der Welt zu schaffen. Obwohl das British Empire in der Kommission für den Suezkanal vertreten war, bemühten sich die Engländer, eher den Bau zu verhindern, da London durch diese neue Route nach Asien seine Handelsvorteile bedroht sah. Ehe Lesseps mit dem Bau des Mammutprojekts beginnen konnte, hatte er eine Gesellschaft gegründet, die innerhalb weniger Wochen Aktien im Wert von 100 Millionen Francs verkaufte.
Während also Lesseps das Geschäft seines Lebens machte, blieben die Ansprüche der Witwe Negrellis unerfüllt. Erst Negrellis Tochter gelang es in einem 17 Jahre dauernden Prozeß, vor einem Pariser Gericht die Anerkennung des Werks ihres Vaters nachzuweisen. Die – äußerst bescheidene – Wiedergutmachung erfolgte dann im Jahre 1905, fast ein halbes Jahrhundert nach Alois Negrellis Tod.
Das Glück war seit frühesten Jahren selten auf Negrellis Seite gestanden. Schon seine Kindheit war voller Entbehrungen, da sein Vater als österreichischer Freiheitskämpfer des Jahres 1809 fünf Jahre in Gefängnissen zubrachte und erst nach Napoleons Abzug aus der Haft entlassen wurde. Kaum verdiente Alois Negrelli dann nach absolviertem Technikstudium sein erstes Geld, mußte er die

ganze Familie erhalten, da der Vater während der Haft erblindet war. Doch beruflich ging's schnell bergauf. Negrelli hatte das unaufhaltsame Ende der Postkutschenzeit erkannt und sich der zukunftsträchtigen Projektierung von Eisenbahnstrecken verschrieben. Nach anfänglichen Tätigkeiten in Tirol, Vorarlberg und in der Schweiz wurde er im Alter von 41 Jahren Chef des k. k. österreichischen Eisenbahnbaues, dem die Verwirklichung so gewaltiger Projekte wie die Strecke Wien–Salzburg sowie Teile der Nordbahnlinie zu danken sind. Vor allem aber war es Negrelli, der die Errichtung der Semmeringbahn nach den Plänen Karl von Ghegas durchsetzte. Negrelli wurde in den Ritterstand erhoben und zum Kaiserlichen Rat ernannt. Aber wohlgemerkt: Alle Auszeichnungen, Titel und sonstigen Anerkennungen, die er je erhielt, galten seinen Leistungen als Eisenbahnbauer. Sein Lebenswerk, die ehrenamtliche Planung des Suezkanals, brachte ihm nichts als Beschimpfungen ein. Einen Angriff der Londoner »Times«, in dem Negrelli als gerissener Spekulant hingestellt wurde, überlebte er nur um wenige Tage. Nach zehnjähriger Bauzeit, während der mehr als 20000 Arbeiter unter unsäglichen Strapazen in der sengenden Hitze Ägyptens Negrellis Werk verwirklichten, wurde der Suezkanal am 17. November 1869 in Anwesenheit Kaiser Franz Josephs und der französischen Kaiserin Eugénie eröffnet. Falsch ist übrigens die weitverbreitete Legende, Giuseppe Verdi hätte eigens für diesen feierlichen Anlaß die Oper »Aida« komponiert. Sie wurde erst zwei Jahre später in Kairo uraufgeführt, zu einer Zeit, als bereits Tausende Schiffe aus aller Welt den gewaltigen »Abschneider« zwischen Europa und Asien passiert hatten.
Nach der Besetzung der Halbinsel Sinai durch Israel im Jom-Kippur-Krieg war der Suezkanal von 1967 bis 1975 gesperrt. Danach wurde er mit ungeheurem Aufwand verbreitert und den Anforderungen der modernen Schiffahrt angepaßt. War der Kanal bei seiner Eröffnung ganze 52 Meter breit, so mißt er heute 320 Meter! Konnte die Wasserstraße in vorigen Jahrhundert von Schiffen bis 5000 Tonnen Gesamtgewicht passiert werden, so ist der Suezkanal heute für 300000 Tonnen schwere Tanker zugelassen. Mit Einnahmen von mehr als einer Milliarde Dollar im Jahr ist der Suezkanal einer der wichtigsten Devisenbringer Ägyptens.

Ich fuhr das Marcus-Auto

Siegfried Marcus erfand das Auto. Georg Markus unternahm eine Probefahrt

Vorausschicken möchte ich, daß ich mit dem Erfinder des Automobils weder verwandt noch verschwägert bin. Siegfried Marcus, der Konstrukteur des von mir probegefahrenen Vehikels, scheint in meinem Stammbaum nicht auf – unsere Namensgleichheit ist purer Zufall (wiewohl auch manche meiner Ahnen im vorigen Jahrhundert ihren Familiennamen noch mit einem »C« schrieben). Ich bin also durchaus berechtigt, als objektiver Testfahrer zu fungieren.
Für eine Spritztour vertraute man mir Österreichs wertvollsten Oldtimer an, den gut hundert Jahre alten Marcus-Wagen.
Der geneigte Leser möge sich in meine Situation versetzen und zunächst all das vergessen, was mit einem Automobil der herkömmlichen Bauart zu tun hat. Vergessen Sie, daß ein Auto Türen, Kofferraum und Scheibenwischer hat, vergessen Sie, daß Sie mit einem Auto den Zweck verfolgen, so schnell wie möglich von Punkt A zu Punkt B zu gelangen. Vergessen Sie überhaupt, daß Sie jemals in einem Auto gesessen sind.
Und dann besteigen Sie das Marcus-Auto. Oder, besser gesagt, erklimmen Sie es, und nehmen Sie (so dies Ihre Wirbelsäule zuläßt) auf dem schmalen, roh gezimmerten Holzbrett Platz, das mit einem Fahrersitz nur wenig zu tun hat. Von ledergepolsterten Schalenfauteuils hat der alte Marcus keine Ahnung gehabt.
Sollten Sie jetzt den Startschlüssel suchen: Es gibt keinen. Ein freundlicher Pannenfahrer unterzieht sich vielmehr einer mehr als halbstündigen Prozedur, um mittels Handkurbel den sage und schreibe 0,75 PS starken Einzylinder-Viertaktmotor in Bewegung zu setzen.
Und schon läuft er, mit ungeheurem Getöse zwar, das mich eher an eine alte Singer-Nähmaschine als an ein Auto erinnert. Aber immerhin, er läuft.
Kupplungs-, Brems- und Gaspedal gibt's auch nicht. Der Gashebel wird durch ein Handrad ersetzt, das Namensvetter Siegfried prakti-

scherweise unter meinem rechten Knie plaziert hat. Drehen Sie es im Uhrzeigersinn – und schon brausen Sie los.
Allerdings bedarf das Wort »brausen« gewisser Einschränkungen. Ein-zwei-drei-vier Stundenkilometer, fünf-sechs ... das Motorengeräusch ist ohrenbetäubend. Aber ich fahr' immer noch mit 7 (in Worten: sieben) km/h.
Und habe damit bereits die Höchstgeschwindigkeit erreicht. Marcus pfaucht und holpert, dafür hält sich der Benzinverbrauch in Grenzen. Sigis Cabrio schluckt zehn Liter auf 100 Kilometer. Aber soweit kommt's gar nicht. Denn nach rund 800 Metern, dort wo die erste Kurve meiner Rundreise ihren Ausgang nimmt, gibt das eigentümliche Gefährt seinen Geist auf. Ich schlage gerade noch das kleine Eisenlenkrad ein, brauche die riesige Metallstange – sprich: Handbremse – aber nicht mehr zu betätigen, denn der alte Marcus bleibt von selber stehen. Der Motor ist heiß, dampft, sprudelt, braucht frisches Wasser, stirbt ab.
Ich klettere vom Marcus-Auto hinunter, begebe mich mittels meines privaten, etwas moderner ausgestatteten Markus-Autos in Richtung Technisches Museum, wo Onkel Sigis Motorkutsche – wenn ich nicht gerade mit ihr spazierenfahr' – normalerweise untergebracht ist. Und erfahre im Museumsarchiv:
Siegfried Marcus, geboren 1831 in Mecklenburg, übersiedelte einundzwanzigjährig nach Wien, wo er insgesamt achtunddreißig eigene Erfindungen patentieren ließ, darunter ein »elektrisches Läutwerk« einen »Leucht- und Luftgasbrenner« und eben – das erste Auto der Welt.
Doch das war's nicht, mit dem ich neulich über einen Übungsplatz bei Baden ratterte. Sein allererstes Auto, einen Zweitakter, hatte Marcus nämlich schon im Jahre 1870 konstruiert – und das existiert nicht mehr. 1888 baute er Exemplar Nummer zwei, meinen Testwagen. Und der ist Anlaß für einen seit Jahrzehnten ausgetragenen deutsch-österreichischen Automobilkrieg. Die Frage ist: Wer hat das Auto wirklich erfunden? Der Deutsche Benz oder »unser« Marcus?
Die österreichische (natürlich richtige) Version lautet: Siegfrieds erste Konstruktion aus dem Jahre 1870 – gebaut in seiner Werkstatt auf der Wiener Mariahilfer Straße – war der Welt erster mit Benzin-

motor und elektrischer Zündung ausgestatteter »schienenungebundener Selbstfahrer« – und somit auch das erste Vehikel, das sich Auto nennen darf. Das kann uns keiner nehmen. Denn Carl Benz konstruierte sein Auto erst 1886.

Bei verschiedenen Automobilausstellungen zu Beginn unseres Jahrhunderts wurde aber Siegfrieds zweite Konstruktion – mein Testwagen eben – der Öffentlichkeit als »erstes Automobil der Geschichte« präsentiert. Das war ein folgenschwerer Fehler, der dem Benz-Clan Gelegenheit zu geharnischten Protesten gab: »Das Marcus-Auto wurde erst 1888 gebaut, unseres hingegen ist zwei Jahre älter!« Womit die Benzianer leider recht hatten. Das wirklich allererste, nur noch auf Fotos und Plänen nachweisbare Automobil, jenes 1870er Marcus-Modell mit dem »vertikalen Motor«, war hingegen längst vergessen. Und so ging Benz – fälschlich – als Erfinder des Automobils in die Geschichte ein.

Marcus hat den Streit um sein Auto nicht mehr erlebt, er verstarb 1898. Im selben Jahr noch erwarb der »Österreichische Automobil-Club« das Vehikel, womit ein neuer Wirbel ums Marcus-Auto ausbrach. Nach Hitlers Einmarsch im Jahre 1938 wurde es nämlich dem Technischen Museum geschenkt, um es vor dem Zugriff der Nazis zu schützen. Als der ÖAMTC 1946 freilich seinen großen, vierrädrigen Schatz zurückhaben wollte, stellte sich die Republik Österreich auf den Standpunkt: Geschenkt ist geschenkt!

Ein zweijähriges Gerichtsverfahren endete mit salomonischem Richterspruch: Das Marcus-Auto gehört wieder dem Touringclub – es muß aber, um der Öffentlichkeit erhalten zu bleiben, im Technischen Museum ausgestellt werden. Dort stand es also, zerfiel immer mehr, ehe es zum hundertsten Geburtstag generalüberholt und damit erstmals nach Jahrzehnten wieder fahrtauglich gemacht wurde.

Als Physiklehrer des Kronprinzen Rudolf ging Siegfried Marcus zwar bei Hof ein und aus, doch den Kaiser konnte er für sein Automobil nicht begeistern. Denn der sagte nach einer Vorführung des stinkenden Ungeheuers: »Also, durchsetzen wird sich das sicher net.« Entgegen dieser Prophezeiung fahren mittlerweile doch schon einige Autos auf der Welt herum.

Ich freilich kann heute – nach meiner kurzen Reise mit dem Marcus-

Wagen – den alten Kaiser verstehen, wenn er dieser Rumpelkiste nicht zutraute, daß sie dereinst eine technische Revolution auslösen würde.

Genie im Armenhaus

Joseph Madersperger, Erfinder der Nähmaschine (1768–1850)

Ob »Singer«, »Elna«, »Pfaff« oder die »Tokyo Juki Industrial Co. Ltd.« – mit Produktion und Handel von Nähmaschinen werden heutzutage Milliarden umgesetzt. Weiß jede moderne Hausfrau Zickzack- und Doppelstich zu schätzen, so endete der Mann, der das kleine Wunderwerk der Technik erfand, auf schreckliche Weise in einem Wiener Armenhaus. Joseph Madersperger, ein österreichisches Schicksal.

Als der »Madersperger-Sepp« 22 Jahre alt war, wurde die in seiner Tiroler Geburtsstadt Kufstein gelegene Schneiderwerkstatt seines Vaters durch einen Großbrand vernichtet. Das elterlichen Erbes beraubt, ging der Schneidergeselle »auf die Walz« und landete schließlich in Wien, um hier sein Glück zu suchen.

Und nicht zu finden.

Die Schneiderei war damals, gegen Ende des 18. Jahrhunderts, ein ebenso kompliziertes wie brotloses Gewerbe. Die Fertigung eines Kleidungsstücks war Schwerstarbeit, jeder einzelne Stich mußte mühsam mit der Hand hergestellt werden. An einem Gehrock arbeitete man Wochen.

Wie manch anderen Schneider vor ihm, faszinierte Joseph Madersperger ein Gedanke: die nähende Hand durch eine Maschine zu ersetzen! Doch die zahlreichen Versuche fortschrittlich denkender Schneidermeister in England, Frankreich und Amerika waren bisher gescheitert. Denn keiner kam daran vorbei, daß die Nähnadel nach jedem Stich »umgedreht« werden müßte – und dazu war keine Maschine fähig. Das konnte nur die menschliche Hand.

Es bedurfte Maderspergers Genie, das Problem zu lösen. Und wie so oft in der Geschichte des technischen Fortschritts führte ein ganz einfacher Gedanke zur Lösung des Problems: Joseph Madersperger verlegte das Öhr in die Nadelspitze, die sich – im Gegensatz zu allen vorherigen Varianten – so um die eigene Achse drehen ließ. Als »künstliche Nähhand« meldete der einfallsreiche Schneider aus Tirol seine fußbetriebene Konstruktion in Wien zum Patent an.

Und damit begann das Drama des zu diesem Zeitpunkt 47jährigen Erfinders. Denn als armer Gewandschneider konnte er es sich nicht leisten, den Patentschutz seiner Erfindung für mehr als drei Jahre zu bezahlen. Danach erloschen seine Rechte. Und andere kassierten.

Obwohl er also keinerlei wirtschaftlichen Nutzen zog, arbeitete Joseph Madersperger bis zu seinem Lebensende daran, seine Erfindung in allen Details zu verfeinern. 1840, zehn Jahre nach der Konstruktion seiner ersten »künstlichen Nähhand«, legte er ein bereits einwandfrei funktionierendes Modell vor, das der heutigen Nähmaschine in der Bauweise ähnelt.

Während der entscheidende Schritt – die Verlegung des Öhrs in die Nadelspitze – von Madersperger stammt, arbeiteten andere Konstrukteure fast gleichzeitig an anderen Nähmaschinensystemen. Doch erging es seinen Kollegen in aller Welt nicht viel besser. Der Franzose Bartholomäus Thimmonier etwa, der ein Jahr nach Madersperger – aber völlig unabhängig von ihm – in Paris eine ebenfalls funktionstüchtige Nähmaschine aufstellte, wurde von wütenden Schneidern fast erschlagen, weil sie befürchteten, die neue Apparatur würde sie arbeitslos machen. Thimmonier endete im Armenhaus.

Ebenso wie Joseph Madersperger. Er hatte sein gesamtes Hab und Gut in die Entwicklung der Nähmaschine gesteckt und war schließlich daran zugrunde gegangen. Im September 1850 mußte sich der 82jährige Erfinder gemeinsam mit seiner Frau als Obdachloser im Versorgungshaus von St. Marx einquartieren, wo er einen Monat später verstarb.

Einige wenige Fabrikanten hatten sich zu seinen Lebzeiten für Maderspergers »Nähmaschine« interessiert, doch war es ihm trotz geradezu übermenschlicher Anstrengungen nicht gelungen, einen Geldgeber zu finden, der die Produktion seiner großen Idee unter-

stützt hätte. Lediglich der »Niederösterreichische Gewerbeverein« erkannte seine Maschine als »sinnreiche Erfindung« an, aber – und das klingt sehr österreichisch – anstatt dem Schneider bei der Verwirklichung zu helfen, wurde ihm lediglich die »Bronzene Verdienstmedaille« des Gewerbevereins verliehen.
Unbekannt, enttäuscht und zum Bettler verarmt, verstarb Joseph Madersperger. Drei Jahre nach seinem Tod griff der Amerikaner Elias Howe jr. seine Idee auf und führte sie von den Vereinigten Staaten aus zum kommerziellen Erfolg, der die Welt erobern sollte. Unsere heutige Konfektionskleidung, aber auch die massenhafte Erzeugung aller anderen Textilprodukte des Industriezeitalters wären ohne die Nähmaschine des Tiroler Schneiders nicht durchzuführen.
Heute weiß man auch in Österreich Maderspergers Bedeutung zu schätzen. Das Technische Museum in Wien besitzt ein funktionsfähiges Modell seiner »künstlichen Nähhand«, seine Heimatstadt Kufstein errichtete ihm ein Denkmal.

Österreich als kommunistische Monarchie

Zukunftsforscher aus der Vergangenheit

Die Menschen werden in Autos und Flugzeugen reisen, auf dem Mond landen, von Wien nach Paris telefonieren und per Lift in den letzten Stock eines Wolkenkratzers fahren. Dort oben finden sie dann Zeit und Muße, Fernsehfilme zu betrachten, denn ihre bisherige Tätigkeit wird von Computermaschinen verrichtet...
Diese verblüffend realistischen Prophezeiungen sind zwei- bis dreihundert Jahre alt. Schriftsteller und Zukunftsforscher früherer Epochen haben unsere Zeit in fast allen Details vorhergesehen. Unternehmen wir das kuriose Abenteuer, in ihren Erkenntnissen zu stöbern. Wie haben sie sich das 20. Jahrhundert vorgestellt?
Prognosen, Vermutungen und Science-fiction-Romane erfreuten

sich zu allen Zeiten großer Beliebtheit. Schon die alten Griechen wagten einen Blick in unsere Tage. Der Dichter Hekatäus von Abdera sah um 300 v. Chr. einen »Sonnenstaat« mit Bewohnern, die hundertfünfzig Jahre alt werden und ohne Krankheit leben. Leonardo da Vinci prophezeite vor einem halben Jahrtausend (!) Auto, Unterseeboot, Telefon, Giftgaswaffen, Fallschirm und Flugzeug. Jules Verne wußte nicht nur von der »Reise um die Erde in achtzig Tagen«, sondern auch von einem Flug zum Mond, dessen Start in Florida erfolgen sollte – tatsächlich liegt die Raketenabschußbasis Cape Canaveral genau in diesem amerikanischen Bundesstaat. In »Gullivers Reisen« schildert Jonathan Swift schon vor dreihundert Jahren eine computerähnliche Maschine und deutet die Umwelt- und Energieprobleme unserer Tage an.

Auf meiner Suche nach »Utopien der Gegenwart« stieß ich in der Salzburger »Bibliothek für Zukunftsfragen« auf ein vor hundert Jahren erschienenes Buch mit dem Titel »Die Welt in hundert Jahren«. Bekannte Persönlichkeiten schreiben darin, wie sie sich unser Leben vorstellen. Das Resultat ist zum Teil unglaublich realitätsnah, zeugt in mancher Beziehung aber auch von absurder Naivität.

Wie man sich in einem Satz irren und gleichzeitig recht haben kann, ist einem Beitrag zu entnehmen, der das Fernsehen voraussagt. So wurde unseren verblüfften Urgroßeltern das TV-Programm der Zukunft geschildert: »Gestern abend Londoner Schauspiel, heute abend Pariser Premiere, morgen abend New Yorker Posse und Wiener Hofoper.« Der Autor hat also die tatsächlichen Möglichkeiten der Fernsehtechnik genial vorhergesehen. Nur daß es zu diesem Zeitpunkt in Wien keine k. u. k. Hofoper – weil keinen Hof – mehr geben sollte, das konnte er nicht ahnen.

Aber was die hohe Politik betrifft, taten sich die Futurologen immer schon schwer. Im Jahre 1892 prophezeite ein Forscher namens Neupaur eine »idyllisch-kommunistische Monarchie Österreich«. Leider kann ich ihn nicht mehr fragen, ob er eher an einen hemdsärmeligen Genossen Kaiser Franz Joseph mit roter Fahne oder an Franz Muhri im Schloß Schönbrunn dachte.

Auch über Krieg und Frieden machten sich frühere Generationen ihre Gedanken. Keine Geringere als Friedensnobelpreisträgerin

Bertha von Suttner sagte schon im Jahre 1909 für unsere Tage »die Unmöglichkeit, Kriege zu führen«, voraus, da wir im Besitz »von so gewaltigen Vernichtungskräften« sein würden, »daß jeder von zwei Gegnern geführte Kampf nur Doppelselbstmord wäre«. Die Atombombe war zu diesem Zeitpunkt längst vorhersehbar.

Ganz andere Prognosen sollten sich als noch weniger treffsicher erweisen. Zwar wurde die Mode tatsächlich – wie angekündigt – »immer bunter und prächtiger«, doch wer die von einem Zeichner am Beginn des Jahrhunderts prophezeiten Kleidungsstücke und Frisuren mit den Miniröcken und Kurzhaarschnitten unserer Tage vergleicht, erkennt die Grenzen der Zukunftsforschung. Es wurde ebensowenig ein Fernsehapparat erfunden, »durch den man sich die Hand schütteln kann«, wie auch leider die Vorstellung nicht wahr wurde, der technische Fortschritt des 20. Jahrhunderts wäre so groß, daß »ein Eisenbahnzusammenstoß ganz unmöglich ist«.

Im Jahre 1813 sagte der Forscher Percy B. Shelley voraus, was selbst Gewerkschafter in ihren kühnsten Träumen nicht zu hoffen wagen: den Zwei-Stunden-Arbeitstag. Ein anderer Wissenschaftler prophezeite am Beginn des industriellen Zeitalters das völlige Auflösen der handwerklichen Berufe, »wodurch sich die Moral verschlechtert und die Prostitution zunimmt«. Auch Goethe sprach in »Wilhelm Meister« seine Angst vor dem »Überhandnehmen des Maschinenwesens« aus.

Richtig erkannt wurde – wenn man sie auch zum Teil ein wenig überschätzt hat – die Revolution der Medizin: Die 1797 vertretene These, »das menschliche Leben wird neunhundert bis tausend Jahre währen«, ist zwar nicht haltbar, und es dürfte auch nicht so bald gelingen, »Blinde durch Radium sehend zu machen«. Aber der Fähigkeit des 1840 von Edgar Allen Poe geschaffenen Romanhelden »Ein verbrauchter Mann«, mit mehreren künstlichen Organen zu leben, nähern wir uns mit Riesenschritten. Erkannt wurde auch das Aussterben der Tuberkulose – nicht jedoch, daß neue Seuchen wie AIDS entstehen würden.

Der Dichter Hermann Bahr sagte in »Die Welt in hundert Jahren« vorher, daß es in unserer Zeit »keine Literaten mehr geben wird«. Der Komponist Wilhelm Kienzl irrte sich in einer Zukunftssatire gewaltig, als er dachte, Namen wie Beethoven, Mozart und Schu-

bert würden zwar auch noch in unseren Schulen gelehrt, ihre Musik aber in Vergessenheit geraten, da ein »Messias, der uns noch kommen wird«, mit atonalen Klängen wesentlich größere Erfolge hätte.
Glücklich können wir uns preisen, daß eine andere Vorhersage (zumindest derzeit) nicht aktuell ist: »Die Kinder werden in der Weise produziert, daß sich Freiwillige aus sozialem Eifer für diese Arbeit melden.« Von einem ärztlichen Komitee würden in der Folge »die geeignetsten Partner« zusammengestellt, wodurch dann angeblich Nachwuchs entstünde, der »an Kraft, Schönheit und Geist weitaus alles übertreffen wird, was wir heute (1909, Anm.) als solchen bewundern«.
Ich bin doch froh, daß wir bei der im Jahre 1909 üblichen Methode geblieben sind und uns nicht freiwillig zur Arbeit des Zeugens melden müssen.

Der 29. Februar

Kalender-Geheimnisse

Gioacchino Rossini, der Schöpfer des »Barbier von Sevilla«, war 76 Jahre alt, als er starb. Aber er konnte in seinem Leben nur 19 Geburtstage feiern. Der Grund: Er war an einem 29. Februar zur Welt gekommen. Im Schaltjahr 1792.
Unser Kalender beruht auf der Tatsache, daß die Erde 365 Tage benötigt, um sich einmal rund um die Sonne zu drehen. Nur ist halt die Erde ein bißl langsamer, als sich's die Astronomen gewünscht haben: sie braucht nämlich 365¼ Tage, also um etwa sechs Stunden länger als vorgesehen. Um diese Zeitdifferenz auszugleichen, mußte alle vier Jahre ein Tag »eingeflickt« werden.
Schon der römische Kaiser Julius Cäsar, der das Mond- zum Sonnenjahr umfunktionierte, hat 46 v. Chr. das Schaltjahr in seinen »Julianischen Kalender« aufgenommen. Das Prinzip funktionierte,

bis man gegen Ende des 16. Jahrhunderts herausfand, daß Cäsars Jahr um elf Minuten zu lang war. Ganz genaugenommen benötigt die Erdkugel für eine Umdrehung nämlich 365,242198 Tage. Die fehlenden Minuten hatten sich im Lauf der Jahrhunderte auf zehn Tage summiert, wodurch in aller Welt ein heilloses Chaos herrschte. Sommer- und Winterbeginn waren durcheinandergeraten. Also führte Papst Gregor XIII. den nach ihm benannten, heute noch gültigen »Gregorianischen Kalender« ein. Die bis dahin verwendete, eher »schlampige« Berechnung korrigierte er, indem er ganz einfach zehn Tage aus dem Oktober des Jahres 1582 herausstreichen ließ. Die Menschen gingen am Abend des 4. Oktober zu Bett und wachten am Morgen des 15. Oktober auf. Weiters bestimmte Papst Gregor für alle Zukunft, daß die auf das volle Jahrhundert fallenden Schaltjahre gestrichen werden (z. B. 1700, 1800, 1900). Weil's aber noch immer nicht kompliziert genug war, mußte eine Ausnahme von der Ausnahme geschaffen werden: Die durch 400 teilbaren Jahre bleiben trotz dieser Regel Schaltjahre (also die Jahre 1600, 2000 usw.). Seit Einführung dieser Maßnahme stimmt zwar das Jahr – fast – auf die Sekunde genau, doch der Papst konnte es noch immer nicht allen recht machen: Die Protestanten protestierten heftig gegen die Kalenderreform, da sie »die Welt um zehn Tage ihrem Untergang näherbringe«.
Aber auch heute noch ist der Kalender keineswegs international einheitlich: Die jüdische Zeitrechnung begeht derzeit das Jahr 5753 (ihr dient das Alte Testament als Grundlage, demzufolge Gott die Welt vor 5753 Jahren erschuf). Und die islamische Zeitrechnung beginnt mit der Flucht Mohammeds von Mekka nach Medina im Jahre 622 n. Chr. Der Vorschlag der UNO, einen einheitlichen Weltkalender zu schaffen, konnte bisher nicht verwirklicht werden.
Jeder Kalender ist ein willkürliches Werk der Menschen. Wir schreiben das Jahr 1992, weil vor ebenso vielen Jahren Jesus Christus zur Welt gekommen sei. Das ist allerdings falsch, wie neuere Nachforschungen ergeben haben, denn der Heiland wurde vermutlich sechs Jahre früher geboren, als die Geschichtsschreiber überliefert hatten, womit wir also eigentlich 1998 hätten. Unseren Kalender umzustellen, brächte aber eine derartige Verwirrung, daß man's

bisher bleiben ließ. Es würde ja keine einzige historische Jahreszahl mehr stimmen. Hätte Kolumbus dann immer noch 1492 Amerika entdeckt, wäre der Erste Weltkrieg tatsächlich 1914 ausgebrochen, und den wievielten Geburtstag würden Sie, verehrter Leser, heuer feiern? (Zu allem Überfluß wäre jeder von uns plötzlich um sechs Jahre älter.)
Geblieben seit Cäsars Zeiten ist der Jahresbeginn am 1. Januarius, jenem Tag, an dem die jeweils neuen Konsuln ihr Amt antraten.
Zurück zu unserem Kalender, der ja kompliziert genug ist. Es gibt einen Trick, sich die Schaltjahre zu merken: Seit Wiedereinführung der Olympischen Spiele im Jahre 1896 ist jedes Schaltjahr auch Olympiajahr.
Übrigens: Rossini hätte am 29. Februar 1992 – es ist wieder ein Schaltjahr – seinen 50. Geburtstag gefeiert. Und das, obwohl er in diesem Jahr bereits 200 Jahre alt wäre.
Und noch etwas: Auch unsere heutige Zeitrechnung hat – auf Grund eines Rechenfehlers – einen winzigen Schönheitsfehler: In rund 3000 Jahren wird unser Kalender um einen Tag »nachhinken«. Bis dahin können wir uns freilich in aller Ruhe überlegen, wie wir das Problem lösen werden.

Der Vater des Volkswagens

Ferdinand Porsche (1875–1951)

Zuerst wollte er seinen Sportwagen in Kärnten, später in Oberösterreich und schließlich in Salzburg bauen. Ferdinand Porsche bemühte sich also redlich, seiner Heimat treu zu bleiben. Doch da man ihm überall Prügel in den Weg legte, packte er seine Konstruktionspläne und übersiedelte nach Stuttgart. Wo die »Porsche AG« heute achttausend Mitarbeiter beschäftigt.
Als sich der große Autokonstrukteur nach dem Zweiten Weltkrieg um eine österreichische Produktionsstätte für seinen Sportwagen

bemühte, war er als »Vater des Volkswagens« längst ein berühmter Mann. Es wäre also kein allzu großes Risiko gewesen, ihm die Voraussetzungen für ein Automobilwerk zu schaffen. Die Republik Österreich hat diese einmalige Chance im Jahre 1948 vertan: Seit es den »Porsche« gibt, wurden mehr als 800 000 Autos dieses Typs gebaut. Aber eben in der Bundesrepublik.
Ferdinand Porsche war 1947 in seine Heimat zurückgekehrt, nachdem zunächst die Deutschen nichts von ihm wissen wollten, da er in der Nazizeit Kriegsfahrzeuge konstruiert hatte. Aber nicht aus diesem Grund zeigte sich Österreich reserviert, sondern weil man hier den wirtschaftlichen Erfolg eines Sportautos bezweifelte.
Die Karriere als »österreichisches Schicksal« zeichnete sich schon in Ferdinand Porsches Jugend ab: Denn als der knapp 14jährige auf dem Dachboden seines Elternhauses im böhmischen Maffersdorf bei Reichenberg kleine Lämpchen durch eine Batterie zum Glühen brachte, zertrampelte sein überstrenger und jähzorniger Vater »diesen Firlefanz«, nannte seinen Sohn einen »elenden Nichtsnutz« und untersagte ihm jedes weitere Experiment.
Glücklicherweise hat sich Ferdinand Porsche dieser Anordnung nicht unterworfen. Er experimentierte weiter – sein Leben lang.
Da sein älterer Bruder in der väterlichen Werkstatt bei einem Unfall tragisch ums Leben gekommen war, sollte Ferdinand den Spenglerberuf erlernen, um den Familienbetrieb übernehmen zu können. Als sein Vater eines Tages außerhalb von Maffersdorf zu tun hatte, nützte Ferdinand die Zeit, um im ganzen Haus heimlich elektrischen Strom zu installieren. Jetzt erkannten die Eltern, daß der Bub im eben angebrochenen technischen Zeitalter seinen Mann stellen würde, und so ließ der Vater schweren Herzens nun auch seinen zweiten Sohn aus der Spenglerei ziehen. Ferdinand Porsche ging in Richtung Haupt- und Residenzstadt.
Schon als Praktikant einer Wiener Elektrofirma – den heutigen »Brown Boveri Werken« – hatte er nur eines im Kopf: Autos! Und so übersiedelte er bei der ersten sich bietenden Gelegenheit zur »k. u. k. Hof-Wagenfabrik Jacob Lohner«, die gerade daranging, ihre bisher von Pferden beförderten Kutschen elektrisch zu betreiben. Als junger Mann entwickelte Porsche für die Lohner-Werke den Radnabenmotor, der bei der Pariser Weltausstellung im Jahre

1900 Aufsehen erregte. Wie revolutionär seine Erfindung war, wußte damals noch kein Mensch: 70 Jahre nachdem er seinen elektrischen Radnabenmotor gebaut hatte, konnte mit Hilfe dieses Prinzips das Mondauto betrieben werden.
Wenn selbst er die zukünftige Tragweite dieser Konstruktion nicht erahnen konnte, war der 24jährige Porsche doch mit der »Radnabe« von einem Tag zum anderen berühmt geworden. Und so wurde er als Reserveinfanterist vom Regiment Hoch- und Deutschmeister kurzfristig von Thronfolger Franz Ferdinand als Chauffeur der erzherzöglichen Staatskarosse bei den Kaisermanövern des Jahres 1902 in Stellung genommen. Etliche Jahre später, nach der Ermordung seines hohen Fahrgasts und dem darauffolgenden Ende der Monarchie, verließ Porsche zum erstenmal das ihm zu klein gewordene Österreich. Hatte er es in der Heimat zuletzt zum Generaldirektor der Austro-Daimler-AG gebracht, so wechselte er jetzt als Chefkonstrukteur zu Mercedes-Benz nach Stuttgart. 1930, mit einem eigenen Automobilkonstruktionsbüro selbständig geworden, spezialisierte sich Porsche bald auf Rennwagen: Er selbst war oftmaliger Siegespilot, und Männer wie Stuck, Caracciola und Rosemayer fuhren mit seinen Autos Weltrekorde.
1936 wurde mit Ferdinand Porsches Volkswagen die erste Konstruktion eines luftgekühlten Autos aufgenommen. War der »Käfer« nach 1945 Europas erfolgreichstes Auto – insgesamt wurden davon 21 Millionen Stück erzeugt –, durften während des Krieges im Volkswagenwerk Wolfsburg ausschließlich Schwimm- und Kübelwagen für die Wehrmacht erzeugt werden. 1945 wurde Ferdinand Porsche von den Franzosen verhaftet und als 70jähriger für 22 Monate gefangengenommen.
Nach seiner Entlassung siedelte er sich in Zell am See an und baute in zwei winzigen Baracken der Kärntner Ortschaft Gmünd jenen Sportwagen, der heute noch – in modifizierter Form – erzeugt wird und seinen Namen trägt. Gmünd sollte, wäre es nach dem Konstrukteur gegangen, auch die erste Produktionsstätte des »Porsche« werden, und obwohl sich der damalige Kärntner Landeshauptmann für ein Automobilwerk stark machte, fanden sich weder Bundespolitiker noch potente Geldgeber zur Finanzierung der Serienproduktion.

Porsches ehemalige Mitarbeiter beschreiben ihren Chef als »leicht cholerischen Typ, der seinen Hut auf den Boden werfen und zertrampeln konnte, wenn ihm etwas nicht paßte. Andererseits war er ein Verfechter der Gerechtigkeit und liebte seine Familie über alles«.
Der große Konstrukteur starb am 30. Jänner 1951 in Stuttgart. Er ist in Zell am See begraben.

Der Tortenkrieg

Sacher und Demel, zwei Institutionen

Das eine Sacher . . .

Hotel mit bewegter Geschichte

Die Geschichte des Hotel Sacher in Wien, das Eduard Sacher 1876 an der Stelle des ehemaligen Kärntnertortheaters eröffnete, ist ein Stück österreichischer Geschichte. Und sie reicht, da hier die Großen der Welt zusammentrafen, weit über die Geschichte dieses Landes hinaus.

Eduards Vater Franz Sacher hatte als Kücheneleve beim Fürsten Metternich 1832 die später nach ihm benannte, weltberühmte Sachertorte kreiert. Durch den Tortenhandel reich geworden, konnte er jedem seiner beiden Söhne ein Hotel bauen: eines für Carl in Baden und eines für Eduard vis-à-vis der Hofoper in Wien. Der Ruf des Wiener Hotels war anfangs zwielichtig, wußte doch jeder in der Stadt, was sich in den darin befindlichen Séparées abspielte.

Die Sachertorte war von Anfang an nicht die einzige Sünde, die man hier genießen konnte.

Ein Erzherzog, so erzählte man damals, champagnisierte mit einem Ballettmädel im Sacher-Séparée. Als der Kaiser vom skandalösen Aufenthaltsort des Neffen erfuhr, schickte er einen Boten mit dem Befehl, der Erzherzog möge augenblicklich in die Hofburg kommen: »Und zwar so, wie er grade ist!« – Daraufhin sei ein großgewachsener Herr über die Ringstraße marschiert, der mit nichts anderem bekleidet war als mit weißen Handschuhen, Reitstiefeln und seiner Kappe.

Die Geschichte ist garantiert erfunden, aber man kann sich ausmalen, welchen Ruf das Sacher damals hatte.

Der bessert sich erst, als Eduard Sacher 1880 die Fleischhauerstochter Anna Fuchs heiratet, die es versteht, das halbseidene Etablissement zum Treffpunkt jener Prominenz zu machen, die auch in Gesellschaft der eigenen Frau Gemahlin zu speisen beliebt.

Womit der Aufstieg des Sacher zum exquisiten Nobelquartier beginnt.
Und keiner fand etwas daran, daß die Séparées selbstverständlich weiterhin existierten. Inklusive Champagnerdiner auf sündigem Plüschsofa. Nur war man jetzt diskreter.
Nach dem frühen Tod Eduards übernimmt Anna Sacher 1892 die alleinige Führung des Hotels, und sie wird zum Wahrzeichen Wiener Gastlichkeit. Wie ein General durchschreitet die Chefin das Haus, begrüßt Gäste, maßregelt das Personal, raucht Zigarre. »Eine ungeheure Persönlichkeit«, schwärmt Marcel Prawy, der sie noch kannte und seit Jahrzehnten Stammgast im Sacher ist, »sie war eine Mischung aus Annie Rosar und Operettenfürstin im dritten Akt der ›Gräfin Mariza‹.«
Nach Anna Sachers Tod 1930 erweisen sich der Rechtsanwalt Dr. Hans Gürtler und der Cafetier Josef Siller als Retter des in den Jahren der Wirtschaftskrise völlig heruntergekommenen Hauses: Sie kaufen und renovieren es, lassen das Hotel in neuer Pracht erblühen.
Den Zweiten Weltkrieg übersteht das Sacher – während fast alle Nachbargebäude inklusive Staatsoper im Bombenhagel zerstört werden – wie durch ein Wunder unbeschädigt.
In Wien ist's Tradition, offizielle Staatsgäste im Hotel Imperial einzuquartieren. Verhandelt man jedoch außerhalb des Protokolls – und da fallen die eigentlichen Entscheidungen –, dann trifft man sich zum Souper im Sacher. Also findet man in der Prominentengalerie die signierten Fotografien der Gäste: der Queen Elizabeth und des deutschen Kanzlers Adenauer, des Schah von Persien und des US-Präsidenten Nixon, der holländischen Königin Juliana, Pandit Nehrus, Indira Gandhis... In der Roten oder Blauen Bar, im Marmorsaal und in den Sacher-Suiten wurde Geschichte geschrieben, haben die Großen aus Politik und Diplomatie in »informellen Kontakten« das eine oder andere Mal das Schicksal der Welt bestimmt.
Kamen die meisten Potentaten, so sie hier auch nächtigten, durchaus mit einem Doppelzimmer aus, so reichte das für Ägyptens König Fuad I. keineswegs. Der hatte nämlich 40 seiner Haremsdamen mit ins Sacher gebracht.

Wichtigstes Standbein des Hauses war zu allen Zeiten die vom Stammvater Franz Sacher erfundene Torte. Selbst in den Tagen, als sich das Hotel am Rande der Pleite bewegte, hielt der Tortenverkauf den ganzen Betrieb aufrecht. Kein Wunder also, daß es in den fünfziger Jahren zum »Krieg um die Sachertorte« kommt: Die beiden bekanntesten Konditoreien der Stadt, Sacher und Demel, streiten um die Frage, wer die »echtere« Torte erzeugt. Nach zehnjährigem Prozeß trifft der Oberste Gerichtshof 1962 die Entscheidung, daß nur das Sacher sein Produkt »Original-Sacher-Torte« nennen darf. Die Demel-Torte – um eine Marmeladeschicht reicher als die von Sacher – darf weiterhin Sachertorte genannt werden. Aber ohne den klingenden Zusatz »Original«.
Nach dem Selbstmord seines Vaters im Dezember 1970 übernimmt Peter Gürtler die Leitung des Hotels. Zwanzig Jahre später endet sein Leben ebenso tragisch.
Die adeligen Stammgäste von einst gibt's nicht mehr, und so bemüht man sich um einen neuen Kundenkreis. Industriekapitäne, Künstler und Staatsmänner gehen ein und aus, Geschichte wurde und wird hier weiterhin geschrieben. Als Kanzler Kreisky in den siebziger Jahren mit dem deutschen Justizminister Horst Ehmke im Sacher konferierte, sagte er: »Schöne Sozialisten seid ihr, wenn ihr im Sacher tafelt.«
Worauf Bruno Kreisky augenzwinkernd brummte: »Aber wir sitzen ja in der Roten Bar!«

… und das andere Sacher

Zum 100. Geburtstag einer Frau mit großem Namen

In ihrer Geburtsurkunde war der 4. September 1889 eingetragen. Und als im Herbst 1989 ihr 100. Geburtstag gefeiert wurde, war ich dabei. Und sie lebte damals, die Frau Sacher, im Sacher. Nicht jedoch im Wiener, sondern im Badener Hotel der weltberühmten Tortendynastie.

Natürlich wollte ich zum »Hunderter« der Seniorchefin mit der Frau Sacher reden. Und ich erinnerte mich an ein wunderbares Gespräch, das ich mit Rosa Albach-Retty führte, als sie 102 war. Doch Carla Sachers Enkelin, Irene Schuler-Sacher, machte mich darauf aufmerksam, daß Großmamas Gesundheitszustand dies nicht zuließe, die Ärzte hätten ihr jede Aufregung untersagt. Und das Kramen in der Geschichte wäre eine Aufregung. Ich mußte das natürlich respektieren.

Als ich mich freilich verabschieden wollte, rief mir Enkelin Irene zu: »Vor einiger Zeit, als es ihr noch besser ging, hat mir die Großmama aus ihrem Leben erzählt. Irgendwo müßt' ich das Tonband noch haben.« Sie suchte ein wenig und fand ein heute noch historisches Dokument, das zu veröffentlichen sich lohnt. Also lassen wir sie – mit klaren, festen Worten – berichten, die hundertjährige Frau Sacher:

»Ich hab' 1911 Carletto Sacher, den Enkel vom Tortenerfinder Franz Sacher, geheiratet. Ihm gehörte das Stammhaus, hier in Baden. Als er um meine Hand anhielt, sagte mein Vater, ein wohlhabender Geschäftsmann, zu ihm: ›Hören Sie, meine Tochter könnte viel bessere Partien haben als Sie. Und daher sag' ich Ihnen gleich, daß ich die Schulden vom Hotel Sacher nicht übernehmen werde. Meine Bedingung ist, daß Sie ein Kaffeehaus bauen, mit dem endlich einmal Geld verdient wird. Ich würde der Carla als Mitgift die Einrichtung zahlen.‹«

So war's dann auch. Dem seit 1881 bestehenden Kurhotel wurde ein Café mit Salonmusik angeschlossen, das sofort ein Bombengeschäft war. »Meine Schwiegermutter«, erzählt die 100jährige Frau Sacher auf Band, »hat gesagt, ins neue Sacher-Kaffeehaus geht sie nicht, weil ihr die Gäste dort zuwenig vornehm wären. Erst als sie gesehen hat, wieviel Geld wir einnahmen, hat es ihr plötzlich gepaßt. Innerhalb kürzester Zeit waren die Schulden weg.«

Besagte Schwiegermutter, Mary Sacher, hütete einen Schatz: das Rezept der Original-Sacher-Torte vom Schwiegervater Franz Sacher, der die weltberühmte Torte erstmals 1832 als Kocheleve des Fürsten Metternich gebacken hatte. Heute existiert seine immer noch geheimgehaltene, handgeschriebene Kochanweisung in zweifacher Ausfertigung: eines der beiden Originale befindet sich im

Tresor des Wiener Hotels, das andere gehört der Frau Sacher in Baden.
»Mit Sacher in Wien waren wir total zerstritten, nicht einmal ihr Name durfte genannt werden. Und das kam so: Die Tante Anna Sacher – die mit der Zigarre – war furchtbar eifersüchtig, weil bei uns in Baden die Hocharistokratie ein und aus ging. Darunter Kaiserin Elisabeth, Kronprinz Rudolf, Kaiser Karl und der Erzherzog Ferdinand, der dann Taufpate meines Sohnes war.«
Als Carla Sachers Schwiegermutter 1927 verstarb, entstand ein Problem, das nur gemeinsam mit der zigarrenrauchenden »Feindin« in Wien, der Anna Sacher, gelöst werden konnte: Die Familiengruft mit 16 Gräbern gehörte je zur Hälfte der Wiener und der Badener Familie. Also fuhr Carla Sacher nach Wien, um mit ihrer Tante Anna über das Begräbnis der Schwiegermutter zu verhandeln. Nachdem »die Wiener« und »die Badener« jahrzehntelang verfeindet waren, kam es jetzt zur Aussöhnung, so daß Carla Sacher bis zum Tod der Tante Anna ein »sehr gutes Verhältnis« zur legendären Frau Sacher hatte. »Sie hat mir sogar aus Wien Gäste geschickt, weil ich die erste im Badener Sacher war, die den Gast als König behandelte. Die männlichen Sachers waren als Hoteliers vor allem deshalb erfolgreich, weil sie tüchtige Frauen gefunden haben, die ihnen das Haus führten.«
Und dann entnehme ich dem Tonband eine kleine Sensation, die in keiner Sacher-Biographie zu finden ist: »Nach dem frühen Tod ihres Ehemannes Eduard lernte die Anna Sacher die große Liebe ihres Lebens kennen, den Gutsverwalter Schuster, das war die graue Eminenz beim Baron Rothschild. Als der Herr Schuster kurz nach dem Ersten Weltkrieg starb, hat sich die Anna Sacher aus lauter Verzweiflung statt ums Hotel nur noch um Pferdewetten gekümmert und auf dem Rennplatz praktisch das Sacher verspielt. So gelangte es in den Besitz der Familie Gürtler, der das Wiener Hotel heute noch gehört. Nur das Badener Sacher befindet sich nach wie vor im Besitz der Familie.«

PS: Die Frau Sacher ist wenige Wochen nach ihrem 100. Geburtstag verstorben.

»Ch. Demel's Söhne«

Die k. k. Hof-Zuckerbäckerei

Für den alten Kaiser war wieder einmal die Zeit gekommen, sich im Grab umzudrehen. Gründe, im Dunkel der Kapuzinergruft eine derartige Maßnahme zu ergreifen, gab es seit seinem Tod im Jahre 1916 zur Genüge, aber der neueste Anlaßfall wird Majestät wohl besonders nahegehen. Immerhin wurde der Chef der k. k. Hof-Zuckerbäckerei verhaftet. Der Chef jener österreichischen Institution also, die der kaiserlichen Familie seinerzeit die Bonbonnieren, Cremen und Torten in die Hofburg liefern durfte. Und das waren – so sagt man – die besten Torten der Welt.

Als ich letzthin den eleganten Salon von »Demel« am Wiener Kohlmarkt betrat, schien dort die Welt genauso heil zu sein wie zu Kaisers Zeiten. Auf dem Geschäftsportal prangt immer noch der Doppeladler, die Mehlspeisen haben zweifelsfrei die gleiche Qualität wie damals, und das adrette Servierfräulein fragt mich am Tortenbuffet ebenso devot, wie man hier seinerzeit Grafen und Erzherzoge zu bedienen pflegte: »Haben schon gewählt?«

Daß allerdings Herr Udo, der Geschäftsführer, wegen sechsfachen Mordes verurteilt wurde, kann am »Demel« nicht spurlos vorübergehen. »Ja, etliche Stammgäste bleiben aus«, sagt der Geschäftsführer ganz knapp. Nein, nein, ums Geschäft braucht man sich keine Sorgen zu machen, mindestens siebzig Prozent der Gäste sind Ausländer, und denen könnte man »Lucona« genausogut als neueste Süßspeisenkreation des Hof-Zuckerbäckers verkaufen.

Trotzdem, die Zeiten im Tortenreich waren noch nie so salzig-bitter, seit der aus Württemberg stammende Zuckerbäcker Ludwig Dehne im Jahre 1786 am Michaelerplatz eine Konditorei eröffnete, die bald nicht nur die Gäste des alten Hof-Burgtheaters, sondern auch die Familie des Kaisers mit Schleckereien verwöhnte.

Welche Rolle der Hoflieferant im alten Wien spielte, ist einem Brief des jungen Franz Joseph zu entnehmen, in dem er seinem Bruder Max von einer Geburtstagsjause berichtet: »Um halb sechs Uhr setzten wir uns hin, und zuerst wurde Café mit einer Menge

Bäckereien serviert, nachher kamen Faschingskrapfen, Gefrorenes, Mandelmilch und Bonbons von Dehne.«

Kaiserin Elisabeth wiederum ließ sich schon wenige Jahre danach das berühmte »Veilchen-Sorbet« (bestehend aus dem Saft gepreßter Veilchen, gesponnenem Zucker sowie ein paar Spritzern von Champagner und Likör) in die Hofburg reichen. Die Huldigung durch die Allerhöchste Familie brachte das Geschäft schnell zum Erblühen. Aristokratie und Großbürger kehrten »bei Dehne« ein, der 1857 zum »Demel« wurde: In diesem Jahr verkaufte August Dehne, der Sohn des Gründers, die Konditorei an seinen ersten Gehilfen Christoph Demel.

Neben den prunkvollen Räumlichkeiten im damaligen Palais des Herzogs Arenberg am Michaelerplatz hinterließ Herr Dehne seinem Nachfolger ein dickes Buch voller Geheimrezepte. Nach dem heute noch »bei Demel« gekocht, gebacken und gebraten wird.

Dem Hoflieferanten Christoph Demel waren nur wenige Jahre vergönnt, und als dessen Sprößlinge nach seinem Tod die Firma übernahmen, gaben sie ihr den heute noch protokollierten Namen »Ch. Demel's Söhne«. Die Söhne waren es zwar, die die Übersiedlung in das heutige Haus am Kohlmarkt vornahmen, doch einen guten Teil seiner Weltgeltung verdankt das Tortenparadies der nächsten Generation. Die Offizierstochter Anna Demel geb. Siding führte das Geschäft fast vierzig Jahre lang, nachdem sie gegen Ende des vorigen Jahrhunderts in die Zuckerbäckerdynastie eingeheiratet hatte. Und zwar gleich zweimal, denn in der »Demel«-Chronik gibt's auch eine romantische Love Story: Vorerst hatte sich Anna mit Josef Demel verehelicht, dann verliebte sie sich in dessen jüngeren Bruder Karl, ließ sich von jenem scheiden, um diesen zu heiraten. Trotz der familieninternen Affäre, die natürlich ganz Wien mit großem Interesse zur Kenntnis nahm, führte Anna Demel das Geschäft von 1917 bis 1956, ehe sie im Alter von 84 Jahren – bis zum letzten Tag ihren Dienst an der Kasse versehend – starb. Obwohl es die schwersten Jahre des »Demel« waren, trug Anna viel zum internationalen Ruhm der Zuckerbäckerei bei.

Nach Annas Tod geriet das elegante Stadtpalais wiederum in sehr standesgemäße Hände: Frederico von Berzeviczy-Pallavicini, ein ungarischer Edelmann – mit Annas Nichte Klara verheiratet –,

übernahm die Konditorei und führte sie in würdiger Weise weiter, ehe er sie 1972 an eine Aktiengesellschaft namens Lylac verkaufte, die sich zu neunzig Prozent im Besitz einer Gruppe von Schweizer Geschäftsleuten befand und zu zehn Prozent Herrn Proksch gehörte.
Betrachteten die Wiener alle bisherigen Ereignisse und Skandälchen um den über zweihundert Jahre alten »Demel« eher als »Hetz«, so ist die Affäre um den Herrn Udo eine mehr als ernste Angelegenheit. Selbst eine so angesehene Institution wie die Hof-Zuckerbäckerei am Kohlmarkt kann schnell ihr Renommee einbüßen. Es wurde – vielleicht in letzter Minute – gerettet: Im Juni 1991 wurde der »Demel« vom deutschen Kaufmann Günter Wichmann erworben.

Frau Grete bricht ihr Schweigen

Die letzte »Demelinerin«

Ein halbes Jahrhundert hat sie ihre Gäste mit allerlei Köstlichem verwöhnt, die Frau Grete. Eine Institution war sie, ein Denkmal zwischen Cremeschnitten und Schokoladekuchen. Niemals hätte sie ein Sterbenswörtchen verloren über die erlauchten Kunden, deren Namen bei »Demel« fast so diskret behandelt werden wie die geheimen Rezepte aus der Mehlspeisküche. Viel mehr als die Frage »Haben schon gewählt?« war ihr auch gar nicht erlaubt, seit sie 1929 von der legendären Anna Demel in Österreichs Tortenparadies geholt wurde. Jetzt, da die Frau Grete in Pension ist, bricht sie ihr Schweigen. Außergewöhnliches hat sie zu erzählen, sind es doch zwei Welten, in die sie in der Konditorei am Wiener Kohlmarkt geraten ist. Zwei Welten, denn von der englischen Königin bis zum Herrn Udo ist's wahrlich ein weiter Weg gewesen.
»Alles mögliche« habe sie ihm zugetraut, dem Herrn Udo, plaudert die über 80jährige Frau Grete aus der Schule, »nur eines nicht: Mord!«

Nicht erst mit der »Lucona« ist für die Frau Grete die eine ihrer beiden Welten versunken. Das war schon geschehen, als der Herr Udo 1972 das Regiment in Wiens traditionsreichster Konditorei übernommen hatte. »Wollen hören, wie das war?« fragt die einstige Klosterschülerin (»Nur Mädchen aus dem Kloster wurden von Frau Demel akzeptiert«), selbstverständlich in der dritten Person, als wären die letzten 200 Jahre spurlos an der k. k. Hof-Zuckerbäkkerei vorübergegangen.
Der weite Weg von der einen Welt der Frau Grete in die andere begann beim Herzog von Windsor, Europas elegantestem Monarchen, der nach seinem Rücktritt als englischer König 1936, Hand in Hand mit Abdankungsgrund Wallis Simpson, bei Frau Grete Konfekt kaufte (»Einen grauen Anzug hat er angehabt und einen Girardihut«), und führte über John F. Kennedy und Nikita Chruschtschow (bekamen Kalbsrücken mit Gemüse serviert), Queen Elizabeth (Filet Wellington) bis zu allen Bundeskanzlern und Bundespräsidenten, »für die wir ja die Diners in Schönbrunn und in der Hofburg arrangiert haben«.
Der »Herr von Jürgens« (gemeint: Curd) hat immer eine Dose Vanillekipferln gekauft, wenn er in Wien war, »die Frau von Wessely und der Herr von Hörbiger« (gemeint: Attila) konsumierten Kaffee und Kuchen, Marlene Dietrich kam auf ein Schinkensandwich.
Wenn sie noch einmal beginnen dürfte, die Frau Grete würde wieder hier arbeiten. »Besser gesagt, bis zu dem Tag«, schränkt sie ein, »an dem er, äh ... gekommen ist« – und man weiß, wen sie meint. Die Situation war tatsächlich eher kurios, als sich der Herr Udo als neuer Chef präsentierte. In jenem Etablissement, das er, wär's nach der Frau Grete gegangen, gar nicht hätte betreten dürfen.
Denn Jahre zuvor hatte sie über eben jenen Udo Proksch Lokalverbot verhängt. »Der Herr Udo war damals mit Freunden hereingestapft, als wären wir irgendein Beisl. Als die Herren dann Tennisbälle auf ihre Gläser warfen und die ersten Scherben flogen, habe ich gesagt: ›Ich muß bitten, das Lokal zu verlassen. Das können bei uns nicht machen.‹«
Die zwei Welten im Leben der Frau Grete: die strenge Anna Demel, die hohen Gäste und die exquisite Mehlspeis', das war die eine;

Herr Udo und sein merkwürdiger Stil die andere. Doch die Erinnerungen an die eine können ihr auch von der anderen nicht genommen werden. »Ja, der Herr von Adenauer (Hühnersuppe) oder der Herr von Figl (Teebäckerei), der Herr von Torberg (Creme Grenoble), das war noch eine feine Kundschaft. Herr von Kreisky (Marzipankartofferln und Maron Glacée) haben mich persönlich mit dem Auto nach Haus chauffiert, wenn's bei den Diners zu spät für die letzte Tramway geworden ist. Ein nobler Herr.«

Meine schüchtern eingestreute Frage, ob denn wirklich jeder, der bei »Demel« verkehrte, automatisch von Adel war, wischt die Frau Grete mit ihrer ganzen Autorität beiseite: »Natürlich wußten wir, daß nicht alle aristokratisch sind, aber bei den großen Herrschaften war das so üblich.«

Das hat ja schon der Herr von Torberg in einem Essay vermerkt: »Wer beim ›Demel‹ nicht mindestens ein ›von‹ ist, ist kein richtiger ›Demel‹-Besucher.

Nur der Herr von Skoda (der Burgschauspieler Albin Skoda, Anm.) habe den Titel nicht hinnehmen können, »weil er ja Kommunist war«, weiß die Frau Grete. Ganz im Gegensatz zum Herrn von Karajan, dem echten von, »der jede Ostern für seine erste Frau Anita das schönste Osterei verlangte, obwohl er von ihr längst schon geschieden war.«

Grete Hromada heißt sie mit bürgerlichem Namen. »Pardon«, korrigiert sie mich, »haben sich geirrt«, denn in Wahrheit hieße sie Paula. »Wie ich damals zu ›Demel‹ kam, hat es schon eine Paula gegeben, und da wurde ich Grete genannt.« So heißt sie jetzt schon seit mehr als 60 Jahren, »und sogar mein Mann hat immer nur Grete zu mir gesagt«.

Als Frau Grete ist sie gar in die Kabarettgeschichte eingegangen, als nämlich Helmut Qualtinger und Gerhard Bronner im Wiener Kärntnertortheater sangen: »Wir sind die letzten Schwestern Oberinnen / Eines Ordens, den gibt's nur in Wien / Der Orden nennt sich Demelinerinnen / Und erfordert strengste Diziplin ...«

Gerade die »strengste Disziplin« war abhanden gekommen, als das Tortenreich von den »Demel«-Erben in neue Hände gelangte. Die eine Welt, in der die Frau Grete jahrzehntelang »Haben schon gewählt?« fragte, war von der anderen, in der Udo P. »Was gengan mi' die Herrschaften an?« schnaubte, doch zu weit entfernt. Und so suchte die Frau Grete 1974 um ihre Versetzung in den dauernden Ruhestand an. Ganz wie ihr dies »Demelinerin«, Herr von Qualtinger, einst vorgesungen hatte, ohne damals freilich den Grund für diesen Schritt erahnt zu haben: »Auch wir sind nimmermehr die Jüngsten/ Ich geh' nächste Pfingsten – in Pension«. Wobei er selbstverständlich Ponsion sagte.

»Haben genug erfahren, Herr von Markus?«

Ich könnte ihr stundenlang zuhören.

Von Gottes Gnaden

Aus kaiserlichen, königlichen und heiligen Häusern

»Ich will zurück zu meinem Volk«

Rumäniens Exil-König Michael I.

Die Villa steht da als Symbol verblassender Elegance. Eine wie viele Villen hier am Stadtrand von Genf, wo Industrielle, Ärzte, Diplomaten ihr beschauliches Dasein führen. In der »Villa Serena« freilich lebt ein Stück europäischer Geschichte. Vierzig Jahre lang hat kein Mensch sich um ihn gekümmert. Doch in diesen Tagen im Dezember 1989 erhält er Tausende Briefe, telefoniert mit Staats- und Regierungschefs. Rumäniens 68jähriger Exil-König Michael I. wird von der Welt wiederentdeckt. »Die Zeit ist reif für einen Neubeginn in meinem Land«, sagt er. Und er will dabei seinen Anteil leisten.

Zehn Jahre hat er Rumänien regiert, um dann aus der Fremde mit ansehen zu müssen, wie seine Heimat von den Kommunisten in den Abgrund getrieben wurde. Seine regelmäßig an die Welt gerichteten Warnungen vor Ceausescu und dessen Clan verhallten ungehört. Jetzt sah er im Fernsehen, wie auf seine Landsleute geschossen wurde, sah die Bilder der Toten, der zerstörten Häuser und Schlösser inklusive seines Königspalasts, und er fühlte dabei eine Mischung aus Trauer und Verzweiflung. »Der Massenmord durch die Securitate entspricht nicht dem Charakter dieses friedlichen Volkes. Mir bleibt es ein Rätsel, wie Ceausescu so viele Rumänen finden konnte, die für ihn mordeten. Ich erhielt die Information, daß hier Drogen im Spiel waren. Das ist für mich die einzige Erklärung.«

Seine Frau Anna betritt den schlicht möblierten Salon. Während der Ex-König nach außen hin Ruhe vermittelt, zeigt die geborene Prinzessin von Bourbon-Parma – sie ist eine Nichte der letzten österreichischen Kaiserin Zita – Emotion. »Am liebsten wäre ich nach Temesvar gefahren, hätte all die Leute auf der Straße in die Arme genommen und mit ihnen geweint.«

Er will zurück zu seinem Volk, sagt Michael von Hohenzollern-Sigmaringen, wie der König mit sozusagen bürgerlichem Namen heißt. Geboren wurde er 1921 auf Schoß Sinaia im Königreich Rumänien, auf dessen Thron seine Vorfahren seit 1866 saßen, als das Land das preußische Adelsgeschlecht rief, um sich ein Standbein im deutschen Kaiserreich zu schaffen.

Michael sieht »eine realistische Chance« für seine Rückkehr, an die er eine einzige Bedingung knüpft: »Daß mich das Volk haben will. Von oben ist genug diktiert worden, jetzt müssen die Rumänen sprechen. Und ich glaube, ich besitze in meinem Volk die nötige Autorität. Die mutige Menschenrechtskämpferin Doina Cornea hat mir geschrieben, sie hofft wie viele Menschen im Land, daß ich zurückkomme.« Exil-Rumänen fordern seine Rückkehr auf den Thron. »Ich werde da sein«, sagt Michael, »sobald die rumänische Bevölkerung Gelegenheit hat, darüber zu entscheiden. Die Monarchie wäre ein guter Weg, denn sie gäbe dem Land Stabilität. Genau das ist es, was mein Volk jetzt braucht. Und natürlich gute Kontakte zum Westen.

Die er vorzuweisen hat. Michael von Hohenzollern ist ein Cousin der englischen Königin und auch mit fast allen anderen europäischen Herrschergeschlechtern verwandt. Als man seinen Vater, Carol II., 1927 zum Thronverzicht zwang, wurde er zum ersten Mal König. »Ich war sechs Jahre alt und habe natürlich nicht verstanden, was da um mich herum vorging.« Drei Jahre später kehrte sein Vater aus dem Exil zurück, löste den minderjährigen Sohn ab. Bis König Carol 1940 neuerlich zur Abdankung gezwungen wurde, um Michael zum zweiten Mal den Thron zu überlassen. Freilich sah Rumäniens »starker Mann«, General Antonescu, der schon König Carol gestürzt hatte, in dem jetzt 19jährigen König Michael I. immer noch den »kleinen Buben« aus seiner ersten Regierungszeit. »Ich erbte ein schwieriges Amt, nachdem Antonescu meinen Vater aller Rechte beraubt hatte. Mir waren die Hände gebunden, und so mußte ich eines Tages aus dem Radio erfahren, daß Rumänien der Sowjetunion den Krieg erklärt hatte! Und das, obwohl ich wußte, daß das Volk genauso gegen den Krieg war wie ich selbst.« Als er die Ausweglosigkeit des Krieges erkannte, setzte König Michael einen Schritt, der Geschichte machte.

Er ließ den mit den Nazis paktierenden General Antonescu 1944 verhaften und schloß einen Separatfrieden mit der Sowjetunion.
Die Alliierten haben es ihm nicht gedankt. »Ich mußte später erfahren, daß längst vereinbart war, daß Rumänien dem sowjetischen Einflußbereich angehören würde.« Zwei Jahre lang war Michael dann – ein weltweit einzigartiges Kuriosum – König eines kommunistisch regierten Landes. Bis er 1947 mit vorgehaltener Pistole zur Abdankung gezwungen und ins Exil geschickt wurde.
Meine Frage an den König: Wir alle waren von den Bildern erschüttert, die wir in den Tagen der blutigen Revolution sehen mußten. Wir sahen Tote, und wir sahen ein armes Land, eines der ärmsten Europas. Beschreiben Sie mir Ihr Rumänien, wie Sie es in Erinnerung haben.
»Es war ein glückliches Land«, sagt er mit leuchtenden Augen. »Wir produzierten mehr, als wir benötigten, der Export war beachtlich. Es gab vor dem Krieg eine Untersuchung, wonach die soziale Sicherheit in Rumänien an vierter Stelle Europas lag.«
Wie lange wird es Ihrer Meinung nach dauern, bis die Rumänen wieder ein menschenwürdiges Dasein führen können?
»Es könnte relativ schnell gehen, denn wir haben Bodenschätze, wir haben tüchtige Ingenieure. Vom Ausland benötigen wir Technologie und humanitäre Hilfe. Und natürlich brauchen wir absolute Freiheit. Wir müssen den Menschen das Land zurückgeben, das ihnen Ceausescu geraubt hat. Sobald es ihr Land ist, wird es auch wieder ein reiches Land sein.«
Bis dahin ist's ein großer Schritt.
Der bescheiden wirkende König widmet uns viel Zeit, obwohl in der bisher so ruhigen Genfer Villa ungeheure Hektik herrscht. Telex, Telefone, Telefax – der lange Zeit vergessene Monarch steht plötzlich mit aller Welt in Verbindung. Frankreichs Staatspräsident Mitterrand und Englands Prinz Charles sind die prominentesten Persönlichkeiten, die ihn in Telefongesprächen der Hilfe ihrer Länder für Rumänien versicherten. Cousin Charles stellte ihm gar seine Privatsekretärin zur Verfügung, die Ex-König Michael unterstützt, die ausgedehnte Korrespondenz in den Wochen nach dem Sturz Ceausescus zu bewältigen.
Das Stichwort bringt uns noch einmal zur aktuellen Situation. War

der geheime Prozeß gegen den Diktator und dessen sofortige Exekution ein Fehler? Der König überlegt nicht lange: »Ich bin gegen jede Form der Gewalt, in unserer Verfassung gab es in Friedenszeiten keine Todesstrafe. Auch wenn man mit Recht sagen kann, daß sich Rumänien während der Revolution der letzten Tage im Kriegszustand befand, wäre ein regulärer Prozeß der einzig richtige Weg gewesen.«
Nach seinem Sturz im Dezember 1947 ging der Monarch über Italien und England in die Schweiz, arbeitete als Gärtner, Landwirt, Pilot, Bankbeamter und zuletzt als Börsenmakler, ehe er sich vor einigen Jahren zur Ruhe setzte. Denn während sein Vater, König Carol, sein persönliches Vermögen ins Exil retten konnte, war dies bei Michaels Flucht nicht mehr möglich. Nach dem Tod des Vaters gab es dann ein böses Erwachen: König Carol hatte alle seine Besitzungen nicht der Familie, sondern seiner mit ihm geflüchteten langjährigen Freundin Madame Lupescu – eine Art Katharina Schratt Rumäniens – vermacht. Michael und seine Mutter, Königin Helena, standen vor dem Nichts. In einem langjährigen Gerichtsverfahren wurden Madame Lupescus Ansprüche bestätigt. Ex-König Michael mußte mit seiner Frau und seinen fünf Töchtern in ein bürgerliches Leben finden.
Eine ganz persönliche Frage noch an das Ehepaar, das an einem der schönsten Flecken Europas ein Leben führt, wie man es sich friedlicher nicht vorstellen kann: Wollen Sie wirklich von hier weg in ein armes Land gehen, dessen Menschen nicht wissen, wie sie sich ernähren sollen, das noch lange an den Folgen eines mörderischen Regimes und eines grausamen Bürgerkriegs leiden wird? Wollen Sie sich das wirklich antun?
»Diese Frage stellt sich mir nicht«, sagt der einstige Herrscher bestimmt. »Ich betrachte meine Rückkehr als Verpflichtung, es ist doch selbstverständlich, daß ich für mein Volk da bin, wenn es mich braucht, wenn ich ihm helfen kann.«
Noch deutlicher wird seine Frau: »Mein Mann hat vierzig Jahre darauf gewartet, daß Rumänien frei ist. Als wir heirateten, war er bereits im Exil, ich habe das Land noch nie gesehen. Aber mein Herz ist bei den Menschen dort. Und wenn ich einmal meinen Fuß auf Rumäniens Erde setzen werde, dann wird das der schönste Tag

meines Lebens sein. Es wird eine schwere Zeit, aber wir werden alle Härten mit dem Volk teilen.«
Und als ich die »Villa Serena« verlasse, nehme ich den Eindruck mit, daß sie ehrlich meinen, was sie sagen. Ob ihnen die Welt die Chance geben wird, ihre Ziele und Träume zu verwirklichen, ist eine andere Frage.

PS: Inzwischen hat das Ehepaar zwar Rumänien besucht. Die Welt hat ihnen, wie wir heute wissen, freilich diese Chance nicht gegeben.

Skandale im Buckingham-Palast

Ehetragödien haben dort Tradition

Aufregungen bei den »Royals« haben Tradition. Charles und Diana liefern die neueste Affäre in der Geschichte der Windsors. Aber keineswegs die erste. Blättern wir ein wenig zurück in der Chronique scandaleuse des Buckingham-Palasts.
Ganz ohne Eheskandal säße Großbritanniens heutige Queen möglicherweise gar nicht auf ihrem Thron. Es war die aufsehenerregendste Love Story des Jahrhunderts, die ihr letztlich zu königlichen Ehren verhalf: Als nämlich Elizabeths Onkel Edward VIII. im Jahre 1936 die Amerikanerin Wallis Simpson heiraten wollte, lehnten Parlament und anglikanische Kirche den Wunsch des populären Monarchen ab, obwohl die Ehe des Königs mit einer Bürgerlichen laut britischem Staatsrecht prinzipiell möglich wäre. Doch daß die von ihm angebetete Mrs. Simpson bereits zwei Scheidungen hinter sich hatte, war zuviel für die Monarchie. Edward verzichtete zugunsten seines Bruders George V. – des Vaters Königin Elizabeths – auf den Thron, heiratete seine Wallis und mußte bis zu seinem Tod, 1972, den vergleichsweise bescheidenen Titel eines Herzogs von Windsor führen.

Vor allem wenn sie auf ihre allernächste Verwandtschaft schaut, kann die sittenstrenge Queen nach altösterreichischem Vorbild sagen: »Mir bleibt auch nix erspart!« Nicht nur, daß sich bereits ihre Tochter Anne nach 18jähriger Ehe vom Reitlehrer Mark Phillips scheiden ließ und daß ihr Sohn Andrew die Trennung von seiner Frau »Fergie« bekanntgab – 1978 war schon ihre Schwester, Prinzessin Margaret, in die Schlagzeilen geraten, als deren Ehe mit dem Fotografen Antony Armstrong-Jones – der zum Lord Snowdon geadelt wurde – aufgrund einer Affäre mit seiner Kollegin Lucy Lindway-Hogg platzte.

George I. war der einzige König, der – und zwar im Jahre 1714 – als geschiedener Mann Englands Thron bestieg. Hundert Jahre später wurde der nächste Skandal an der Themse perfekt:

Es war George IV., der seine Frau so haßte, daß sie nicht einmal an seiner Krönungszeremonie teilnehmen durfte. Hatte die »Hölle auf Erden«, wie die Ehe genannt wurde, schon damit begonnen, daß George in Begleitung seiner Mätresse auf Hochzeitsreise (!) ging, so stand ihm Gemahlin Caroline an amouröser Ausschweifung um nichts nach. Als sie ein illegitimes Kind zur Welt brachte, wollte ihr der König verbieten, die gemeinsame Tochter wiederzusehen, worauf Caroline mit ihren Eheproblemen via »Morning Chronicle« in die Öffentlichkeit ging. George IV. antwortete, das »House of Lords« leitete eine Untersuchung ein, Zeitungen forderten die Königin auf, »den Buckingham-Palast zu verlassen und nicht mehr zu sündigen«. Englands wohl peinlichster Ehekrach fand vor aller Welt statt.

Auch die Regentschaft von Georges Nichte, der großen Queen Victoria, verlief nicht ganz ohne Pikanterie. Londons Presse bezeichnete die Königin scherzhaft als »Mrs. Brown«, zumal sie das Schlafzimmer der königlichen Sommerresidenz auf Schloß Balmoral mit ihrem Hofjäger John Brown teilte. Es gibt immer noch Gerüchte, wonach die Queen nach dem Tod ihres Mannes mit dem Jäger eine Geheimehe eingegangen sei.

Victorias Sohn Edward VII., eifriger Bar- und Bordell-Gast und auch für sonstige Affären berühmt, kam noch in seiner Zeit als Kronprinz mehrmals nach Wien, um sich bei Kaiser Franz Joseph Geld für seine Eskapaden zu leihen.

Britische Historiker glauben, daß – nach all den Skandalen der vergangenen Jahrhunderte – Englands Monarchie weiterhin bestehen bleibt. Auch die Ehekrise im Haus des Thronfolgers werde daran nichts ändern. »Denn die Monarchie überlebt nicht wegen ihrer Monarchen, sondern *trotz* ihrer Monarchen«, meint Professor John Vincent von der Bristol University. Als nächsten König sieht er freilich nicht Charles, sondern dessen Sohn, Prinz William.
Der hat – bisher jedenfalls – noch keinen einzigen Skandal geliefert. Er ist aber auch erst zehn.

Die hier geschilderten Affären sind natürlich alle harmlos, vergleicht man sie mit jenen des englischen Königs Heinrich VIII., der seine Ehen im 16. Jahrhundert blutig zu beenden pflegte . . .

Mörder auf dem Königsthron

Heinrich VIII.

Allzu früh – schreiben wir, wenn runde Geburts- oder Todestage Anlaß geben, historischer Persönlichkeiten zu gedenken, allzu früh wurden der Künstler X. oder die Majestät Y. aus ihrem schaffensreichen Leben gerissen. Bei König Heinrich VIII. wird sich das Bedauern über seinen Tod in mittleren Jahren wohl in Grenzen halten, zählte er doch zu den blutrünstigsten Herrschern aller Zeiten. Nicht auszudenken, wer noch aller hätte dran glauben müssen, wäre sein Leben noch »schaffensreicher« gewesen.
1991 »feierte« die Welt seinen fünfhundertsten Geburtstag.
England war in der Zeit Heinrichs kaum vergleichbar mit dem jetzigen Großbritannien. Auf der Insel lebten ganze drei Millionen Menschen – heute sind's fünfzig Millionen –, die fast ausschließlich in der Landwirtschaft tätig waren. Am 28. Juni 1491 als Sohn des Tudor-Königs Heinrich VII. zur Welt gekommen, wird der junge Prinz für den Beruf des Geistlichen erzogen, muß aber, nach dem frühen Tod seines älteren Bruders Arthur, mit siebzehn den Thron

besteigen. Und macht eine in der Geschichte einsam dastehende Verwandlung vom tiefgläubigen Musterknaben zum gewissenlosen Blaustrumpf und Massenmörder durch.
Denn Heinrich ist hochintelligent und belesen, betätigt sich als Kunstmäzen und vollendeter Musiker. Auch als Sportsmann überaus aktiv, wird der Einsneunzig-Meter-Hüne in jungen Jahren populär und vermittelt seinem Volk die Hoffnung auf weise Regentschaft. Blinde Machtgier und krankhafter Liebeshunger sind es, die den Herrscher zum Monster werden lassen.
»Nie wage der Mann zu trennen, was Gott zusammengefügt hat«, warnte er in seinen frühen Schriften davor, den »heiligen Bund der Ehe« zu durchbrechen. Um dann das schlichte Gegenteil zu leben: Da ihm Ehefrau Nr. 1, Katharina von Aragon, keinen männlichen Nachkommen schenkt, beantragt Heinrich die Annullierung der Ehe. Als ihm dies vom Papst verwehrt wird, sagt er sich kurzerhand vom Heiligen Stuhl los, gründet die anglikanische Kirche, ernennt sich zu deren Oberhaupt und erklärt seine Ehe für ungültig. Der König löst Klöster auf, beschlagnahmt deren Vermögen, läßt Priester hinrichten.
Ehefrau Nr. 2, Anna Boleyn – einst Hofdame von Ehefrau Nr. 1 –, ist keineswegs der »humane« Weg der Scheidung von ihrem Herrn und Gebieter vergönnt. Heinrich läßt sie nach drei Ehejahren enthaupten, wobei das Todesurteil mit angeblicher Untreue begründet wird. In Wahrheit muß Anna sterben, weil auch sie »nur« eine Tochter gebar. Diese sollte dem König – nach den kurzen Regentschaften seiner Kinder Mary und Edward – als Elizabeth I. auf den Thron folgen.
Bereits am Tag nach der Hinrichtung Anna Boleyns im Tower von London heiratete Heinrich mit Ehefrau Nr. 3 schon wieder eine frühere Hofdame einer früheren Ehefrau: Jane Seymour schenkt ihrem königlichen Gemahl einen Sohn – den späteren König Edward VI. –, doch sie stirbt bei dessen Geburt. Wodurch die Zeit reif ist für die nächste Verbindung.
Ehefrau Nr. 4, Anna von Cleve, wird nach sechs Monaten verstoßen. Diesmal wird Schatzkanzler Thomas Cromwell unter dem Vorwurf, die unglückliche Ehe eingefädelt zu haben, enthauptet.
Auf dem Schafott endet schließlich auch Ehefrau Nr. 5, Katrin

Howard. Mußte man Anna Boleyn noch ein Liebesverhältnis mit einem Hofsänger andichten, um sie »legal« beseitigen zu können, so setzt die trotz ihrer erst siebzehn Jahre in Liebesangelegenheiten schon recht erfahrene Katrin dem mittlerweile einundfünfzigjährigen Heinrich tatsächlich Hörner auf. Der König läßt sie mitsamt ihren Liebhabern hinrichten.

Ein Wunder, daß sich nach all dem Gemetzel Katharina Parr bereit erklärt, Heinrichs Ehefrau Nr. 6 zu werden. Und noch größer das Wunder, daß sie ihn überlebt. Die dreiundzwanzigjährige Königin erkennt, daß der an der Wassersucht leidende, dahinsiechende Heinrich nunmehr eher einer Pflegerin als einer Geliebten bedarf.

Die bisher Genannten sind ein kleiner Teil derer, die Heinrich dem Henker überließ. Hingerichtet wurden auch der große Humanist und Lordkanzler Thomas Morus, Bischof John Fisher, die königlichen Berater Edmund Dudley, Sir Richard Empson, der Herzog von Buckingham, John Lambert, der Marquis von Exeter, Robert Barnes, der Graf von Surrey und viele andere, die es wagten, sich den Ansichten des skrupellosen Despoten entgegenzustellen.

Heinrich stürzt England in Kriege gegen Frankreich und Schottland, die unerträglich hohe Steuern zur Folge haben und sein Land an den Rand der Rebellion treiben. Andererseits wird von der Geschichtsschreibung anerkannt, daß seine von eiskalter Grausamkeit bestimmte Politik die Voraussetzungen für den Aufstieg Englands zum britischen Empire und damit zur wichtigsten Großmacht Europas schufen. Wie auch der von seinem (hingerichteten) Berater Thomas Cromwell eingeleitete Ausbau des britischen Parlamentarismus zu den bleibenden Leistungen seiner Regentschaft gehört.

Daß Heinrichs zweifelhafte Popularität auch nach einem halben Jahrtausend ungebrochen ist, liegt wohl eher an seinen zahlreichen Ehen und Affären als an der Tatsache, daß er so viele Köpfe rollen ließ. Denn das gehörte damals in königlichen Häusern fast zum »guten Ton«.

Heinrich VIII. stirbt am 28. Jänner 1547 im Alter von fünfundfünfzig Jahren. Mit seiner letzten Amtshandlung setzt er seinem Leben einen würdigen Abschluß: es ist die Unterschrift unter ein Todesurteil.

Unser Mann im Vatikan

Österreichische Päpste

Sie lebten in Böhmen und Mähren, in Istrien und Venetien, in der Herzegowina und in Galizien – mehr als fünfzig Millionen Menschen konnten in der Monarchie als Österreicher bezeichnet werden. Einer von ihnen hieß Karl Wojtyla. Er ist der Vater des Papstes und war noch für Kaiser Franz Joseph in den Ersten Weltkrieg gezogen. Der polnische Papst ist Sohn eines Österreichers, seine Heimatstadt Wadowitz bei Krakau war bis 1918 österreichisch. Und Johannes Paul II. ist nicht unser erster »Landsmann« auf Gottes Thron. Insgesamt stellten wir bereits vier Päpste.

Pius X. war »unser« erster Mann im Vatikan. Als Giuseppe Sarto – am 2. Juni 1835 in der österreichischen Region Venetien zur Welt gekommen – wurde er 1903 zum Papst gewählt. Zu diesem Zeitpunkt war er freilich kein Österreicher mehr, denn gerade als Giuseppe zum jungen Kaplan ernannt wurde, mußte die Monarchie Venetien an das Königreich Italien abtreten.

Immerhin war es einer österreichischen Intervention zuzuschreiben, daß Giuseppe Sarto Papst wurde. Und das kam so: Nach dem Tod des dreiundneunzigjährigen Leo XIII. hatten sich die einflußreichsten Kardinäle Italiens, Frankreichs und Spaniens in Konklave für einen anderen Kandidaten, den Kardinalstaatssekretär Mariano Rampolla, stark gemacht. Doch gegen diesen sprach Österreichs Kardinal in Krakau sein Veto aus. Und er berief sich dabei ganz offiziell auf Kaiser Franz Joseph, der gegen Rampolla war, weil dieser nicht die österreichischen Interessen in der Balkanfrage vertrat. Die Folge war nicht nur die Wahl des gebürtigen Österreichers Giuseppe Sarto, sondern auch eine Welle scharfer Proteste gegen die »österreichische Einmischungspolitik« in Fragen des Vatikans.

Obwohl Pius X. gerade diesem Umstand sein hohes Amt zu verdanken hatte, machte er es sich zur Aufgabe, ähnliche Kirchenskandale für alle Zeiten zu verhindern: Unter Androhung der Exkommunikation verbot er für künftige Papstwahlen jede Einmischung staatlicher Stellen.

Dieser Pius X. wird als besonders eindrucksvolle Persönlichkeit beschrieben, seine letzte »Amtshandlung« als Papst war ein Aufruf an alle Völker, für den Frieden zu beten. »Ich würde gerne mein Leben opfern, wenn ich dadurch den Frieden Europas erkaufen könnte«, sagte er am 2. August 1914, wenige Tage nach Ausbruch des Ersten Weltkriegs. Drei Wochen später war er tot, aber der Friede sollte noch lange auf sich warten lassen.

Österreich war bereits Republik, als Kardinal Achille Ratti am 6. Februar 1922 Papst wurde. Seinem »österreichischen« Vorvorgänger zu Ehren nannte er sich Pius XI. Er stammte aus Desio bei Monza in der Lombardei, die 1857 – im Jahr seiner Geburt – gerade noch zu Österreich gehörte. Man warf Pius XI. vor, sich mit Hitler »arrangiert« zu haben, tatsächlich hatte er im Dezember 1933 ein Konkordat mit dem Dritten Reich abgeschlossen, doch später wies er in seiner Enzyklika »Mit brennender Sorge« die willkürlichen Verstöße der Nazis gegen den Kirchenvertrag zurück. Er richtete mehrere Schreiben an Hitler, aber alle Versuche, den »Führer« zur Einhaltung des Konkordats zu bewegen, scheiterten. Auch die letzte Stunde Pius' XI. schlug zum Auftakt eines Weltkriegs – er verstarb am 10. Februar 1939.

Als einer der populärsten Päpste aller Zeiten ging Johannes XXIII. in die Geschichte ein. Angelo Roncalli war am 25. November 1881 im Bergdorf Sotto il Monte in der Provinz Bergamo als eines von dreizehn Kindern einer armen Bauernfamilie geboren worden – Vater und Mutter waren noch Österreicher gewesen. Anhand seiner Biographie läßt sich der Irrwitz der Weltpolitik erkennen, denn als der spätere Papst während des Ersten Weltkriegs von der italienischen Armee als Sanitätssoldat und Militärpfarrer eingezogen wurde, da standen die Österreicher auf der anderen Seite – die Landsleute seiner Eltern waren plötzlich zu Feinden geworden.

Als Angelo Roncalli 1958 zum Heiligen Vater gewählt wurde, sah man ihn aufgrund seines Alters von siebenundsiebzig Jahren lediglich als »Übergangspapst« an. Doch gerade in den fünf Jahren seines Pontifikats wurden der Kirche – vor allem durch das Zweite Vatikanische Konzil – neue und wichtige Wege für die Zukunft geöffnet.

Als »Johannes der Gütige« im September 1962 eine Wallfahrt nach

Loretto und Assisi unternahm, galt das als Sensation, da dies die erste Reise eines Papstes nach fast hundertjähriger »Gefangenschaft im Vatikan« war.
Im Vergleich zur Reiselust des jetzigen Papstes nimmt sich dieser Wochenendausflug freilich bescheiden aus. Johannes Paul II. war, als er 1978 Papst wurde, nach 456 Jahren das erste Oberhaupt der römisch-katholischen Kirche, das nicht aus Italien stammte (sieht man von Pius X. und XI. ab, die zwar als österreichische Untertanen zur Welt gekommen waren, aber bereits als Italiener zu Stellvertretern Christi wurden). Und auch er, der Sohn des aus dem österreichischen Teil Polens stammenden Eisenbahnbeamten und k. u. k. Oberleutnants Karl Wojtyla, hat der katholischen Kirche einen neuen Weg gewiesen. Ihn als »waschechten Österreicher« zu bezeichnen, wäre wohl übertrieben, aber es war ja überhaupt nur ein relativ geringer Teil der Bevölkerung, der in der Monarchie aus dem Gebiet des heutigen Österreich stammte.
Leo Slezak, ein auf ganz andere Weise berühmt gewordener Altösterreicher, hat diesen Umstand vielleicht am treffendsten formuliert, als er seinen Memoiren den Satz voranstellte: »Wie jeder echte Wiener bin ich in Brünn geboren.«
»Unsere Päpste« kamen – frei nach Leo Slezak – wie alle echten Österreicher in Venetien, der Lombardei, in Bergamo und in Polen zur Welt.

Wenn die Mutter mit dem Sohne

Maria Theresia (1717–1780) und
Joseph II. (1741–1790)

Mutter und Sohn, zwei Regenten. Die populärsten vielleicht, die Österreich je hatte. Hochgelobt, aber auch umstritten. Maria Theresia und Joseph II. In keiner anderen Epoche der Monarchie wurde so viel verändert, reformiert, der Neuzeit angeglichen wie in der mariatheresianischen und der josephinischen.

Das Schloß Schönbrunn in seiner heutigen Pracht verdanken wir der »Kaiserin Maria Theresia«, wie alle Welt sie nennt. Dabei war sie gar keine Kaiserin. Sie trug den Titel Erzherzogin; Kaiser war ihr Mann, Franz Stephan von Lothringen. Doch sie, die volkstümliche Frau des Kaisers, hatte »die Hosen an«, sie regierte. Und wie.
Es wurde der einzigen Frau auf Österreichs Thron von Anfang an nicht leicht gemacht. Maria Theresia war erst acht Wochen in Amt und Würden, als Preußens König Friedrich der Große mit seinen Truppen ohne vorherige Kriegserklärung über das seit mehr als 200 Jahren österreichische Schlesien herfiel. Auch in den folgenden Jahren wurde die junge und anfangs unerfahrene Regentin von ihrem preußischen Feind, aber auch von anderen Nationen immer wieder auf die Probe gestellt. Erst nach dem Ende des Erbfolgekriegs war es Maria Theresia gelungen, Österreichs Machtstellung in Europa zu wahren, womit ihre Reformtätigkeit einsetzen konnte. Die parallel dazu geförderte erfolgreiche Einheirat ihrer Kinder in andere regierende Häuser trug der Kaiserin den Titel »Schwiegermutter Europas« ein.
Auch sonst führte sie ihr Reich in ähnlicher Weise wie ihre Familie, und beide waren von beachtlicher Größe. Hatte sie in der Monarchie 19 Millionen Untertanen, so gebar sie selbst nicht weniger als 16 Kinder. Nach drei Töchtern kam der sehnsüchtig erwartete Sohn Joseph zur Welt, der dementsprechend verhätschelt wurde. »Die Kaiserin vergöttert den Erzherzog und läßt ihm viele Fehler hingehen, um derentweilen sie ihn lieber strafen sollte«, berichtete ein Zeitzeuge. Joseph war – würde man heute sagen – ein Problemkind.
Maria Theresias überragende Verdienste sind die für ganz Europa richtungweisende Einführung der Schulpflicht, die Verwaltungs-, Heeres- und Justizreform, sie förderte Industrie und Handel, ließ das erste Papiergeld drucken, baute neue Verkehrswege und trat für eine Angleichung der Stände ein: »Ein Fürst besitzt keine andere Berechtigung als jeder Privatmann«, schrieb sie ihrem Staatskanzler Fürst Kaunitz.
1765, nach dem für sie so schmerzvollen plötzlichen Ableben ihres geliebten Mannes, übernahm Thronfolger Joseph die Mitregentschaft, nach Maria Theresias Tod wurde er Alleinherrscher. Ein kluger, weitsichtiger Regent, Reformator, Aufklärer, der sein

Reich sparsam zu regieren versuchte. Sein Leitsatz lautete: »Ich war ein Mensch, bevor ich Herrscher war, und das halte ich für meine beste Eigenschaft.«

Tatsächlich: Joseph II. schaffte Folter und Todesstrafe ab, er beendete die mittelalterliche Leibeigenschaft der Bauern, förderte die Gleichstellung von Mann und Frau in der Ehe, gründete mit dem Wiener Allgemeinen Krankenhaus das größte und modernste Spital der Welt, reformierte die Steuereintreibung. Seine Wirtschaftsmaßnahmen verdoppelten in manchen Ländern der Monarchie die Beschäftigungszahlen, seine Sozialreformen brachten erste Ansätze zur Kranken- und Altersversorgung. Er gründete das Burgtheater, ließ Presse und Bühne durch eine liberalere Zensurpolitik größere Freiräume, ja er duldete sogar Kritik an seiner Person. Mit dem »Toleranzpatent« gewährte er schließlich allen Nichtkatholiken die freie Religionsausübung.

Im Gegensatz zu seiner Mutter, die behutsam reformierte, konnte es Joseph nicht schnell genug gehen. Kraft und Tempo seiner Maßnahmen schafften viele Gegner – vor allem in der katholischen Kirche, als er ein Drittel aller Klöster sperren ließ, um in den frei werdenden Gebäuden Spitäler und andere Institutionen zu errichten. Papst Pius VI. fuhr eigens nach Wien, um Josephs Kirchenpolitik zu verhindern, mußte aber nach vierwöchigem Aufenthalt unverrichteter Dinge wieder abreisen.

In seinem Privatleben bewies Joseph II., daß er Staatsreform und Sparsamkeit nicht nur predigte: Er selbst lebte geradezu spartanisch, sperrte Schönbrunn und einen Teil der Hofburg zu, entließ die Dienerschaft seiner Mutter und kam mit einer einzigen Köchin aus. Er war der erste Herrscher, der sich selbst rasierte und auch die übrige Körperpflege allein besorgte, er schaffte Hofknicks und Handkuß ab und empfing Bittsteller aus dem Volk persönlich.

Wenn auch äußerst umstritten, war der »Reformkaiser« seiner Zeit um ein gutes Jahrhundert voraus. »Wie immer man zu Josephs Maßnahmen weltanschaulich stehen mag, der Revolutionär auf dem Kaiserthron hat seinen Ländern dadurch einen blutigen Umsturz im Stil der Französischen Revolution erspart«, meint der Historiker Friedrich Weissensteiner.

In nur zehn Jahren, die seiner Regentschaft gegeben waren, wurde

in Österreich mehr verändert als in mehreren Jahrhunderten davor. Zwar mußte Joseph II. am Ende seines Lebens einen Teil der Reformen zurücknehmen, doch das ändert nichts an seiner Größe, seinem Weitblick.
Maria Theresia und ihr Sohn Joseph II. – darüber ist sich die Geschichtsschreibung einig – waren zwei der bedeutendsten Regenten dieses Landes.

»Bin froh, nicht Kaiser zu sein«

Gespräch mit Otto von Habsburg

Sechshundert Jahre haben sie das Land regiert, die Habsburger. Dem Mann, der mir gegenübersitzt, ist das als erstem nicht vergönnt, obwohl er dafür vorgesehen war. Diese Tatsache muß den durch und durch politisch denkenden Menschen Otto von Habsburg schrecklich deprimieren, stelle ich mir vor. Und werde von seiner Reaktion überrascht: »Ein Kaiser, ein König zu sein, eine Krone zu tragen, ist eine so furchtbare Aufgabe, daß man sie wohl als Verpflichtung übernimmt. Aber wünschenswert ist das nicht. Ich muß Ihnen daher ganz ehrlich sagen, ich bin mit meiner jetzigen Tätigkeit weit glücklicher, als ich es jemals wäre, wenn ich diese andere Rolle zu spielen hätte.«
Sein Vater durfte sie noch spielen, »diese andere Rolle«. Wenn auch nur für kurze Zeit. Kaiser Karl I. war Österreichs letzter Monarch, doch glücklich konnte er dabei nicht werden, denn die Tage seiner Regentschaft von 1916 bis 1918 waren vom Ersten Weltkrieg bestimmt. Hätte man diesen Krieg, dessen verheerende Folgen letztlich wohl auch zu einem zweiten geführt haben, nicht mit allen Mitteln verhindern müssen? Sind dem Haus Habsburg, sind Kaiser Franz Joseph da nicht allzu viele Fehlleistungen unterlaufen?
Die hagere Gestalt des Mannes, der am 20. November 1912 in Reichenau an der Rax als Erzherzog zur Welt kam, ist aufrecht in

den Stuhl gepreßt, der kein Thron ist, und die Sprache ist Schönbrunnerdeutsch geblieben: »Sicher, jeder Mensch, der handelt, macht Fehler. Nachher dazu etwas zu sagen, ist natürlich immer leichter. Aber man muß zugeben, daß 1914 eine andere Politik gegen Serbien zielführender gewesen wäre.«

Hätten Sie, der Sie ja dazu ausersehen waren, eines Tages den Thron zu besteigen, nach der Ermordung Franz Ferdinands in Sarajevo anders gehandelt als Kaiser Franz Joseph? »Die Frage ist schwer zu beantworten, aber eines kann ich mit Bestimmtheit sagen: Mein Vater wäre nicht in den Krieg gezogen, und zwar trotz des massiven Drucks der Öffentlichkeit. Mein Vater hätte es nicht zum Ersten Weltkrieg kommen lassen.«

Woher wissen Sie das, Herr von Habsburg?

»Ich schließe das aus folgendem Grund aus: Meine Mutter hat mir mehrmals erzählt, daß mein Vater am Tag der Kriegserklärung das als eine fatale Entwicklung, die nur zur Katastrophe Österreichs führen konnte, betrachtet hat.«

Was Sie da sagen, ist doch letztlich eine Kritik an Ihrem Urgroßonkel, dem Kaiser Franz Joseph?

»Ja, Kaiser Franz Joseph mit seinen gewaltigen Qualitäten war schließlich in dem Moment ein sehr alter Herr, der noch mehr als ein wesentlich jüngerer dem Druck seiner Mitarbeiter und der eigenen Umgebung ausgesetzt war. Und diese Umgebung war in dem Moment absolut kriegsbegeistert.«

Herr Dr. von Habsburg, sage ich, Ihre Worte gehen ja über die Kritik an Kaiser Franz Joseph hinaus, sie sind letztlich eine Kritik an der Institution der Monarchie. Denn wenn Sie sagen, der Kaiser war ein sehr alter Herr, steht doch fest, daß das demokratisch gewählte Staatsoberhaupt einer Republik mit 84 Jahren kaum noch im Amt gewesen wäre, während Franz Joseph fast 66 Jahre regiert hatte, als er die Kriegserklärung unterzeichnete.

»Auch in einer Republik«, antwortet Otto von Habsburg, »regieren Gott sei Dank alte Leute. Außerdem darf man nicht vergessen, daß die Sache schon sehr weit entwickelt war, ein Krieg lag in der Luft. Diese Lehre sollten wir auch für uns bewahren: Die Situation ist für den Frieden immer kritisch, wenn die Generation ausgestorben ist, die einen Krieg gekannt hat. Die Leute haben 1914 nicht gewußt, was ein Krieg ist. Daher sind sie viel leichter hineingeschlittert.«

Was Ihren Vater betrifft, sind die Historiker darüber einig, daß er den Frieden wollte. Er hat alles getan, um den Krieg so schnell wie möglich zu beenden.

»Leider ist ihm der Erfolg nicht vergönnt gewesen. Als er Kaiser wurde, war's bereits zu spät. Vielleicht hätte er etwas verändern können, wenn er früher drangekommen wäre, aber das sind natürlich Spekulationen, Sandkastenspiele der Geschichte.«

Als Kaiser Karl 1922, im Alter von nur 34 Jahren, an den Folgen einer Lungenentzündung im Exil auf Madeira starb, war Otto zehn Jahre alt. Welche persönlichen Erinnerungen hat er an seinen Vater?

»Zwei Phasen sind mir in Verbindung mit ihm in Erinnerung geblieben. Die eine, während des Weltkriegs, da hab' ich ihn so gut wie überhaupt nicht gesehen, da war er – als einer der wenigen Staatschefs – fast die ganze Zeit draußen an der Front. Die zweite Phase war dann nach dem Krieg, da habe ich ihn etwas mehr gesehen, speziell in den letzten Wochen seines Lebens, in denen er noch versucht hat, offensichtlich im Gefühl, daß er nicht mehr sehr lange bei uns sein wird, mich in seine Gedanken einzuführen. Ich würde ihn als gütig, ausgeglichen und von tiefem Glauben beseelt charakterisieren.«

Kritiker bezeichnen Kaiser Karl aber auch als schwach und weltfremd. »Schwach war er nicht«, ist Otto von Habsburg um das Bild seines Vaters bemüht, »er hat in schweren Zeiten Mut gezeigt. Tja, und zur Frage, ob er weltfremd war: Wissen Sie, er hatte eine Aufgabe zu bewältigen, die fast unlösbar gewesen ist. Ich würde es nicht weltfremd nennen, er selbst hat ganz richtig die eigenen Chancen als sehr gering beurteilt.«

Mit einer Episode versucht Otto von Habsburg den Charakter Kaiser Karls zu beleuchten: »Wenn ich mir die Machthaber anschaue, die heutzutage ins Exil gehen, die haben doch vorher alle noch gewaltige Gelder ins Ausland verschoben. Mein Vater hat das nie getan, denn er war der Ansicht, daß ein Kapitän auf seinem Schiff bleiben muß. Wenn die Zeichner von Kriegsanleihen ein Risiko eingehen, dann muß das auch die Dynastie tun, hat er einmal gesagt.«

Hand aufs Herz, Herr Doktor von Habsburg, wir nähern uns einem neuen Jahrtausend, es sind mehr als 70 Jahre vergangen, seit Österreich mit Ihrem Vater seinen letzten Kaiser verloren hat. Haben Sie die Monarchie endgültig abgeschrieben, oder glauben Sie, daß je eine Zeit kommen könnte, die uns wieder einen Kaiser bringt?

»Von mir aus wird's das sicher nicht geben, ich habe eine Loyalitätserklärung abgegeben, und daran halte ich mich. Und das war ganz richtig so, ich hätte meine ganze europäische Arbeit nicht machen können, hätte ich das nicht unterschrieben.«

Womit das Kapitel Monarchie in Österreich also ein für allemal beendet wäre?

»Da bin ich zu sehr Historiker, um irgend etwas je als abgeschlossen zu betrachten. Wenn man sich die Geschichte über Jahrhunderte anschaut, kann man von keiner Staatsform sagen, die ist für immer weg. Monarchien und Republiken haben einander immer wieder abgewechselt.«

Hat die Familie Habsburg also möglicherweise nur Pause?

Obwohl meine Fragen, wie ich zugeben muß, doch reichlich despektierlich sind, verliert der ehemalige Kronprinz in keinem Augenblick unseres Gesprächs seine Fassung. »Die Familie Habsburg ist ja nicht gleich Monarchie«, meint er. »Was mit der Familie Habsburg passiert, kann man heute nicht sagen. Etwas anderes ist die Staatsform, die Monarchie als solche. Die kann wiederkommen.«

Kleine Leute

Vom Alltag in früheren Jahrhunderten

Alter ohne Pension

Als es weder Renten noch Krankenkassen gab

Der Blick in die Vergangenheit führt uns ein wenig weg von den Fürstenhöfen und kaiserlichen Residenzen, hin zu den kleinen Leuten, die bis ins vorige Jahrhundert weder »Rente« noch Krankenkasse kannten. Wir blicken in jene finsteren Tage, als Krankheit und Alter für die meisten Menschen Not und Elend bedeuteten.
Die eindrucksvollste Alltagsbeschreibung dieser Zeit stammt von Adelheid Popp, die 1869 als fünfzehntes Kind einer Weberfamilie in Inzersdorf bei Wien geboren wurde. Zehn ihrer Geschwister starben früh, als dann auch ihr Vater krank wurde, verschlangen ärztliche Hilfe und Medikamente die ohnehin kargen Einkünfte der Familie. »So oft ich mit einem Rezept in die Apotheke geschickt wurde«, schreibt Adelheid Popp in ihren Jugenderinnerungen, »klagte meine Mutter, wie lange das noch dauern würde«. – Kranksein war mit so großen wirtschaftlichen Opfern verbunden, daß der Tod des Angehörigen geradezu herbeigesehnt wurde. Als Vater Popp dann starb, konnte die Mutter ihre fünf Kinder, die überlebt hatten, nicht mehr ernähren, da es selbstverständlich keinen Pensionsanspruch gab. Also mußten Adelheid und ihre Geschwister arbeiten gehen. Das Mädchen war zehn Jahre alt, als es seinen ersten Dienst antrat, und mußte aus diesem Grund die Schule abbrechen. Die Mutter hatte keine andere Wahl, als die gesetzliche Schulpflicht ihrer Kinder zu mißachten und dafür von Zeit zu Zeit für mehrere Stunden in den Arrest zu gehen. Adelheids Arbeitstag als Näherin in einer Fabrik dauerte von sechs Uhr früh bis acht Uhr abends, es gab weder Sonn- noch Feiertag oder gar Urlaub. Das einzige Glück der Familie Popp bestand darin, daß sich eine Aristokratin ihrer annahm, um über das Schlimmste hinwegzuhelfen.

Das Schicksal der Adelheid Popp ist kein Einzelfall, Kranksein und Altwerden waren im vorigen Jahrhundert für sehr viele Menschen mit Betteln und Hausieren verbunden.
Zwar gab es bereits freiwillige Krankenkassen, doch gerade diejenigen, die der Hilfe am dringendsten bedurften, konnten sich die Beitragszahlungen nicht leisten. Erst 1889 wurde endlich die Pflichtversicherung eingeführt. Der damalige Ministerpräsident Eduard Graf Taaffe war der erste österreichische Regierungschef, der die Zeichen des industriellen Zeitalters erkannte, dem klar war, daß die Bevölkerung nicht länger ohne jeglichen sozialen Schutz leben konnte. In seiner Regierungszeit wurden nicht nur die Krankenkassen gegründet, sondern auch andere wichtige Regelungen getroffen: Erwachsene durften fortan nicht länger als elf Stunden, Jugendliche zwischen zwölf und sechzehn Jahren nicht mehr als acht Stunden pro Tag arbeiten. Kinderarbeit unter zwölf Jahren wurde überhaupt verboten und die gesetzliche Sonn- und Feiertagsruhe eingeführt. Gesetze, die heute nach tiefstem Mittelalter klingen, die aber vor hundert Jahren revolutionär waren. Immerhin war Österreich mit der Schaffung dieser Bestimmung in Europa führend.
Ein Mann, der in ganz anderem Zusammenhang berühmt wurde, spielt in Österreichs sozialer Gesetzgebung eine nicht unbedeutende Rolle: Der Dichter Franz Kafka, als Konzeptbeamter in der Sozialversicherung für Unfallverhütung am Arbeitsplatz zuständig, schildert seine Tätigkeit in einem Brief an seinen Freund Max Brod: »Was ich zu tun habe! In meinen vier Bezirkshauptmannschaften fallen die Leute von den Gerüsten herunter, in Maschinen hinein, alle Balken kippen um, alle Böschungen lockern sich, alle Leitern rutschen aus...« Dr. jur. Franz Kafka erkannte, daß die Unfallvermeidung durch entsprechende Sicherheitsmaßnahmen nicht nur aus humanitären Erwägungen notwendig war, sondern Staat und Betrieben auch Unsummen ersparte.
War die Krankenversorgung also gegen Ende des vorigen Jahrhunderts halbwegs geregelt, so gab es noch lange keinen Pensionsanspruch. Freilich wären ohnehin nicht allzu viele Menschen in den Genuß einer Pension gekommen, denn die durchschnittliche Lebenserwartung lag damals immer noch bei fünfunddreißig Jahren,

nur eine Minderheit hätte also die Rente erlebt. Für die Menschen, die dennoch ein reiferes Lebensalter erreichten, gab es keine Gesetze, die besagten, daß man mit sechzig oder fünfundsechzig aus dem Arbeitsprozeß gezogen würde, man arbeitete vielmehr – im wahrsten Sinne des Wortes – »bis zum Umfallen«.

Galt man als nicht mehr arbeitsfähig, war man auf die Unterstützung seiner Kinder angewiesen – es bestand damals eine gesetzliche Verpflichtung, für bedürftige Eltern zu sorgen. Hatte man keine Kinder oder waren diese nicht in der Lage, ihre Eltern zu erhalten, fiel man der öffentlichen Armenpflege anheim. Während die Großfamilie im ländlichen Bereich relativ gut für ihre älteren Angehörigen sorgte, führte das fehlende Sozialnetz in den Städten zu unvorstellbarer Wohnungs- und Hungersnot, zu Massenausspeisungen und Elendsquartieren.

Die ersten Pensionen wurden im Jahre 1909 den sogenannten »Kopfarbeitern«, also höheren Angestellten, gewährt. Doch »sozial« konnte sich dieses Gesetz noch keineswegs nennen, denn die Altersrente bekam nur derjenige, der mindestens sechshundert Kronen jährlich verdiente – wodurch die kleinen Leute erst recht durch den Rost fielen. Nach den »Kopfarbeitern« konnten 1927 die Handelsangestellten ihre Pensionsansprüche durchsetzen. Arbeiter erhielten die Pensionen erst nach dem »Anschluß« ans Deutsche Reich, aber nicht etwa weil die Nazis so sozial waren, sondern weil die deutschen Gesetze bereits seit Anfang des Jahrhunderts einen Pensionsanspruch für alle Erwerbstätigen vorsahen. Zum vollen sozialen Schutz im heutigen Sinn kam es erst in den Jahren nach dem Zweiten Weltkrieg.

Is' alles hin?

Zur Frage, ob es den »Lieben Augustin« wirklich gegeben hat

Wer war »Der Liebe Augustin«? Hat's ihn überhaupt gegeben? Einen Hinweis dafür, daß er tatsächlich gelebt hat, gibt der Geschichtsschreiber und Ordenspater Matthias Fuhrmann: Ein Bänkelsänger namens Augustin sei im Jahre 1645 zu Wien geboren und hier als Dudelsackpfeifer von Lokal zu Lokal gezogen.

Im Herbst 1679 hatte die größte Pestepidemie aller Zeiten ihren Höhepunkt erreicht. Am 10. September, wird überliefert, besuchte der Sackpfeifer Augustin die auf dem Wiener Fleischmarkt – gegenüber dem heutigen Griechenbeisl – gelegene Schenke »Zum roten Dachel«. Sei es aus Übermut oder weil er ohnehin der Meinung war, »Geld is hin, Gut is hin, 's Mensch is hin...«, schaute der Liebe Augustin an diesem Abend besonders tief ins Glasl. Hätte er statt in den Dudelsack ins Alkoholröhrchen geblasen, wären wohl ein paar Promille mehr als die heutzutage erlaubten 0,8 herausgekommen. Aber Führerschein, den man ihm hätte wegnehmen können, gab's ohnehin keinen, und so geschah's, daß er auf dem Fußmarsch nach Hause zwischen Kohlmarkt und Burgtor stolperte und in berauschtem Zustand am Straßenrand liegenblieb.

Da lag er, als einer von Hunderten, denn der »Schwarze Tod«, eine Infektionskrankheit, die letztlich auf mangelnde Hygiene zurückzuführen war, kannte kein Erbarmen. »Man sah das ganze Monat nichts als Tote tragen, Tote führen, Tote schleifen, Tote begraben«, beschreibt Abraham a Sancta Clara die Situation. Jeder, der nur irgendwie konnte, verließ Wien und die Vorstädte, Kaiser Leopold I. war mit seinem Hofstaat nach Mariazell, Graz und schließlich nach Linz geflüchtet. Insgesamt fielen der Seuche in wenigen Monaten mindestens 60000 Menschen zum Opfer.

Kurz nachdem der 34jährige Augustin in jener Nacht beim Burgtor gestürzt war, kamen zwei der vielen »Siechknechte«, die damals von der Stadt Wien zum Abtransport der Leichen beschäftigt wurden, des Wegs und kippten den wie tot daliegenden Bänkelsän-

ger auf ihren pferdebespannten Leichenwagen, um ihn in die Pestgrube der Vorstadt St. Ulrich zu werfen. Wer nämlich in diesen schrecklichen Tagen regungslos herumlag, galt automatisch als tot, von der »Pestilenz« zerfressen, da wurde nicht viel untersucht, sondern nur schnellschnell in eines der 77 Massengräber am Rande der Stadt verfrachtet.
Als Herr Augustin, dessen Familienname der Geschichtsschreibung verborgen bleibt, am nächsten Morgen aufwachte, fand er sich neben Hunderten Leichen in der Pestgrube wieder. Sein Glück war, daß das Massengrab erst halbvoll gewesen und daher noch nicht mit Kalk zugeschüttet worden war.
»Wo bin ich, zum Teufel?« soll er geschrien haben, »holts mich sofort raus.« Und die Siechknechte befreiten ihn.
Trotz stundenlangem Körperkontakt mit den Pesttoten hatte sich »Der Liebe Augustin« nicht infiziert, und so wanderte er zurück zum »Roten Dachel«, um seinen Dudelsack zu holen und darauf weiterzupfeifen, als wäre nichts geschehen.
Ob es den »Lieben Augustin« wirklich gegeben hat oder nicht, ist eigentlich »powidl« – wie er selbst wohl gesagt hätte –, denn das Wichtigste an ihm ist das Symbolhafte: Der raunzende, jammernde, nörgelnde Wiener, der »Alles is hin« singt, aber nicht im entferntesten ans Untergehen zu denken bereit ist. Ein Optimist, selbst im Angesicht des Todes noch.
Was hätte der in unserer Zeit zu sagen?
Er wäre heute wohl ein erfolgreicher Austro-Popper und würde sich als solcher vor sein Publikum hinstellen, mit einem Synthesizer statt einem Dudelsack, um dann – selbstverständlich vor laufender Kamera – das Wort zu ergreifen: »Sehr geehrter Herr Bundeskanzler, meinte Damen und Herren. Es ist einiges bei uns passiert in letzter Zeit, was wir uns lieber erspart hätten. Aber, oh du lieber Augustin, ›hin‹ im Sinne von irreparabel kaputt ist gar nix. Solang unser Land a Demokratie is, solang wir unsere Politiker wählen und wieder abwählen können, solang wir nicht alles krankjammern, solang korrupte Manager und Beamte Einzelfälle und nicht gleich die Regel sind, solang wir hoffen dürfen, daß unsere Umwelt noch zu retten ist und wir in Frieden leben können, solang unsere Pensionen gesichert sind, was wir doch hoffen wollen, solang wir –

wenn's schon einmal sein muß – in Würde sterben und nicht der jahrhundertelang gepflegten Pestilenz der Raubritter und anderer Mörder zum Opfer fallen, solang is nix hin. Nein, unser Land hat vielleicht gerade ein paar Schrammen abbekommen, aber hin is' es sicher net. Da hab' ich in den letzten 300 Jahren schon ganz andere Zeiten erlebt.«
Und dann würde er noch zwei, drei Vierteln zu sich nehmen, mit dem Taxi nach Hause fahren und sich seinen Rausch ausschlafen.
Aber leider ist er am 10. Oktober 1705 im Alter von 60 Jahren verstorben, wie uns der Chronist überliefert. Leider, denn so ein »Lieber Augustin«, für den die Welt nicht gleich untergeht, wenn's irgendwo blitzt und donnert, der täte uns hin und wieder ganz gut.

Wie wir sauber wurden

Bis ins vorige Jahrhundert hat sich die Menschheit kaum gewaschen

Auto, Flugzeug, Fernsehen, Mondraketen – das alles sind Errungenschaften unserer Tage. Ich brauch' sie nicht unbedingt. Der wirkliche Grund, warum ich im 20. und nicht in irgendeinem anderen Jahrhundert gelebt haben möchte, ist die Selbstverständlichkeit unserer heutigen Hygiene. Können Sie sich vorstellen, wie es war, als die Straßen unserer Städte übelriechende Kloaken waren? Als Seife so gut wie unbekannt war? Als kaum ein Haushalt über Toilette und Badezimmer verfügte? Als mangels solcher Waschgelegenheiten tödliche Epidemien grassierten, die ganze Regionen ausrotteten? Als es keine Müllabfuhr gab? Als durch Schmutz und Kot angelocktes Ungeziefer die gesamte Menschheit plagte?
Wien, zur Mitte des 18. Jahrhunderts: Neben jedem Haus befindet sich eine Sickergrube, in der die menschlichen Fäkalien landen. Der Gestank in den Straßen ist kaum erträglich. Die Jauche fließt ins

Trinkwasser der nahen Schöpfbrunnen. Seuchen und Epidemien sind die Folgen, denen ganze Generationen zum Opfer fallen, zumal die Senkgruben nur alle 15 bis 20 Jahre entleert werden. »Gewaschen« im heutigen Sinn wird nicht. Schmutzige Körperstellen werden mit Puder oder wohlriechenden Essenzen übergossen.

Nicht daß die Seife erst in unseren Tagen erfunden wurde. Griechen und Römer kannten sie schon vor 2000 Jahren, doch nach dem Untergang ihrer Kulturen geriet das einfachste und zugleich effektivste Reinigungsmittel für Haut und Haar, Wäsche und Hausrat wieder in Vergessenheit. Die Menschheit vegetierte im Dreck, wie eine Alltagsbeschreibung aus dem Jahre 973 beweist: »Sie reinigen und waschen sich ein- oder zweimal im Jahr (!) mit kaltem Wasser, ihre Kleider aber waschen sie nicht, nachdem sie sie angezogen haben, bis daß sie in Lumpen zerfallen.«

Solche Zustände hielten weit über das Mittelalter hinaus an, die Körperpflege war nicht nur Armen unbekannt. Auch in adligen Häusern und bei Hof mangelte es an den primitivsten Einrichtungen. So ist überliefert, daß erst Erzherzogin Stefanie – die Frau des Kronprinzen Rudolf – in der Hofburg Badezimmer und Toiletten installieren ließ. Bis dahin war selbst jener Ort nicht als hygienisch zu bezeichnen, »wo auch der Kaiser zu Fuß hingeht«: Majestät benutzten ein Plumpsklo.

Die katastrophale Verschmutzung der Menschen und ihrer Behausungen hatte rund vierzig ansteckende Krankheiten zur Folge, darunter Pest, Typhus, Pocken, Cholera, Fleckfieber, Krätze. Der menschliche Läusebefall gehörte zum Alltag.

Jede vierte Frau starb bei der Geburt eines Kindes, bis der Österreicher Ignaz Philipp Semmelweis 1844 herausfand, wie wichtig es ist, daß die behandelnden Ärzte vor jedem Eingriff ihre Hände waschen. Und die Säuglingssterblichkeit war vor hundert Jahren noch dreißigmal höher als heute.

Zu den gefährlichsten Seuchenherden zählte unsauberes Trinkwasser, das aus Flüssen und Seen »gefiltert« oder aus verseuchten Brunnen gepumpt wurde. Erst im 19. und am Beginn des 20. Jahrhunderts konnten die tödlichen Seuchen durch den Bau von Wasserleitungen gestoppt werden.

»Körperpflege« fand in öffentlichen Badehäusern statt – doch gerade sie waren Brutstätten der lebensgefährlichen Ansteckung. Denn im »Schwitzbad« ordinierten Quacksalber und Kurpfuscher, die den Gästen durch »Aderlaß« Blut absaugten, was angeblich vor Fieber schützen sollte, in Wahrheit aber wieder nur tödliche Krankheiten übertrug.

Auch die Prostitution war in den Stuben der »Bader« zu Hause. Millionen Männer und Frauen gingen an der Syphilis zugrunde, deren Verbreitung ungleich größer war als AIDS in unserer Zeit. 1873 wurden in Wien anläßlich der Weltausstellung dann endlich ärztliche Kontrollen für Prostituierte angeordnet, die wirkliche Ausrottung der »Lustseuche« gelang viel später durch die Erfindung des Penicillins.

Erst vor rund 150 Jahren begannen sich Wasser und Seife im Alltag durchzusetzen. Zur geringen Lebenserwartung trugen damals die zahlreich geführten Kriege bei. Wobei die Mehrheit der Soldaten nicht durch direkte Feindeinwirkung, sondern auch wieder an den Folgen mangelnder Hygiene verstarb: Infektionen und Wundbrand erwiesen sich selbst bei kleinsten Verletzungen als tödlich.

Herrschaftliche Barock-Paläste, prachtvolle Rokoko-Kleider, zuckersüße Biedermeier-Romantik in allen Ehren. Aber Dusche und Badewanne, Klosett mit Wasserspülung, saubere Wäsche, Hygiene- und Lebensmittelkontrollen, vor allem aber ein natürliches Bewußtsein zu einem gepflegten Körper können durch nichts ersetzt werden.

Von Nebensächlichkeiten, ...

... die wir nicht missen möchten

Die schönsten Frauen der Welt

Glück und Unglück der »Missen«

Begnügte sich der griechische Königssohn Paris noch damit, dem hübschesten Mädchen einen Apfel zu reichen, so werden in unseren Tagen von internationalen Konzernen und Miß-Agenturen in Sachen Schönheit Hunderte Millionen umgesetzt.
»Miß-Wahlen« im heutigen Sinn gibt es seit dem 19. September 1888. Damals wurde im belgischen Seebad Spa mit einem »Concours de Beauté« die erste Busen- und Popokonkurrenz geschlagen. Damals ging's freilich so schicklich zu, daß die 350 Bewerberinnen nicht einmal von der Jury besichtigt werden durften. Die Vorauswahl wurde an Hand von Fotos getroffen, erst die wenigen in die Endrunde gelangten Mädchen konnten – natürlich züchtig verhüllt – persönlich inspiziert werden.
Erstmals im Badeanzug konnten sich die Bewerberinnen zur »Miß Amerika« 1921 präsentieren. Wie sich die Zeiten ändern, zeigt ein Vergleich der körperlichen Vorzüge zwischen gestern und heute: Verfügt »Miß World« Ulla Weigerstorfer bei 1,80 Meter Gesamtschönheit über die beachtlichen Maße 90-60-89, so war Margaret Gorman, die Gewinnerin der ersten Miß-Wahl Amerikas, ganze 1,52 Meter groß und mit 75-62-80 auch sonst ganz anders gebaut.
Damals wurden auch in Österreich die ersten Schönheitskonkurrenzen geschlagen. »Wer ist die Schönste im Lande?« lautete in den zwanziger Jahren eine Schlagzeile der »Illustrierten Kronen Zeitung«. Hauptmotiv der jungen Damen, bei einem solchen Wettbewerb mitzumachen, war die Aussicht, sich im Glanz der Ereignisse einen Ehemann zu angeln. »Denn um hübsche Wienerinnen ist immer noch ein Griß«, berichtete die »Krone«, »wenngleich sich heutzutage dem Heiraten schon durch die wirtschaftlichen Schwierigkeiten mancherlei Hindernisse entgegenstellen«.

1929 wurde die 19jährige Liesl Goldarbeiter, Tochter eines Galanteriewarenhändlers aus der Wiener Habsburgergasse, in den USA zur »Miß Welt« gewählt. Und zwar, wie es offiziell hieß, »nicht nur wegen ihrer Schönheit, sondern auch wegen ihrer vornehmen Gesamterscheinung und ihres bescheidenen, sympathischen Wesens«. Ein amerikanischer Bischof hatte ihr noch vor der Wahl brieflich geraten, sich »nicht an dem Wettbewerb, der nur Böses bringen kann« zu beteiligen. Sie gewann das kleine Vermögen von 2000 Schilling, und die Wiener bereiteten ihr bei ihrer Rückkehr einen königlichen Empfang.

Auch nach dem Krieg wollte man sofort wieder schöne Mädchen sehen, und schon mit der ersten Nachkriegs-Miß gelang ein Volltreffer: die »Miß Austria« des Jahres 1949 hieß Nadja Tiller. 40 Jahre danach überrascht der nunmehrige Bühnen-, Film- und Fernsehstar durch große Offenheit: »Heute kann ich Ihnen die Wahrheit sagen«, gesteht mir die Tiller, »meine Wahl war geschoben. Fred Adlmüller, für den ich als Mannequin tätig war, hatte mich protegiert, und Curd Jürgens, der in der Jury saß, hat noch vor der Wahl zu mir gesagt, mach' dir nur keine Sorgen, für dich ist schon alles gelaufen.«

Ein knappes Jahrzehnt nach der Tiller-Manipulation erkrankte der damalige Missenmanager Fritz Gerstner und bat einen 23jährigen Schauspieler namens Erich Reindl, für ihn einzuspringen. »Ich hab' als jugendlicher Bonvivant am Linzer Landestheater sehr wenig verdient«, erinnert sich Reindl, »und hab' die Gelegenheit natürlich beim Schopf gepackt.« Als Gerstner etwas später verstarb, hängte Reindl die Schauspielerei an den Nagel und wurde Europas erster hauptberuflicher Miß-Macher. Heute ist er der längstdienende Mädchen-Wahl-Helfer der Welt.

Der Erfolg stand von Anfang an auf seiner Seite: Schon seine erste »Miß Austria«, Hanni Ehrenstrasser, wurde 1958 auch zur »Miß Europa« gekürt. Die Sensation seines Lebens sollte Reindl freilich 1969 gelingen, als mit der steirischen »Miß Austria« Eva Rueber-Staier wieder eine Österreicherin zur schönsten Frau der Welt avancierte. Reindl hatte mit einem Titel für die damals 20jährige Blondine so wenig gerechnet, daß er zur Wahl gar nicht nach England mitgeflogen war. »›Adabei‹ Roman Schliesser rief mich

nach Mitternacht in meiner Wohnung in der Lindengasse an und sagte zu mir: ›Du, die Eva is' Miß World‹.«
Die konnte das vorerst selbst nicht fassen. 18 Jahre später erreiche ich sie in einem Londoner Vorort, wo sie heute lebt. »Wie mein Name damals aufgerufen wurde, hab' ich überhaupt nicht reagiert, denn die ›Miß Südafrika‹ stand als Favoritin fest. Erst als mich irgend jemand auf die Bühne stieß, war ich mir bewußt, daß ich's bin.«
Von da an setzte ein Rummel ein, wie ihn sonst nur Weltstars von der Kragenweite einer Liz Taylor erleben. »Ein Jahr lang bin ich um die Welt gereist«, erzählt Eva, »überall Riesenempfänge, bei denen ich interessante und einflußreiche Menschen kennengelernt habe, die für mein ganzes Leben bestimmend wurden.« Ja und verdient hat Österreichs bildschöne Miß natürlich auch sehr gut.
Aber nicht unbedingt das, was man ein Vermögen nennt. Denn die 17- bis 24jährigen Schönheiten stehen nur auf dem Laufsteg im Mittelpunkt. Hinter den Kulissen, dort, wo abgerechnet wird, halten Agenturen, Werbebüros, Konzerne und Manager ihre Hand auf.
Das Glück der Missen währt in den meisten Fällen nur kurze Zeit. Die clevere Eva Rueber-Staier verstand es, ihre Popularität für eine langjährige Karriere als englische TV-Präsentatorin zu nützen. Heute ist sie in der Werbung tätig.
Eva Rueber-Staier und Nadja Tiller sind positive Ausnahmen im weltweiten Missenzirkus. Viele haben das schnelle Vergessenwerden nach wenigen Jahren des Ruhms nicht verkraftet.
So etwa Österreichs »Miß Europa« Hanni Ehrenstrasser, die auf die schiefe Bahn geriet und sich das Leben nahm.
Oder die erste »Miß Ungarn«, Andrea Molnar, die an einer Überdosis Tabletten zugrunde ging. Der Abschiedsbrief der 18jährigen ist ein tragisches Dokument der Brutalität in diesem Geschäft: »Liebe Mutti, ich halte das alles nicht mehr aus, ich fühle mich so allein, niemand hilft mir, sie nützen mich alle aus.« Vor westlichen Journalisten erhob die verzweifelte Mutter Anklage: »Die geldgierigen Manager haben mein Kind auf dem Gewissen.«
»Die Gefahr für so viele Mädchen besteht darin, plötzlich im Rampenlicht zu stehen, nach ein, zwei Jahren aber wieder von der

Bildfläche verschwinden zu müssen«, meint Nadja Tiller, die die Sonnen- wie die Schattenseiten der Miß-Wirtschaft kennengelernt hat.

Ob die jeweils Auserkorene wirklich die Schönste der Schönen ist oder ob nicht irgendwer »nachhilft«, war immer schon die Frage, wobei sämtliche Gerichtsprozesse rund um Miß-Wahlen eher der Publicity als der Wahrheitsfindung dienten. Nicht nur bei Nadja Tiller dürfte geschoben worden sein, vermutet Miß-Macher Erich Reindl, der's nach 30jähriger Missen-Tätigkeit wissen müßte: »Es geht überhaupt net um die Mädeln, sondern nur ums Geld. Der europäische Markt ist für die Miß-Welt-Wahl uninteressant, ganz zu schweigen von Österreich. Die vom Veranstalter und der Werbeindustrie gekaufte Jury vermeidet es daher tunlichst, die Vertreterin eines so kleinen Landes zu prämieren.« Darum kämen die meisten Missen aus den USA und Südamerika, »denn dort ist das große Geld zu holen«.

Daß Österreich mit Eva Rueber-Staier dennoch einmal der große Wurf gelang, lag laut Reindl einzig daran, »daß man an ihr einfach nicht vorbeigehen konnte, so toll war sie«.

PS: Der »Missen«-Bericht erschien wenige Tage vor der »Miß-World«-Wahl 1987, bei der die Österreicherin Ulla Weigerstorfer als Siegerin hervorging.

Am Schluß des Artikels war zu lesen: »Nach allem, was über die Missen der vergangenen Jahrzehnte zu erfahren ist, fragt man sich, ob man der sympathischen Ulla Weigerstorfer wirklich den »Miß-World«-Titel wünschen soll. Oder ob's für ihr weiteres Schicksal nicht besser wäre, ohne Titel nach Hause zu kommen und in aller Ruhe ihr veterinärmedizinisches Studium wiederaufzunehmen. Womit sie auf etwas Geld und Ruhm verzichten müßte. Vielleicht aber nicht auf ihr Glück.«

Ich lernte etwas später Ullas Mutter kennen, die mir sagte, daß sie – inmitten all des Trubels um ihre Tochter – oft an diesen Satz gedacht hätte.

Die Mutter der schönsten Frau der Welt lieferte aber auch eine Pointe, als sie mir gestand: »Ganz im Vertrauen, meine andere Tochter ist die Hübschere von den beiden!«

Da zünd' ich mir ein kleines Zigaretterl an

500 Jahre Rauchen

In Sachen Rauchen bin ich keineswegs objektiv. Also kämpfe ich mich durch die Rauchschwaden meiner Dunhill-Pfeife, um in dicken Wälzern zum Thema Nikotin fündig zu werden. Und schon bin ich's geworden.

Wien, im Oktober 1848. Mit Schlagworten wie »Gewerbefreiheit, Ende der Grundherrschaft des Adels und Aufhebung der Zensur« stürmen die Revolutionäre durch die Stadt. Ganz nebenbei fordern sie auch »absolute Rauchfreiheit auf Straßen und Plätzen« für alle Schichten der Bevölkerung. Und wirklich: Die Revolution des Rauchens setzte sich schneller durch als jede andere. Kaiser Franz Joseph, selbst leidenschaftlicher Virginia-Raucher, gab dem Wunsch des Volkes nach. Ob's ein Glück für die Menschheit war, ist eine andere Frage.

1,8 Millionen Österreicher – ein Drittel der Erwachsenen – paffen regelmäßig Zigarette, Zigarre oder Pfeife. Obwohl jeder einzelne weiß, was dagegen spricht. Kolumbus brachte zwar den Tabak nach Europa, doch das Rauchen war noch lange nicht populär.

Vorerst auf höchste Adelskreise beschränkt, führte Sir Walter Raleigh, der berühmte Seefahrer und Günstling Königin Elizabeths I., die »smoking parties« am englischen Hof ein, wo der Zug aus der Tonpfeife bald ebenso schick wurde wie das Tanzen und das Jagen. Allerdings mußte man die neue Kunst beherrschen, galt es doch als Schande, »den Rauch nicht durch die Nase ziehen zu können«.

Der Erfolg des herrlich-schrecklichen Genußmittels beruht auf einem der folgenschwersten Irrtümer der Menschheitsgeschichte: der französische Diplomat Jean Nicot hatte Mitte des 16. Jahrhunderts das Tabakkraut von Lissabon nach Paris importiert, nachdem es vom Arzt Nicolo Monardes wegen seiner phantastischen Heilkräfte als »Wundermittel« gegen Husten, Asthma, Kopfschmerzen, Magenkrämpfe und Gicht empfohlen worden war. Heute wissen wir, daß das nach Herrn Nicot benannte

Rauchen galt als ebenso schick wie Tanzen

Nikotin all die Krankheiten nicht nur nicht heilt, sondern geradezu hervorruft.

Durch Dr. Monardes wurde das Rauchen letztlich auch in den österreichischen Kronländern bekannt. Ließ er doch seine Schriften durch Carolus Clusius übersetzen, der später Direktor der Wiener Stadtgärten wurde und den Tabak hierzulande als »Allheilmittel gegen Krankheiten jeglicher Art« pries. Man rauchte, kaute (oder trank in Form von Tabaksud) gegen Zahnschmerz, Schwerhörigkeit, Kropf, Haarwürmer, grauen Star, Krätze, Schlafstörungen, Geschwüre und Syphilis. Manche Ärzte verschrieben Nikotin sogar schwangeren Frauen, »damit das Baby glücklich entbunden werde«.

Als man später zur Ansicht gelangte, daß das Rauchen just die gegenteilige Wirkung hat als ursprünglich angenommen, wurden erste Rauchverbote erlassen, die freilich am permanenten Defizit des Staatshaushaltes scheiterten. Mit todsicherem Instinkt entdeckte der Fiskus die Nikotinsucht als erfolgversprechende Einnahmequelle, worauf Kaiser Leopold I. sämtliche Verbote widerrief, das Rauchen und Schnupfen sogar propagierte und das staatliche Tabakmonopol als Schutz vor dem Eigenanbau durch die Bauern schuf.

Während Maria Theresia den Geruch des Tabaks dermaßen haßte, daß sie Aktenstücke, die von rauchenden Beamten kamen, parfümieren ließ, war ihr Sohn weniger zimperlich: Kaiser Joseph II. gründete 1784 die Österreichische Tabakregie, die mit Hilfe der neu geschaffenen Tabak-Trafiken schon im ersten Jahr einen Reinertrag von drei Millionen Gulden (heute rund 530 Millionen Schilling) erwirtschaftete. Nach der Revolution des Jahres 1848 war das Rauchen so populär, daß in den Kaffeehäusern »Mietpfeifen« aus Holz, Porzellan und Meerschaum auflagen.

Von Spanien aus trat mittlerweile die Zigarre ihren Siegeszug durch Europa an, ehe der Zigarrenraucher Karl Marx die dicke Havanna als Sinnbild des Kapitalisten verteufelte. Daraufhin wurde die Zigarre beim »kleinen Mann« durch die Zigarette abgelöst. Sie stand für den neuen Zeitgeist, »eine Zigarettenlänge« symbolisierte die Schnelligkeit der Epoche und bildete den Gegensatz zur behäbigen Zigarre wie das gerade aufkommende Automobil zur Postkutsche.

Bei aller Skepsis, die man uns Rauchern wohl zu Recht entgegenbringt, läßt sich nicht leugnen, daß der Tabak von der Geschichte der europäischen Kultur nicht wegzudenken ist. Nicht nur, weil Bizets »Carmen« in einer Zigarettenfabrik arbeitet. Sondern auch, weil Richard Wagner – wie er einem Freund anvertraute – »eine Kiste Havanna-Zigarren zur Komposition der ›Götterdämmerung‹ verholfen« habe.

So, jetzt hab' ich Ihnen ein wenig aus der Geschichte des Rauchens erzählt. Ich lege meine Pfeife beiseite und schwöre, daß es die allerletzte war. Unglaublich, daß ich überhaupt je so dumm sein konnte, mir auch nur eine einzige angezündet zu haben.

Ebenso dumm übrigens wie die Herren Schiller, Nestroy, Thomas Mann, Freud, Einstein, Winston Churchill und Julius Raab, die allesamt passionierte Raucher waren.

Der letzte Mann vom Wunderteam

Adolf Vogl erinnert sich

Vogl zu Schall, Schall zu Vogl – Tooor!« Der Ruf des Radioreporters Willy Schmieger war mindestens so berühmt wie Edi Fingers Drohung, kurzerhand narrisch zu werden. Gemeint waren damals die Bombenschüsse der Fußballstürmer Anton Schall und Adolf Vogl, die mit absoluter Treffsicherheit im gegnerischen Goal landeten. Vogl-Schall, das waren zwei der prachtvollsten Kicker, die Österreich je hatte. Sie waren vom Wunderteam.

Sechzig Jahre ist's her, und vom Wunderteam erfährt man nur noch aus Büchern und vergilbten Zeitungsexemplaren. Da erzählt mir der Karli Decker – selbst eine österreichische Fußball-Legende –, daß es noch einen gibt vom Wunderteam. »Den Vogl. Mit dem muaßt reden.«

»Vogl?« frag ich, »ist das der berühmte Vogl-zu-Schall-Schall-zu-Vogl?« »Ja, der!« sagt Decker. »Vielleicht find'st ihn. Irgendwo in Schweden lebt er.«

Genaugenommen in Fjälkinge, in einem Häuschen, siebenhundert Kilometer südlich von Stockholm. Über achtzig Jahre ist er alt, verheiratet und seit fünfunddreißig Jahren »a Schwede«. Weil man ihm, als er nach dem Krieg von der Front heimkam, seine Wiener Wohnung nicht zurückgab, hat er Österreich mit Frau und Sohn verlassen. Tingelte als erfolgreicher Trainer quer durch Europa, betreute dann eine Mannschaft in Schweden. Wo er heute »in der Renten« lebt. Zurückgezogen, weit weg von zu Hause und ein wenig traurig.

»Im Herzen bin i a Österreicher und a Weana blieben«, sagt er im schönsten Wiener Dialekt, den er noch genauso beherrscht wie

damals, als er gemeinsam mit Tormann Rudi Hiden, den Co-Stürmern Sindelar, Zischek, Schall und Gschweidl, den Mittelfeldspielern Smistik, Braun und Gall sowie den Verteidigern Schramseis und Blum halb Fußballeuropa das Fürchten lehrte.
Die Geburtsstunde dieser besten Mannschaft, die wir je hatten, schlug am 16. Mai 1931, als Österreich auf der Hohen Warte die bis dahin auf dem Kontinent unbesiegten Schotten fulminant 5:0 schlug. Eines dieser fünf Tore hat der Adi Vogl persönlich geschossen, »und drei hab' i serviert«.
Von da an ging's Schlag auf Schlag. 6:0 gegen Deutschland, 8:1 gegen die Schweiz, 6:1 gegen Belgien, 4:0 gegen Frankreich. Als Österreich dann noch den Erzrivalen Ungarn 8:2 besiegte, war das ganze Land aus dem Häuschen, und der Limonadenverkäufer auf der Hohen Warte steigerte den Umsatz ins Unermeßliche, in dem er nach Toni Schalls viertem Treffer (!) ins magyarische Tor die Erfrischungsgetränke nur mehr als »Schall-Kracherl« offerierte. Wer nicht »live« dabei war, hing zu Hause oder im Kaffeehaus »am Detektor«, und am Heldenplatz konnte man für zwanzig Groschen Entree Willy Schmiegers Kommentare via Lautsprecher verfolgen.
Was das Besondere am Wunderteam war? »Wir sind, im Gegensatz zu den heutigen Spielern, kane Egoisten g'wesen. Wir waren Kameraden auf dem Spielfeld und im Privatleben. Was war das für a Freud', wenn i mit'n Ball'n von der Mittellinie bis zum Strafraum marschiert bin und ihn dort dem Sindelar auf'n Teller g'legt hab'. Und der hat ihn dann natürlich ins Tor eineg'schossen.«
Geld? Adolf Vogl lacht. »Die Millionen, um die's heute geht, sind ja das Malheur. I hab' für ein siegreiches Ländermatch zweihundert Schilling 'kriegt, dafür hat ma sich an Anzug kaufen können.«
Von achtzehn Ländermatchs hat das Wunderteam vierzehn gewonnen, zweimal unentschieden gespielt und nur zwei verloren. Doch selbst als Verlierer war die legendäre Nationalelf Weltklasse: Als Österreich 1932 in Stamford Bridge den Engländern 4:3 unterlag, bezeichnete der »Daily Express« die Stürmer Vogl, Sindelar & Co. als »Genies« und als »die besten Spieler der Welt«. Man sprach nach diesem »spannendsten Fußballtreffen aller Zeiten« davon, daß es »eigentlich zwei Gewinner« gäbe. »Der König von England hat mir die Hand gereicht und gratuliert«, sagt Vogl.

Wie überhaupt der Ausdruck Wunderteam keine österreichische Selbstbeweihräucherung war, sondern von der internationalen Presse geprägt wurde, die sich in Superlativen über die weltweit einzigartige Mannschaft förmlich überschlug.
Adi Vogl, als eines von zehn Kindern eines Faßbinders in einer Zimmer-Küche-Kabinett-Wohnung Ecke Burggasse/Schottenfeldgasse aufgewachsen, lernte »auf der Gassen mit'n Fetzenlaberl« kicken, ehe er mit 15 zur »Admira« kam. Trotz einer schweren Knieverletzung, die er 1930 durch ein Foul erlitt und die eine äußerst komplizierte Operation nach sich zog, holte ihn Hugo Meisl ein Jahr später zum legendären Schottland-Match ins rot-weiß-rote Team. Dem er bis zum Schluß angehörte, auch wenn er bei manchem Spiel unter höllischen Schmerzen litt. Aber der Kapitän sagte: »Ein kranker Vogl ist mir lieber als ein anderer, wenn er gesund ist.«
Der heutige Fußball, meint Vogl, habe mit dem aus der Wunderteamzeit sehr wenig zu tun, »weil der Idealismus fehlt. Heut is' alles viel zu brutal. Das anzig Brutale, was i erlebt hab', war, wie mi amoi a Spieler von ›Napoli‹ aus lauter Wut in Hintern bissen hat. Des war alles.«
Das Ende des Wunderteams kam mit der 1 : 2-Niederlage gegen die Tschechoslowakei am 9. April 1933. Zwei Jahre hatte die von aller Welt bewunderte, goldene Fußballära gedauert, deren Vater zweifellos Verbandskapitän Hugo Meisl war. Journalist von Beruf, ein Sir vom Scheitel bis zur Sohle, der immer mit Stock und Melone auf dem Fußballfeld erschien und seine Spieler durch Charme, Persönlichkeit und Intelligenz zu motivieren verstand.
Vogl, den sie »den König« nannten, ist neben Sindelar und Hiden Österreichs größte Fußballerlegende. Selbst in hundert Jahren wird man Willy Schmiegers legendären Radioruf noch zitieren: »Schall zu Vogl, Vogl zu Schall.«
Denn der Adi Vogl ist und bleibt ein Stück österreichischer Fußballgeschichte.

AUF DEN SPUREN DES CHRISTOPH KOLUMBUS

Das größte Abenteuer aller Zeiten

Die Landung

Als käme er von einem anderen Stern

»Es war ein kleiner Schritt für einen Mann, aber ein gewaltiger Schritt für die Menschheit«, sagte Neil Armstrong, als er am 21. Juli 1969 als erster Mensch den Mond betrat. Infolge fehlender Fernseh-Live-Schaltung ist uns der Satz des Christoph Kolumbus, als er am 12. Oktober 1492 einen Kontinent betrat, dessen Existenz bis dahin unbekannt war, nicht ganz so genau überliefert. Doch der Schritt für die Menschheit war mindestens ebenso gewaltig.

Der 12. Oktober 1492 ist ein Freitag. »Um zwei Uhr morgens kam das Land in Sicht, von dem wir etwa acht Seemeilen entfernt waren«, notiert Christoph Kolumbus ins Bordbuch der »Santa Maria«. Scheinbar emotionslos, als wäre er nicht gerade vor dem bislang unbekannten Kontinent Amerika gelandet, sondern bloß für ein paar Stunden zum Fischen ausgefahren. »Wir holten alle Segel ein und warteten bis zum Anbruch des Tages, an welchem wir zu einer Insel kamen, die in der Indianersprache Guanahani heißt. Dort erblickten wir alsogleich nackte Eingeborene.«

In Begleitung mehrerer bewaffneter Offiziere begibt sich Kolumbus an Land. »Dort entfaltete ich die königliche Flagge und sagte, daß ich im Namen der spanischen Könige von der genannten Insel Besitz ergreife.« Der mitgereiste Notar Rodrigo de Escobedo hält den historischen Moment in einer Urkunde fest. Die Offiziere unterzeichnen als Zeugen, denn alles sollte Rechtens sein.

Die »Indianer« – wie Admiral Christoph Kolumbus die Eingeborenen sogleich nennt, weil er nicht in Amerika, sondern in Indien zu sein glaubt – sind von der Tatsache, neuerdings Bewohner einer spanischen Kolonie zu sein, nicht sonderlich beeindruckt. Denn sie verstehen kein Wort. Zwei Welten prallen aufeinander, zwei Kulturen, die seit Jahrtausenden die Erde bevölkern, ohne voneinander

Hielt Amerika für Indien: Christoph Kolumbus

gewußt zu haben. Da stehen sie, schauen dem jeweils Fremden skeptisch in die Augen, als käme er nicht von einem anderen Kontinent, sondern von einem anderen Stern.
Kolumbus befindet sich an diesem historischen Tag der Entdekkung Amerikas auf einer kleinen, zu den Bahamas gehörenden Insel, der er den Namen San Salvador gibt. Das Schicksal wollte es, daß die Eroberer auf der wohl trostlosesten aller Bahama-Inseln gelandet sind. Ein paar Felsen, die bizarr ins Meer ragen, sonst gar nichts.
Bartolomé Las Casas, ein Zeitgenosse von Kolumbus, beschreibt die erste Begegnung der Alten und der Neuen Welt: »Die Indianer sahen die Christen erstaunt an, sie betrachteten mit Verwunderung ihre Bärte, ihre helle Haut und ihre Gewänder. Sie wandten sich denen zu, die einen Bart trugen, vor allem Kolumbus, denn sie begriffen, daß er die bedeutendste Person war, das erkannten sie sowohl an Erhabenheit und Autorität der Person als auch an seinen

scharlachroten Kleidern. Sie berührten die Bärte mit den Fingern und betrachteten aufmerksam die weiße Farbe der Hände und Gesichter. Der Admiral und die Seinen ließen sie gewähren.«
Kolumbus trägt ins Bordbuch ein: »Sofort sammelten sich an jener Stelle zahlreiche Eingeborene der Insel an. In der Erkenntnis, daß es sich um Leute handle, die man weit besser durch Liebe als mit dem Schwerte retten und zu unserem Heiligen Glauben bekehren könne, gedachte ich, sie mir zu Freunden zu machen.«
Ein Vorsatz, den er zu diesem Zeitpunkt vielleicht ehrlich gemeint haben mag, der aber von den Ereignissen der kommenden Jahre ad absurdum geführt wird.
Die Europäer haben den »guten Wilden« (Kolumbus) rote Kappen, billige Glasperlen, Metallglöckchen und kleine Spiegel als »Geschenke« aus Spanien mitgebracht, worüber diese »große Freude zeigen«. Doch wie verständigen sich die beiden Welten miteinander? Mit Kolumbus kam auch der Dolmetscher Luis de Torres, der aber kaum helfen kann. War er doch mit seinen Hebräisch- und Arabisch-Kenntnissen – den »Ursprachen« der Menschheit – ausgewählt worden, um den Kontakt mit Indern, Japanern und Chinesen herzustellen. Von der »Indianersprache« – insgesamt gibt es in Nord- und Südamerika 125 Dialekte – versteht er freilich kein Wort.
Die ersten Menschen, denen Kolumbus in der Neuen Welt begegnet, sind Taino-Indianer, die der araukischen Sprachgruppe angehören. Man unterhält sich zunächst mit Hilfe von Handzeichen. Aber Kolumbus geht es auch gar nicht so sehr darum, sich mit den »Wilden« zu unterhalten, er ist vielmehr auf der Suche nach den enormen Reichtümern, die er in »Indien« vermutet. Hat er doch die Reisebeschreibungen Marco Polos gelesen, der 200 Jahre zuvor Asien – das wirkliche Asien – auf dem Landweg erreicht und von den dortigen Goldvorkommen berichtet hat.
Schon am zweiten Tag nach der Landung – die Nacht verbrachte die Mannschaft auf ihren Schiffen – versucht Kolumbus herauszufinden, »ob in dieser Gegend Gold vorkomme. Dabei bemerkte ich, daß einige dieser Männer die Nase durchlöchert und durch die Öffnung ein Stück Gold geschoben haben. Durch die Zeichensprache erfahre ich, daß man Richtung Süden fahren müsse, um zu

einem König zu gelangen, der große, goldene Gefäße und viele Goldstücke besaß«.
Kolumbus glaubt, dem Ziel seiner Träume ganz nahe zu sein. Denn die Stammeshäuptlinge nennen das Land, in dem das »Gold wächst«, CIBAO. Kolumbus hält dies für CIPANGO – wie Marco Polo einst JAPAN genannt hat. Die vermeintliche Nähe Japans überzeugt ihn vollends, tatsächlich in Indien gelandet zu sein.
Vom unermeßlichen Reichtum, den sich Kolumbus von »Asien« erhofft, ist freilich vorerst nichts zu sehen. Die Eingeborenen wohnen in primitiven, aus Zweigen und Palmblättern errichteten Hütten. Sie ernähren sich von Früchten, Kräutern und Vögeln, in Brunnen wird Regenwasser gesammelt. Genießbares Fleisch gibt es mangels entsprechender Tiere nicht.
Die Eroberer sind von ihrer ersten Station enttäuscht, das einzige Vergnügen bereitet ihnen die Feststellung, »daß die Mädchen hier ebenso gebaut sind wie überall sonst auf der Welt«. Die ersten sexuellen Kontakte werden später zur tödlichen Gefahr für ganz Europa. Denn die Seefahrer brachten bei ihrer Heimkehr die Syphilis mit nach Spanien – jene »Lustseuche«, gegen die die »Indianer« bis dahin immun waren.
Sechs Wochen lang durchforsten die Europäer die Bahamas, gelangen bis nach Kuba und zu einer weiteren Insel, die Kolumbus Hispañola – »kleines Spanien« – nennt. Heute heißt sie Haiti.
Nach den ersten, enttäuschenden Schritten auf dem felsigen Boden von San Salvador zeigt sich Kolumbus von der prachtvollen Landschaft der anderen Inseln überwältigt, kann sich »an der wundersam schönen und von der unseren so verschiedenen Vegetation nicht sattsehen. Der Vogelgesang erfreut das Ohr so sehr, daß man für immer bleiben möchte.«
Ebenso abenteuerlich wie Reise und Ankunft waren auch die Vorbereitungen, waren die Jahre, die Kolumbus damit zubrachte, Könige und Geldgeber von seiner Mission zu überzeugen. Ich erzähle Ihnen hier, wie er es schaffte, sein großes Abenteuer vom Traum in die Realität umzusetzen. Von seiner Kindheit in Genua bis zur Abreise nach Amerika. Und ich werde von den Greueltaten berichten, die von den Schergen der spanischen Inquisition an den Ureinwohnern des neuentdeckten Kontinents begangen wurden.

Genua entdeckt den Entdecker

Kindheit und Jugend

Genua, im Jahre 1992. Der ligurische Hafen ganz im Zeichen des 500. Jahrestages der Entdeckung Amerikas. Verdankt doch die Stadt an der italienischen Mittelmeerküste dem großen Sohn einen Gutteil ihres Ruhms. Der freilich ein wenig getrübt ist: Christoph Kolumbus wurde zwar in Genua geboren, segelte aber unter spanischer Flagge in die Neue Welt. Genua hat mit der Entdeckung Amerikas nichts zu tun. Oder doch? Ein Bericht vom »Tatort«.

Odoardo Scaletti ist Genuese mit Leib und Seele. »Wir sind mächtig stolz auf Kolumbus«, sagt er, »aber wir Genuesen sind in unserer Begeisterung nicht so laut wie die anderen Südländer.« Signor Scaletti, mit der Planung einer gewaltigen Kolumbus-Ausstellung betraut, begleitet mich zur größten Fremdenverkehrsattraktion der Stadt, dem »Kolumbus-Haus«, in dem der spätere Entdecker Amerikas von der Faszination des Meeres gepackt wurde. Die Inschrift auf den Mauerresten des alten Bürgerhauses belegt es eindeutig: »Kein anderes Haus ist würdiger, Vaterhaus genannt zu werden, als dieses, in dem Christoph Kolumbus Kindheit und Jugend zubrachte.«

Andere Häuser mögen dennoch würdiger sein, Vaterhaus genannt zu werden. Denn dieses ist keines. Zumindest nicht das von Kolumbus. Jahrhundertelang wußte man hier gar nicht, wer er wirklich war, welch wichtigen Schritt er setzte, als er am 12. Oktober 1492 als erster Europäer den bis dahin unbekannten Kontinent Amerika betrat. Und so hat sich auch kein Genuese darum gekümmert, als ein mittelalterliches Haus vis-à-vis der Porta Soprana – dem alten Stadttor – abgerissen wurde. Viel später dann hat Genua den Entdecker »entdeckt«. Als großen Sohn der Stadt. Also ging man daran, sein Vaterhaus zu suchen. Und fand es nicht. Weil es längst der Stadterweiterung gewichen war.

Die Genuesen sind einfallsreiche Leute. Sie stellten ein neues hin. Samt Tafel.

Viel schlimmer noch als das fehlende Vaterhaus ist für Genua die

Tatsache, daß Kolumbus nicht unter italienischer, sondern unter spanischer Flagge nach Amerika segelte. Noch einmal fiel den stolzen Genuesen etwas ein, um möglichst viel vom Ruhm des großen Sohnes für sich in Anspruch nehmen zu können. Und so fanden sie beim Durchwühlen ihrer Archive ein Dokument, demzufolge die vermeintliche Reise nach »Westindien« nicht nur vom spanischen Thron unterstützt, sondern auch mit Geldern des reichen Kaufmanns Ferdinando Pinello aus Genua finanziert wurde. Auch Italien stünden demnach Anteile am Erfolg, die Neue Welt entdeckt zu haben, zu.

Fest steht freilich für Genua nur so viel: Cristoforo Colombo – so die italienische Originalversion seines Namens – wurde zwischen dem 25. August und dem 31. Oktober des Jahres 1451 in der ligurischen Hafenstadt als ältestes von fünf Kindern geboren. Sein Vater Domenico war ein Weber, dessen Vorfahren aus dem Landesinneren stammten, zur Seefahrt also keineswegs prädestiniert waren. Dennoch hatte Cristoforo von Kindheit an nur den einen Wunsch, den Ozean zu durchkreuzen. Und das, obwohl das offene Meer, fernab von den Küsten, damals noch als gefährliche Brühe galt, die alle Seefahrer, die sich zu weit hinauswagten, verschlingen würde.

An Bord kleinerer und mittlerer Frachtschiffe segelte Kolumbus, der »wenig gelernt hatte« (Antonio Gallo, Stadtschreiber von Genua), ab seinem 13. Lebensjahr im Auftrag genuesischer Kaufleute zunächst bis an die Küsten Westafrikas. Er handelte mit Tuchstoffen, Wolle und dem damals als Wundermittel geltenden Extrakt des Mastixstrauchs, dem man heilende Wirkung zuschrieb. Mit 25 wurde ihm Genua zu klein, er übersiedelte zunächst nach Lissabon, von wo ihn die Geschäfte bis England, Irland und Island führten.

Über seine Genueser Zeit gibt es nicht sehr viele Urkunden, weshalb immer wieder kolportiert wird, Kolumbus wäre gar nicht in Italien zur Welt gekommen, sondern in Spanien, Portugal, Frankreich ... ein gutes Dutzend Länder ist es, das den Entdecker Amerikas für sich in Anspruch nimmt.

Historiker sind mittlerweile zur Auffassung gelangt, daß der später zum »Admiral des Atlantischen Ozeans« emporgestiegene und zum »Vizekönig von Indien« geadelte See- und Handelsmann sehr wohl Genuese war, seine niedrige Abstammung jedoch verschleiern wollte. Aus folgendem Grund: Der Vater war ein ehrenwerter Mann, mußte aber, als er einmal seine Schulden nicht zahlen konnte, für ein paar Tage ins Gefängnis. Kein einziger Kolumbus-Brief an seine Eltern ist erhalten geblieben, jedes Dokument, das seine Herkunft entschlüsseln hätte können, wurde vernichtet.

Und doch: Kolumbus hat Domenico ein Denkmal gesetzt, als er Santo Domingo, die von ihm gegründete heutige Hauptstadt der Dominikanischen Republik, nach seinem Vater benannte. Ein Denkmal, das nach Jahrhunderten immer noch in den Atlanten zu finden ist.

Auch wenn er seine Heimatstadt, so gut es eben ging, geheimhalten wollte, spielte sie eine wichtige, sein ganzes Leben prägende Rolle. Als Christoph zwei Jahre alt war, fiel Konstantinopel, das die Genuesen zwei Jahrhunderte verwaltet hatten, in die Hände der Türken. Damit war für die gesamte christliche Welt der Weg zu Gold, Edelsteinen und Elfenbein, zur heißbegehrten Seide, zu Zucker, Gewürzen und den Farbstoffen des Orients verloren, stand die reiche Stadt Genua vor dem wirtschaftlichen Ruin. War ihre Lebensader, der Handel, durchtrennt.

Die Stadtväter – allen voran der Doge von Genua – machten sich, als Cristoforo hier aufwuchs, Gedanken, wie der schmerzliche Verlust Konstantinopels wettgemacht werden könnte. Der junge Kolumbus sah nur eine Möglichkeit: den Orient über den Seeweg zu erreichen. Nicht über den Osten, wie bisher, sondern über den Westen. Und dieser Idee widmete er sein Leben.

Auch wenn er seine Herkunft verschwieg, fühlte er sich doch sein Leben lang als Genuese. »Ständig ist der Körper hier« (in Spanien, Anm.), aber das Herz dort (in Genua)«, schrieb er am 2. April 1502 voller Heimweh aus Sevilla in seine Heimat. Die er nie wieder sehen sollte.

Die seinerzeitige Vermutung, Genua sei gar nicht seine Vaterstadt, wird längst nicht mehr ernstgenommen.

Die Vaterstadt stimmt. Nur das Vaterhaus ist ein Schmäh.

Frauen ebnen seinen Weg nach Amerika

Felipa, Isabella und zweimal Beatriz

Felipa Perestrello e Moniz war eine hübsche junge Frau, und sie war die Tochter eines Ratsherrn in Lissabon, die als Aristokratin Zugang zum königlichen Hof hatte. In Portugal war in Kolumbus der Plan gereift, als erster Europäer auf dem Seeweg nach »Westindien« zu gelangen. Nicht auf den unwegsamen Staubstraßen des Ostens. Und auch nicht, indem man die Südspitze Afrikas zu umschiffen versuchte. Sein Plan war revolutionär: Wenn die Erde eine Kugel ist – und davon war Kolumbus überzeugt –, dann müßte man auch über die kürzere Westroute nach Indien gelangen. Schneller, billiger, mit besseren Transportmöglichkeiten. »Den Osten von der westlichen Seite her zu suchen«, das war sein Wahlspruch.

Kolumbus hatte Ausdauer, er hatte Mut, er hatte Ideen. Was ihm fehlte, waren Geldgeber, war die schützende Hand eines Herrschers. Denn die Erlaubnis, Ozeanrouten zu befahren, mußte von den königlichen Behörden erteilt werden. Ein Privatmann allein konnte ein solches Unternehmen nicht verwirklichen.

Durch die adlige Felipa gelangte Kolumbus in neue, ihm bisher verschlossen gebliebene Kreise. Eine der wenigen Möglichkeiten, im Mittelalter dem anderen Geschlecht zu begegnen, war der Gottesdienst. Und bei einer Meßfeier in der Allerheiligen-Kirche zu Lissabon hatte auch Kolumbus seine spätere Frau kennengelernt.

Der Verdacht liegt nahe, daß der jetzt 27jährige, ehrgeizige Mann sogar seine Ehe im Hinblick auf das sehnsüchtig erwartete Reiseabenteuer schloß. Ob er Felipa liebte, wissen wir nicht. Sein jüngerer Sohn Fernando – der aus einer anderen Verbindung stammt – hat uns in einer Biographie, die er über seinen Vater schrieb, die nicht sehr romantische Version hinterlassen, wonach sich Felipa »an ihn gewöhnte und so seine Frau wurde«.

Wie auch immer, Kolumbus wird nach der Einheirat in die angesehene Familie 1483 vom portugiesischen König in Audienz empfangen. Der erhoffte Erfolg bleibt dennoch aus, Johann II. lehnt ab, weil ihm Kolumbus' Plan, »in den Westen zu fahren, um nach Osten zu gelangen«, als »Spinnerei«, als »unpräzise und überspannt« erscheint.

Es war wohl einer der weitreichendsten Fehler der Weltgeschichte. König Johann sollte Kolumbus neun Jahre später, als dieser, aus Amerika kommend, über Portugal nach Spanien zurückkehrte, wiedersehen. Er sprach dann vom »größten Irrtum« seines Lebens, wären doch Portugal die eroberten Gebiete »Westindiens« in die Hände gefallen, die jetzt sein größter Rivale, der König von Spanien, beanspruchte.

Der Handelsreisende Christoph Kolumbus ist während der Jahre in Portugal viel unterwegs. Wenn er aber in Lissabon weilt, hilft er seinem jüngeren Bruder Bartolomé, der dort eine Buchhandlung betreibt, die auf Kartenwerke für die Seefahrt spezialisiert ist. Hier lernt er die geographischen Gegebenheiten der Welt kennen. Der Welt jedenfalls, wie man sie sich damals vorstellte.

Und diese bestand aus drei Kontinenten: aus Europa, Afrika und Asien. Amerika und Australien waren noch unbekannt.

Wir wissen, daß Kolumbus von fester Statur und blauäugig war. Sein Sohn beschreibt ihn als »Mann, größer als der Durchschnitt, mit Adlernase und rotblondem Haar, das nach seinem 30. Lebensjahr weiß wurde«. Viel mehr über sein Aussehen ist nicht bekannt, wurden doch alle uns vorliegenden Gemälde und Zeichnungen lange nach seinem Tod angefertigt. Aber wir wissen, daß Kolumbus die Frauen zu Füßen lagen. Und daß er diesen Umstand für das große Ziel seines Lebens zu nutzen verstand.

Da er den portugiesischen König von seiner »göttlichen Mission« nicht überzeugen hatte können, wanderte Kolumbus mit seinem erstgeborenen Sohn Diego nach Spanien aus. Seine Frau Felipa war inzwischen nach nur fünfjähriger Ehe jung verstorben, wodurch auch sein Kontakt zum Hof in Lissabon ein Ende gefunden hat. In Spaniens Königspaar Isabella und Ferdinand setzt Kolumbus neue Hoffnungen.

Und wieder ist es eine Frau, die ihm den Weg ebnet: Ohne die Unterstützung der heißblütigen Schönheit Beatriz Enriquez de Harana – Tochter eines reichen Weinbauern aus Cordoba – wäre Kolumbus niemals an Spaniens Königshaus gelangt. »Sein Talent,

sich Zugang zu einflußreichen Kreisen zu verschaffen«, meint der amerikanische Historiker John Parry, »war eine seiner wichtigsten Stärken.«
Und so wird Kolumbus im Mai 1486 auch vom spanischen Königspaar empfangen. Im maurischen Zimmer des Alcazar zu Cordoba verspricht er den Herrschern ganze Völker, die er zum Christentum bekehren wolle. Und er verspricht ihnen alles Gold des Orients.
Während Königin Isabella sofort Feuer und Flamme ist, bleibt Ferdinand skeptisch. Eine Kommission wird gebildet, die den Plan prüfen soll. »Die Weisen von Salamanca«, wie man sie nannte, waren gelehrte Mönche. Und sie bereiten ihm die nächste Enttäuschung: Nach sechsjähriger Beratung lehnen auch sie seine Idee, den Atlantik zu kreuzen, ab.
Nach nunmehr neunjähriger Wartezeit in Portugal und Spanien ist Kolumbus wieder bei der Stunde Null angelangt. Jeder andere hätte nach der zweiten Absage kapituliert. Kolumbus' eiserner Wille läßt ein Fallenlassen seines großen Plans nicht zu.
Der Umschwung kommt dennoch überraschend: die Rückeroberung Granadas im Jänner 1492 belebt den daniederliegenden Handel, Spaniens leere Staatskassen füllen sich, man ist wieder optimistisch, schmiedet Pläne. Einmal mehr ist es eine Frau, die in dieser Situation Kolumbus zur Seite steht: Marquesa Beatriz de Moya, eine enge Vertraute der Königin, verliebt sich in den mittlerweile 40jährigen Genuesen und bringt es sogar fertig, daß sich ihr Mann (!) – ein einflußreicher Hofbeamter – für Kolumbus einsetzt. Seinem Rat folgend, stimmt das Königspaar endlich zu. Christoph Kolumbus erhält die Chance seines Lebens: Im Namen der spanischen Krone über den Atlantik nach Indien zu segeln.

Vor der Abfahrt

Warum Kolumbus nach Indien zu gelangen glaubte

Kolumbus stand am Kai der spanischen Hafenstadt Palos. Und er blickte auf die vor ihm liegenden, endlosen Wassermassen des Ozeans, ins »Meer der Finsternis«, wie man den Atlantik nannte. Was war hinter dem Horizont? Vielleicht das Ende der Welt? Oder gelangte man in eine kochende Brühe, die jene Mannschaften, die sich zu weit hinauswagten, verschlingen würde? Lebten am Ende der Welt gar gefährliche Ungeheuer mit Hundeköpfen und Teufelsschwänzen?

Solche Vermutungen hegte die Menschheit allen Ernstes, ehe Kolumbus aufbrach, um – im wahrsten Sinne des Wortes – unseren Horizont zu erweitern. Wilde Spekulationen wie diese waren wohl auch der Grund, warum bis dahin kaum noch ein Seemann über die küstennahen Gewässer hinaus vorgedrungen war.

Als Kolumbus die Karavellen »Santa Maria«, »Nina« und »Pinta« ausgesucht hatte, kam das Problem auf ihn zu, eine Besatzung anzuheuern, die bereit war, die Gefahren einer Reise ins Ungewisse auf sich zu nehmen. Denn kaum jemand wollte dem Fremden, der noch nie ein Schiff befehligt hatte, Vertrauen schenken. Auf einem so wahnwitzigen Unternehmen!

Zu den zahllosen Legenden, die nach der Rückkehr des Christoph Kolumbus in Umlauf kamen, gehört das Gerücht, die Mannschaft, die mit ihm Amerika entdeckte, hätte vorwiegend aus Kriminellen bestanden. Das stimmt nicht. Als Kolumbus mit dem Spanier Martin Alonso Pinzón einen erfahrenen Kapitän gefunden hatte, war das Problem, gut ausgebildete Matrosen anzuheuern, beendet. Zu Pinzón fanden die Seeleute – denen nach ihrer Rückkehr »Reichtum und Glück« zugesagt wurde – Vertrauen. Nur vier der 90 Mann starken Crew kamen aus dem Gefängnis – einer von ihnen, der Matrose Bartolomé de Torres, hatte im Zuge eines Raufhandels in einer Hafenkneipe einen Mann erschlagen, die drei anderen verhalfen ihm zur Flucht. Die Todesstrafe sollte ihnen, würden sie sich auf der Expeditionsreise bewähren, nachgelassen werden.

Nun mußte Kolumbus darangehen, mit dem spanischen Königshaus einen für ihn selbst günstigen Vertrag auszuhandeln. Seine Bedingungen waren nicht gerade bescheiden: Der Sohn eines armen Wollwebers aus Genua, der bisher immer nur als Passagier gereist war, bestand darauf, zum »Admiral des Atlantischen Ozeans« ernannt und, ebenfalls noch vor der Abreise, als Don Cristóbal Colón in den Adelsstand erhoben zu werden. Sollte er Gebiete erobern, würde Kolumbus deren »Vizekönig«, Gouverneur und oberster Richter. Und er würde zehn Prozent aller Gewinne kassieren, die sich aus dem Handel mit den Regionen ergeben. Sämtliche Privilegien sollten auf seine Nachkommen übergehen.
In dreimonatigen Verhandlungen wurde Kolumbus vom Königspaar Ferdinand und Isabella die Erfüllung aller Forderungen zugesagt. Der Vertrag sollte noch Generationen seiner Nachfahren Anlaß zu langwierigen Prozessen gegen Spaniens Krone geben.
Kolumbus war einer von vielen Entdeckungsreisenden seiner Zeit, von deren Erkundungen sich Europas Geldadel neue, gewinnbringende Handelsmöglichkeiten mit den reichen, noch unentdeckten Märkten der Welt versprach. Im besonderen waren es Spanien und Portugal, die sich durch die Ausdehnung ihrer Machtbereiche auf außereuropäische Gebiete auch politische und militärische Vorteile erhofften. Gleichzeitig sollte der islamische Einfluß im Mittelmeerraum dem Christentum weichen.
Indien, wohin Kolumbus gelangen wollte, war für Europa nicht neu. Im 13. Jahrhundert hatte es der Venezianer Marco Polo erstmals über den Landweg erreicht und nach seiner Rückkehr von den unglaublichen Reichtümern Ostasiens berichtet. Es gab seither mehrere Versuche, Südafrikas »Kap der Guten Hoffnung« zu umschiffen, um auf dem Seeweg nach Indien zu kommen, was infolge gefährlicher Stürme und Strömungen an der Küste Westafrikas bisher nicht gelungen war. Erst der Portugiese Vasco da Gama gelangte – fünf Jahre nach der Entdeckung Amerikas – durch Umsegelung des Südkaps nach Indien.
Kolumbus' Plan, Asien auf dem Westweg zu erreichen, mußte aus zwei Gründen scheitern: Er hielt die Erde für wesentlich kleiner, als sie wirklich ist (China, glaubte er, sei 3500 Seemeilen von Spanien entfernt – tatsächlich ist die Entfernung dreimal so groß).

Und da Kolumbus – wie auch die gelehrten Männer seiner Zeit – mit Europa, Afrika und Asien nur drei Kontinente kannte, mußte er annehmen, daß er – wenn er vom andalusischen Hafen Palos aus »immer geradeaus« in Richtung Westen fuhr – »in kurzer Zeit« nach Indien gelangen würde. Er wußte ja nicht, daß ihm Amerika »im Weg« war.
Kolumbus hatte ein lohnendes Ziel vor Augen. Und seine Motive waren keineswegs nobel. Über Indien wollte er nach Japan gelangen, das er nach der Lektüre der Reisebeschreibungen Marco Polos für eine Art Schlaraffenland hielt, »mit herrschaftlichen Häusern, deren Dächer, Fassaden, Fensterläden und auch die Inneneinrichtung aus purem Gold gefertigt sind«. Selbst die Straßen im Reich des Kublai Khan, hieß es, seien mit Edelmetallen gepflastert. Kolumbus' Reise hatte keinen anderen Zweck, als Japans sagenhaften Goldschatz zu rauben. »Im Namen Gottes« selbstverständlich und im Namen der Könige seiner neuen Heimat Spanien, deren Staatskassen nach Jahrhunderten blutiger Kriege gefüllt werden sollten. Wieder durch Kriege. Denn auch Kolumbus konnte nicht annehmen, daß ihm »Indianer«, Japaner und Chinesen ihre Gebiete, ihre Natur- und Kunstschätze unblutig überlassen würden.
Kolumbus war von seiner Mission überzeugt. Nur so ist die unglaubliche Ausdauer zu erklären, mit der er zehn Jahre lang Geldgeber suchte, um dann eine abenteuerliche Expedition anzutreten, die allen anderen Mitreisenden mehr als wagemutig erschien. Fürchteten sie doch die kopflosen Monster auf hoher See und auch die »Rache des Ozeans«.

Die Seereise

Matrosen drohen mit Meuterei

3. August 1492. Die Karavellen »Pinta«, »Nina« und das Admiralsschiff »Santa Maria« sind startklar. Christoph Kolumbus, seines Zeichens »Admiral des Ozeanischen Meeres«, der aber noch nie ein Schiff kommandiert hat, leitet eine Expedition, deren Ziel niemand kennt. Acht Monate werden die Matrosen ihre Heimat nicht sehen, manche sind noch viel länger unterwegs, zumal die »Santa Maria« nur die Hinfahrt überstehen wird.

Ein paar Dutzend Neugierige finden sich im Hafen der spanischen Stadt Palos ein, um die 90 Mann – Offiziere, Matrosen, Schiffsjungen und Berater – zu verabschieden. Punkt sechs Uhr früh ist der Augenblick gekommen, auf den Kolumbus zehn Jahre lang gewartet hat. Jetzt befiehlt er, »im Namen Jesu Christu«, in See zu stechen.

Da man nach Auslaufen aus dem Hafen bei schöner Brise gut vorankommt, glaubt Kolumbus fester denn je, sehr bald in »Indien« anzukommen. Die Besatzung führt an Bord der drei Schiffe ein selbst für die damalige Zeit mehr als primitives Leben. Da es keine Schlafräume gibt, müssen die Matrosen dort ihre Nachtruhe finden, wo gerade Platz ist, bei Schönwetter auch auf dem Deck. Die beliebteste Schlafstatt ist im Bereich der Schiffsluke, wo sich die einzige ebene Fläche an Bord befindet. Alle anderen Räume und auch das Deck sind stark gewölbt – für ruhigen Schlaf nach einer anstrengenden Arbeit also ungeeignet.

Als »Klo« dient die Reling, man wäscht sich in einem mit Meerwasser gefüllten Holzfaß. Zwar gibt's einen Medicus, doch viel mehr als ein Klistier hat der nicht zu bieten. Je länger die Reise dauert, desto ärger ist der Gestank, der sich mangels hygienischer Einrichtungen ausbreitet, was wiederum dazu führt, daß es von Insekten und anderem Ungeziefer wimmelt.

Katastrophal ist auch – aus heutiger Sicht – der technische Zustand der drei Schiffe, deren hölzerne »Bäuche« ziemlich undicht sind. Primitive Wasserpumpen helfen nur zum Teil, die Matrosen haben alle Hände voll zu tun, Unmengen von Meerwasser aus dem Schiffsrumpf zu schöpfen. Die solcherart zu Schwerstarbeit verpflichteten Mannschaften ernähren sich von Pökelfleisch, Käse, Schwarzbrot, Erbsen und Bohnen und werfen in ihrer Freizeit Angelschnüre aus, um zwischendurch etwas frischen Fisch essen zu können – eine recht eintönige Kost, wenn man bedenkt, daß allein die Hinreise zweieinhalb Monate dauert.

Erste und einzige Zwischenstation auf dem Weg in eine Neue Welt sind die Kanarischen Inseln, wohin die drei Karavellen bei gutem Wind nach nur sechstägiger Reise gelangen. Während sich die Mannschaften mit Süßwasser und Lebensmittelvorräten eindecken, wird im Hafen von Las Palmas die »Pinta« – deren Steuerruder gebrochen ist – generalüberholt.

Selbst auf der Abenteuerfahrt, die ihn unsterblich macht, nützt Kolumbus die Gelegenheit für ein Abenteuer ganz anderer Natur. Er hat Doña Beatriz de Bobadilla, die junge Witwe des Gouverneurs von Gomera, während seiner Verhandlungen in Cordoba als Vertraute der Königin Isabella kennen und lieben gelernt. Und man nimmt an, daß auch sie einiges dazu beigetragen hat, Kolumbus' wagemutigen Plan bei Hof zum Durchbruch zu verhelfen.

Beatriz hat nach dem Tod ihres Mannes dessen Nachfolge als Gouverneurin angetreten. Vier Wochen bleibt Kolumbus samt Mannschaft auf den Kanarischen Inseln, ehe er zur Weiterreise nach Amerika aufbricht. Länger jedenfalls, als man zur Sanierung der »Pinta« und zur Beladung der Schiffe benötigt hätte ...

Schon wenige Stunden nachdem man die Kanaren verlassen hat, setzen Passatwinde ein, die ein zügiges Vorwärtskommen ermöglichen. »Man segelt wie zwischen den Ufern eines Flusses«, notiert der zufriedene Admiral in sein Bordbuch, dem er die täglichen Reiseeindrücke anvertraut (und das uns heute noch als wichtigste Informationsquelle der Entdeckungsfahrt dient).

Je weiter sich die Seeleute von ihrem Ausgangshafen entfernen, desto intensiver werden die Farben des Meeres. Kolumbus erlebt »mit wahrem Genuß die Schönheit eines jeden Morgens, dem fast nichts anderes zum vollen Zauber fehlte als der Sang der Nachtigallen«.

Doch das Glück mit dem Wetter sollte nicht lange anhalten. Nach

zehn Tagen Einsamkeit auf hoher See ließen die günstigen Passatwinde nach, und man geriet in eine schlimme Flaute, die eine nur sehr geringe Fahrtgeschwindigkeit ermöglichte.
Kolumbus beschwindelt sich selbst und die Mannschaft, wenn er in seinen Tagesbericht noch weniger Seemeilen einträgt, als tatsächlich zurückgelegt werden, »damit meine Leute nicht den Mut verlieren, falls die Reise zu lange dauern sollte«.
Ende September beginnt die Situation an Bord kritisch zu werden. Die Seeleute sind jetzt (inklusive des Aufenthalts auf den Kanarischen Inseln) sieben Wochen unterwegs und wollen endlich wieder festen Boden unter den Füßen spüren. Mehrmals erscheinen am Horizont »verschwommene Konturen«, die den Mannschaften Hoffnung geben, in Küstennähe gelangt zu sein, doch sie müssen immer wieder erkennen, »daß das, was wir für Land gehalten hatten, nur ein Stück des Himmels war«.
Kaum einer der Mitfahrenden will jetzt noch an einen Erfolg der Expedition glauben, manche schlagen sogar vor, »Kolumbus über Bord zu werfen«, um seine »unsinnigen Befehle« nicht mehr befolgen zu müssen. »Wir sind inmitten des Nichts verloren«, klagen die Matrosen in Paul Claudels Kolumbus-Stück an, »warum möchtest du uns umkommen lassen?«
Am 6. Oktober 1492 scheint eine Meuterei unabwendbar. Sechs Tage bevor er amerikanischen Boden betreten wird, droht die Seereise des Jahrtausends zu scheitern. Doch Kolumbus gibt nicht auf, beruft an Bord der »Santa Maria« eine Kapitänskonferenz ein. Während die Mannschaften vehement die Umkehr verlangen und selbst die leitenden Offiziere unschlüssig sind, erweist sich Kolumbus als Fels in der Brandung: Als einziger Teilnehmer der ersten Atlantiküberquerung tritt er für die Weiterfahrt ein. Und setzt sein eigenes Leben dafür ein: »Wenn die kommenden vier Tage ergebnislos bleiben«, ruft er den Matrosen in einer dramatischen Rede zu, »seid ihr ermächtigt, mich um einen Kopf kürzer zu machen, um dann ungehindert umzukehren.«
Sein Talent, Menschen motivieren zu können – und das Glück, just in diesem Moment von neuerlichem Rückenwind getragen zu werden –, gibt der Mannschaft neue Kraft.
Am Abend des 11. Oktober – Kolumbus' »Überlebensfrist« ist seit

24 Stunden abgelaufen – schwimmt auf die »Santa Maria« ein Zeichen der Hoffnung zu. Als ein Matrose ein Stück Holz an Bord fischt, besteht kein Zweifel mehr, daß man sich in unmittelbarer Nähe bewohnter Gebiete befindet. Denn der kleine Zweig hat eine Kerbe, die von Menschenhand stammen muß. »Indien«, vermutet Kolumbus, »ist ganz nahe.«

Pirat im Auftrag des Königs

Es geht um Land und Gold

Die Reise des Christoph Kolumbus hat von Anfang an nur einen einzigen Zweck. Es geht darum, Gold und Edelsteine zu erbeuten, Perlen, Parfum und kostbare Gewürze nach Europa zu schaffen. Kolumbus ist Pirat im Auftrag des spanischen Königshauses. Nebenbei will er die »nackten Wilden«, die in Ostasien vermutet werden, auch zu Christen machen, aber das dient eher als Vorwand für ausgedehnte Raubzüge. War doch bei seiner ersten Amerika-Reise nicht einmal ein einziger Missionar mitgereist. All die Schätze, die er der Königin Isabella von Kastilien und ihrem Gemahl, König Ferdinand II. von Aragon, übergeben will, glaubt Kolumbus in China und Japan zu finden. Und diese Länder will er über Indien erreichen.

Um an die erhofften Reichtümer des Orients zu gelangen, war sich Kolumbus von vornherein darüber im klaren, wie die Beziehungen zwischen seinesgleichen und den Eingeborenen auszusehen hätten: Kamen die Spanier als Herrenmenschen, so wurden die Indianer von einer Sekunde zur anderen zu deren Sklaven degradiert. Sie wissen nur noch nicht, daß die letzte Stunde ihrer Freiheit geschlagen hat.

Kolumbus weiß es. Am 6. Dezember 1492, nach fast zweimonatigem Aufenthalt auf den Bahamas und auf Kuba, geht er in Haiti vor Anker. Die Stelle, an der er anlegt, nennt er – weil es der Tag des heiligen Nikolaus ist – »Puerto San Nicolao«. Der Hafen trägt heute, nach einem halben Jahrtausend, immer noch denselben Namen. Kolumbus setzt sich in die Kapitänskajüte seines Schiffes, um einen Brief zu schreiben, den er – ganz und gar Eroberer – Spaniens Königspaar nach seiner Rückkehr übergeben wird: »Diese Insel wie auch alle anderen gehören jetzt zum Besitze Eurer Hoheiten; um die Herrschaft auszuüben, braucht man sich hier nur niederzulassen und den Eingeborenen anzuordnen, allen Befehlen nachzukommen. Tatsächlich kann ich mit den wenigen Männern meiner Begleitung alle diese Inseln durchstreifen, ohne befürchten zu müssen, daß mir irgend etwas zustoße. Sie sind unkriegerisch, harmlos, nackt und feige. Dafür sind sie bereit zu gehorchen, zu arbeiten und alles Nötige zu vollführen. Mithin wäre es angezeigt, sie dazu zu verwenden, Städte und Ortschaften zu errichten, und ihnen unsere Kleidung und Gebräuche beizubringen.«

Kolumbus spielt den Indianern zunächst die Komödie vor, als Freund gekommen zu sein, verteilt Geschenke und freundliche Gesten. Tauscht die aus Spanien mitgebrachten wertlosen Glöckchen und bunten Kappen gegen goldene Schmuckstücke ein, die an den Ohren und Nasen der Eingeborenen hängen.

Am 18. Dezember 1492 gibt Kolumbus, bereits als »Vizekönig von Indien«, an Bord seiner prachtvoll geschmückten Schiffe sogar ein Fest, zu dem er die Würdenträger der bisher angetroffenen Stämme einlädt. Ein Häuptling (»Kazike«) läßt sich von vier Indianern auf einer Sänfte zur »Santa Maria« tragen, wo er von Kolumbus wie ein Staatsgast mit Salutschüssen empfangen und mit Speisen und Getränken aus Spanien verwöhnt wird.

Doch der Friede trügt, Kolumbus zieht nach der »Party« weiter, voller Unrast, besessen von der Faszination des Goldes, nur das eine Ziel vor Augen: die »nackten Wilden« um ihre Schätze zu bringen, von deren Existenz er in den Reisebeschreibungen des Marco Polo gelesen hatte. Und weil er annimmt, sich in Indien zu befinden, ist Kolumbus überzeugt davon, daß die Paläste mit ihren Dächern aus purem Gold ganz nahe sind.

Vorerst findet er freilich – abgesehen von ein paar ziemlich unbedeutenden Schmuckstücken – keine Spur von den erhofften Reichtümern, im Gegenteil, die Indianer leben primitiv, hausen in armseligen Hütten. Kolumbus aber hat Angst davor, ohne die ersehnten Schätze nach Europa zurückzukehren, hatte er doch den spanischen Königen vor seiner Abreise »große Reichtümer und viele Länder« versprochen. Wie sollte er die hohen Kosten der Expedition rechtfertigen, wenn er mit leeren Händen zurückkäme?

Zeigen die Eingeborenen anfangs Vertrauen zu Kolumbus und seinen Mannen, so kommen ihnen die Europäer, je länger sie da sind, bald »spanisch« vor. Die Indianer werden mißtrauisch, zükken Spieße und Speere, fliehen ins Landesinnere, wo immer Kolumbus mit seinen Karavellen auftaucht.

Eines verbindet die »guten Wilden«, wie Kolumbus seine neuen »Freunde« nennt, sogar mit den Europäern: beide haben Angst vor den »Kaniben«, einem Indianerstamm, der sich von Menschenfleisch ernähren soll (der Ausdruck »Kannibale« stammt von hier). Die Indianer überzeugen Kolumbus davon, daß jenseits ihrer Insel ein Kontinent von »unermeßlicher Weite« liege, den sie »das Land der Kaniben« nennen. Kolumbus ist überzeugt davon, daß dieser Kontinent Asien sei. Daß die Kaniben in China leben und daß er dort seine Schätze finden würde.

Auch auf seinen weiteren Amerika-Expeditionen – Kolumbus kam insgesamt viermal – steht die Suche nach Gold im Mittelpunkt aller Bemühungen. Zum ersten brutalen Raubzug kam es freilich, als Christoph Kolumbus auf dem Rückweg nach Europa war und die ersten Siedler ohne ihren Anführer in »Westindien« weilten. Während Kolumbus vorerst tatsächlich mit den »nackten Wilden« in Frieden auszukommen versuchte, benahmen sich seine auf sich gestellten Matrosen schamlos, plünderten Dörfer, vergewaltigten Indianerfrauen.

Zurück zur ersten Reise, auf der Kolumbus unermüdlich nach den Reichtümern des Orients sucht, jeden Häuptling fragt, woher das Gold seines Schmucks stamme. Die Stammesführer zeigen immer wieder nach Westen, und Kolumbus macht sich in seiner Gier sofort auf den Weg. Es ist der 24. Dezember 1492. Die Nacht der Katastrophe.

Die Katastrophe der »Santa Maria«

Zu Weihnachten geht Kolumbus' Flaggschiff unter

Am Heiligen Abend des Jahres 1492 erleidet die Expedition vor Haiti Schiffbruch. Das Flaggschiff des Christoph Kolumbus, die »Santa Maria«, treibt bei ruhiger See auf ein Riff zu und geht unter. War die Fahrt bisher – abgesehen von der drohenden Meuterei auf der Hinreise – relativ ruhig verlaufen, so kommt es jetzt zur Katastrophe. Der hölzerne Rumpf zersplittert, die Karavelle wird innerhalb von Minuten überflutet.

Schlamperei ist die Ursache des Unglücks, dessen Verlauf wir aufgrund des von Kolumbus geretteten Bordbuchs nachvollziehen können: Die Mannschaft hatte auf der »Santa Maria« Weihnachten gefeiert und sich dann zur Nachtruhe begeben, der diensthabende Offizier ebenso wie der Maat, der laut Vorschrift seinen Posten am Steuerruder hätte versehen sollen. Alle schliefen, bis auf den Schiffsjungen, der nur dafür zuständig war, in 30-Minuten-Abständen die Sanduhr umzudrehen. Für den Katastrophenfall war er aber nicht ausgebildet. Und so bemerkt vorerst keiner, daß das Schiff gegen Mitternacht in Küstennähe einem spitzen Riff zutreibt, um dann von den Korallen regelrecht aufgespießt zu werden.

Die mit dem Bug aufgelaufene Karavelle legt sich sofort quer. Kolumbus, durch den Krach der Kollision wach geworden, läßt den Hauptmasten umlegen und den Großteil der Ladung über Bord werfen, um das Gewicht des Schiffes zu verringern. Doch es ist zu spät, der beschädigte Schiffsrumpf läßt große Wassermengen in den Laderaum, die »Santa Maria« ist zum Untergang verurteilt.

Die Mannschaft überlebt, es gibt keine Verletzten. Mit kleinen Booten wird die Crew auf die in unmittelbarer Nähe vor Anker liegende »Nina« gebracht. Kolumbus, tiefgläubig und von seiner höheren Mission überzeugt, hält selbst den Untergang der »Santa Maria« für ein »von Gott gegebenes Zeichen«. Da er die 39 Matrosen der gesunkenen »Santa Maria« mangels geeigneter Unterbringungsmöglichkeiten nicht nach Europa mitnehmen kann, werden sie angehalten, auf Hispañola – dem heutigen Haiti – zu bleiben, bis

Kolumbus nach Spanien zurückkehren und »nach einigen Monaten« wiederkommen würde. »Ich begriff, daß es Gottes Wille war, Schiffbruch zu erleiden«, notiert er, »denn wir sollten hier eine Siedlung gründen. Es war kein Unglück, sondern ein großer Glücksfall.«
Mitfahrende Seeleute berichteten freilich, daß Kolumbus beim Anblick seines untergehenden Flaggschiffs geweint habe.
Die traurigen Reste der »Santa Maria« werden gemeinsam mit hilfsbereiten Indianern an Land gebracht, wo Amerikas erste Kolonialbewohner mit unglaublichem Geschick aus den zum Teil geborstenen Masten und anderen Bestandteilen des eben noch so stolzen Schiffes primitive Wohnhütten errichten. Eine kleine Festung entsteht, in der die Seeleute aus Europa überwintern und von wo aus sie das Landesinnere erforschen und auf Gold stoßen wollen. Kolumbus nennt den »eroberten« Ort »Villa de la Navidad«, zu deutsch: Weihnachtsstadt.
Ehe er zur Rückkehr nach Europa aufbrechen kann, hat Kolumbus ein weiteres Problem zu lösen: die »Pinta« ist nämlich seit fast sechs Wochen abgängig. Ist auch sie untergegangen? Oder hat sich deren Kapitän Martin Alonso Pinzón, ein erfahrener, aber auch überaus ehrgeiziger Seemann, »aus Habgier«, wie Kolumbus vermutet, selbständig gemacht, um Spaniens Königspaar noch vor ihm von der vermeintlichen Ankunft in »Indien« informieren zu können? Hat Pinzón gar Gold gefunden, das er auf eigene Faust nach Europa schaffen will? Ist Kolumbus' Erster Offizier ein Deserteur, der seinen Admiral um den ihm zustehenden Triumph bringen will?
Allein der Gedanke ist Kolumbus unerträglich, betrachtet er doch »die Indischen Lande« geradezu als sein privates Eigentum.
In den ersten Jännertagen des Jahres 1493 treffen Kolumbus und Pinzón wieder zusammen. Pinzón rechtfertigt sich damit, die Flotte nicht absichtlich verlassen, sondern sich im Nebel verirrt zu haben. Doch Kolumbus glaubt ihm nicht. Die Rolle seines besten Mannes bleibt unklar. Denn Pinzón, der sich zweifellos große Verdienste um die Entdeckung Amerikas erwarb, stirbt wenige Tage nach der Ankunft in Spanien.
Zehn Tage nach dem Untergang der »Santa Maria« bricht Kolum-

bus mit den beiden verbliebenen Karavellen in Richtung »Nordost zu Ost« zur Rückreise nach Europa auf. Er wird in wenigen Monaten nach Amerika zurückkehren, aber er sollte keinen einzigen der 39 Kameraden, die auf Hispañola blieben – ohne zu wissen, wo sie wirklich waren –, lebend wiedersehen. Alle werden getötet, ihr aus den Planken der »Santa Maria« aufgebautes Dorf dem Erdboden gleichgemacht. Was ist geschehen?
Die auf Haiti lebenden Eingeborenen waren mit Pfeil und Bogen bewaffnet, sie konnten sich wehren, wenn sie angegriffen wurden. Und sie hatten allen Grund dazu. Kaum befand sich Kolumbus auf dem Weg nach Spanien, verließen die 39 gestrandeten Europäer ihre Festung, um regelrechte Beutezüge zu unternehmen. Amerikas erste Kolonialbewohner hatten sich – gegen die Anordnung ihres Admirals Kolumbus, in Frieden mit den Indianern zu leben – zu einer regelrechten Räuberbande gruppiert, die durchs Land zog, Dörfer plünderte, Frauen vergewaltigte und überall nach Gold wühlte. Als die ersten Indianer gestorben waren, setzte der Widerstand der Ureinwohner ein. Die Eingeborenen lauerten den Europäern, die sie gerade noch so freundlich empfangen hatten, auf und töteten sie mit ihren Giftpfeilen. Das war der blutige Beginn der Kolonisation des amerikanischen Kontinents. Millionen Tote sollten folgen.

Kolumbus wird wie ein König empfangen

Die ersten Schätze aus der Neuen Welt

Am 15. März 1493 kehrt Christoph Kolumbus zurück nach Spanien, in jenes Land, das an sein Abenteuer geglaubt und es finanziert hat. Während die Fahrt nach Amerika bei relativ ruhigem Seegang ohne größere Komplikationen verlaufen war, wird die Rückreise zum Inferno. »In einem wahren Hexenkessel«, notiert Kolumbus, »stürzten die Wellen von allen Seiten aufeinander und

bedrängten die Schiffe so sehr, daß sie weder vorwärts kamen, noch sich zu befreien vermochten.« Wie durch ein Wunder entgehen »Nina« und »Pinta«, die beiden ihm verbliebenen Karavellen, vor den Azoren dem drohenden Untergang.
Doch die Strapazen haben sich gelohnt. Kolumbus wird in Barcelona, wo sich Spaniens Königspaar gerade befand, wie ein Monarch empfangen. Und das ist er ja in gewissem Sinne auch, denn laut Vertrag steht ihm der Titel »Vizekönig« all der von ihm eroberten Gebiete zu.
Im Triumphzug reitet Kolumbus, begleitet von seinen Offizieren und Matrosen, auf einem Schimmel quer durch die Stadt zum Königshof. Ganz Barcelona ist auf den Beinen, um den neuen Nationalhelden gebührend zu empfangen.
Und Kolumbus hat wahrhaft Aufregendes zu bieten. Er zeigt Tiere wie Echsen, Leguane oder Truthähne, die man auf diesem Kontinent nie zuvor zu Gesicht bekam. Und das sind die Produkte, die Europa nach der ersten Amerika-Reise des Christoph Kolumbus (und den drei weiteren) kennenlernte:
»Eine Art Rübe, die nach Kastanie schmeckt«, nennt er im Bordbuch die auf unserem Kontinent bislang unbekannte Kartoffel. Anfangs als Aphrodisiakum verkannt, sollte sie zum wichtigsten Massenernährungsmittel des Industriezeitalters werden.
Kolumbus schafft auch die ersten Maiskolben, Bohnen, Erdnüsse, Avocados sowie Paprika, Kürbis, Ananas, Chili, Kakao und Vanille herbei. Und die Tomate, die Europa vorerst als »Liebesapfel« bezeichnet.
Weiters befinden sich Dahlien, Hibiscus, Ringel- und Sonnenblumen in den Frachträumen seiner Schiffe.
Kolumbus berichtet von Eingeborenen, »die den Rauch brennender Kräuter trinken«. Diese Worte gebrauchte er, als er die ersten Indianer Pfeifen und zigarrenähnliche Stengel paffen sah. Womit er den Tabak für Europa entdeckt hatte.
Andererseits beschert Kolumbus den Ureinwohnern Amerikas Produkte, von denen wiederum sie noch nie gehört hatten. So hat er aus Europa die folgenden, in der Neuen Welt bislang unbekannten Tiere mitgebracht:
Pferde – bei der späteren Eroberung der Indianerreiche das wichtig-

ste Transportmittel – sowie Kühe, Schafe, Hühner und Bienen. Die Haustiere aus Europa vermehrten sich in Windeseile: Hatten Kolumbus' Truppen bei seiner dritten Amerika-Reise 1498 auf Kuba zwanzig Schweine ausgesetzt, so schätzte man ihren Bestand 16 Jahre später bereits auf 30000.
Kolumbus bringt den Amerikanern Kaffee, Zuckerrohr, Gerste, Weizen, Reis, Kohl, Zwiebel, Kopfsalat, Apfel, Pfirsich, Orange, Zitrone, Banane, Olive.
Sie lernen durch ihren Eroberer auch Tulpen, Gladiolen, Flieder, Löwenzahn und Gänseblumen kennen.
Doch sie hätten liebend gern darauf verzichtet. Denn neben der bald folgenden systematischen Ausrottung durch die Schergen der Inquisition »verdanken« die Indianer ihren Eroberern auch zahlreiche Krankheiten, deren Existenz ihnen bis dahin unbekannt war.
Als Europäer in Amerika von Moskitos gestochen wurden, erkrankten sie an der Malaria. Waren die Indianer gegen das tödliche Fieber jahrtausendelang immun, so wurden sie jetzt von ihren »Entdeckern« angesteckt. Hunderttausende Weiße starben ebenso wie »Rothäute« an der Seuche, bis peruanische Medizinmänner aus der Borke der Chinarinde ein wirksames Mittel zur Senkung der Körpertemperatur fanden. Chinin wurde auch in Europa zum wichtigen Heilmittel.
Kolumbus exportierte die folgenden Krankheiten von der Alten in die Neue Welt: Pocken, Masern und Diphtherie wurden in Amerika zur Haupttodesursache großer Teile der Bevölkerung. Bis zu 90 Prozent der Indianer starben in den Dörfern und Städten an den Infektionen. Da den Ureinwohnern jegliche Abwehrstoffe fehlten, siechten sie millionenfach an den Bakterien der weißen Siedler dahin, die meisten von ihnen, ohne je einen von ihnen gesehen zu haben.
Geradezu als »Rache« der Indianer mußte den Europäern die Syphilis erscheinen, die kurz nach Kolumbus' Rückkehr in der Alten Welt ausbrach. Die tödliche Lustseuche, gegen die die Indianer immun waren, hatte in Europa eine ähnlich verheerende Wirkung wie die Pocken in »Westindien« (wo der Seefahrer ja bis zuletzt gelandet zu sein glaubte).
Nur als schwacher Trost konnte da eine komfortable Liegestatt

dienen, die Kolumbus aus Amerika mitgebracht hatte, um sie den verblüfften Europäern zu zeigen: die Hängematte.
All die Katastrophen, die infolge der Entdeckung des neuen Kontinents auf beide Erdteile zukommen würden, ahnt natürlich noch keiner, als Kolumbus im März 1493 am Hof zu Barcelona empfangen wird und den spanischen Königen das eroberte Gold – wenn auch in weit geringeren Mengen als erhofft – zu Füßen legt. Als Zeichen der Huldigung darf er Königin Isabella sogar die Hand küssen.
Kolumbus hat den Höhepunkt seines Lebens erreicht. Der einfache Arbeitersohn aus Genua erlebt Momente des Triumphs wie kaum ein Sterblicher vor ihm. Und er ahnt nicht, wie tief er in den folgenden Jahren noch sinken wird.
Unter den sensationellen »Schaustücken«, die Kolumbus aus Amerika mitbrachte, befinden sich auch sechs von ihm gefangengenommene Indianer, die mit ihren bemalten Gesichtern von den Spaniern wie »Weltwunder« betrachtet werden. Die ersten Sklaven waren nach Europa gelangt.

»Kolumbus ermordete einen Kontinent«

Wie die Indianer über ihren »Entdecker« denken

New York, der Schmelztiegel aller Rassen und Hautfarben, die Stadt der Dollarmillionäre und der Armut. Symbol der Freiheit, aber auch der Kriminalität. Faszinierend nach wie vor – und trotz allem. Kolumbus ist natürlich nicht bis hierher gekommen, er war auf den Bahamas, in Kuba, Haiti, auf Jamaika und Trinidad. Amerikanisches Festland hat er überhaupt nur einmal betreten, als er 1498, auf seiner dritten Reise in die Neue Welt, nach Venezuela gelangte. Und doch, hier in New York, laufen die Fäden des Kolumbus-Jahres zusammen.
Das Haus Lafayette Street Nr. 404 liegt weit draußen, in der

ärmlichen East Side von Manhattan, und es ist ziemlich heruntergekommen. Im zweiten Stock empfängt mich Rosemary Richmond vom Stamm der Mohawk-Indianer, die als Direktorin des »Native American Council« die Ureinwohner dieses Kontinents vertritt.
»Was empfinden Sie, Rosemary«, will ich wissen, »wenn Sie 1992 ganz Amerika im Kolumbus-Fieber sehen? Wenn jener Mann gefeiert wird, dessen Ankunft vor 500 Jahren Tod und Versklavung von Millionen von Indianern zur Folge hatte?«
Rosemary braucht nicht lange nachzudenken. »Ich halte es für eine ziemliche Geschmacklosigkeit«, sagt sie, »dieses Land ignoriert seine Geschichte. Denn zum Feiern gibt es wirklich keinen Grund. Kolumbus hat Amerika nicht entdeckt, wie uns die Geschichtsbücher vorlügen. Diesen Kontinent hat es immer schon gegeben, er war von friedlichen Menschen besiedelt, sie hatten ihre Sprachen, ihre Religionen, ihre Kultur, ihre Zivilisation. Man hat sie uns genommen, Kolumbus ist als ungebetener Besucher gekommen, nicht als Entdecker.«
Rosemary Richmond gehört nicht zu den radikalen Indianer-Führern, wie etwa Russel Means, für den Kolumbus »schlimmer als Hitler« war. Manche Indianerstämme kündigten bereits »militante Demonstrationen« für den heurigen Jahrestag der Eroberung Amerikas am 12. Oktober an. »Kolumbus ermordete einen Kontinent«, konnte man auf riesigen Plakaten der ersten Protestkundgebungen lesen.
»Das ist nicht unser Weg«, distanziert sich Rosemary Richmond von dieser und ähnlichen Aktionen, »wir sehen im Kolumbus-Jahr eher eine Chance, auf die Probleme der Indianer hinzuweisen. Probleme, die uns Kolumbus und all jene, die ihm folgten, bereitet haben.«
Mit dem Wort »Problem« umschreibt Rosemary sehr nobel, was tatsächlich geschah. Spaniens und Portugals Konquistadoren begannen in den Jahren nach Kolumbus, die reichen Bodenschätze des neuen Kontinents systematisch auszubeuten. Die Indianer – die ganz im Gegensatz zu den Beschreibungen des Christoph Kolumbus alles andere als »Wilde« waren – lebten, ehe er kam, in hochentwickelten staatlichen Ordnungen, sie hatten ihre Gesetze und Hierarchien, zeigten große Leistungen als Mathematiker und

Astronomen. Und in den Hochkulturen der Azteken, Inkas und Mayas waren beeindruckende Bauwerke entstanden.
In einem waren sie den Europäern, die über sie herfielen, freilich unterlegen: Sie kannten das Schießpulver nicht.
Rund 50 Millionen Indianer lebten in Amerika, ehe Kolumbus sie »entdeckte«. In den nun folgenden 200 Jahren wurden an die 90 Prozent der Ureinwohner getötet. In rücksichtsloser Fronarbeit auf Plantagen und in Goldminen ausgebeutet, als Sklaven erniedrigt und gefoltert. Der Großteil der »Indios« wurde allerdings nicht vorsätzlich hingerichtet, sondern starb an jenen Krankheiten die die Europäer eingeschleppt hatten.
»Wie sehen Sie die historische Figur des Christoph Kolumbus?« frage ich Rosemary weiter. »Also, Held war er sicher keiner«, meint sie, »aber es wäre ebenso unfair, ihn als Massenmörder zu bezeichnen. Das waren im wesentlichen diejenigen, die nach ihm kamen. Er hat die Voraussetzungen geschaffen für den millionenfachen Mord. Kolumbus ist nur ein Symbol, das man nicht für alles verantwortlich machen kann, was seither passiert ist.«
Tatsächlich ist die Frage, wie weit die persönliche Schuld des Christoph Kolumbus reicht, aufgrund der Fakten schwer zu beantworten. Als »Vizekönig« erklärte er die Indianer im Namen der »Heiligen Inquisition« zu Sklaven und als »Oberster Richter der Indischen Lande«, als der er sich aufspielte, ließ er Todesurteile vollstrecken. »Mord« im eigentlichen Sinn des Wortes kann ihm nicht nachgewiesen werden. Das angesehene amerikanische TIME-Magazin warnte in einem Kommentar vor dem zu befürchtenden unkritischen Kolumbus-Kult ebenso wie vor einer prinzipiellen Kolumbus-Verteufelung. Der Entdecker Amerikas dürfte kein besonders sympathischer Zeitgenosse gewesen sein, ihn als »Mörder« zu bezeichnen, erscheint aber nicht korrekt.
Die meisten der 20 Millionen heutigen Indianer leben in Zentral- und Südamerika, knapp zwei Millionen in den Vereinigten Staaten. Rosemary Richmond: »Fast die Hälfte von ihnen in Reservaten. Nicht, daß sie dazu gezwungen würden, wie früher, nein sie sind freiwillig dort. Aber was heißt freiwillig? In Wirklichkeit haben sie keine andere Chance. Man behindert sie draußen in ihrer freien Religionsausübung, in der Tradition ihrer Kulturen. Es ist für uns

viel schwerer, Arbeit zu bekommen als für die übrigen Amerikaner. Und deswegen leben viele von uns in den Reservaten, müssen dort leben.« Auch Rosemary ist in einem Reservat aufgewachsen, ehe sie den steinigen Weg in die Freiheit wagte.
Die weißen Amerikaner feiern am 12. Oktober 1992 die Entdekkung ihres Kontinents. Auf den Tag genau 500 Jahre vorher hatte Kolumbus Amerika erobert. Die indianischen Ureinwohner gedenken des Jubiläums freilich schon 24 Stunden früher. Denn der 11. Oktober 1492 war der letzte Tag, den sie in Freiheit erlebt haben.
Und wer könnte ihnen die Vorverlegung der Feierlichkeiten verdenken.

Kolumbus wird verhaftet ...

... und in Ketten nach Spanien verfrachtet

Am 17. Dezember des Jahres 1500 langt Christoph Kolumbus nach seinem dritten Amerika-Aufenthalt in der spanischen Stadt Granada ein. Als Gefangener, in Ketten gefesselt. Der Mann, der eine neue Welt entdeckte, der zum Admiral, zum Gouverneur und Vizekönig ernannt wurde, wird Spaniens Königspaar wie ein Schwerverbrecher vorgeführt. Was war geschehen?
Seit der Eroberung »Westindiens«, acht Jahre zuvor, waren mehrere tausend Siedler in das neue, unbekannte Land gebracht worden. Kolumbus hatte ihnen »Reichtum und Glück« versprochen. Doch statt dessen trafen sie dort schreckliche Verhältnisse an. Indianer setzten sich mit Pfeil und Bogen gegen ihre Versklavung zur Wehr, es herrschte ein dramatischer Mangel an Trinkwasser und Lebensmitteln. Die klimatischen Verhältnisse waren für Europäer unerträglich, und die Kolonialbewohner wurden von tödlichen, ihnen bis dahin vollkommen unbekannten Krankheiten befal-

len. Als Kolumbus im August 1498 auf seiner dritten Amerika-Reise in der von ihm gegründeten Stadt Santo Domingo auf Hispañola ankam, waren dort bereits 160 Spanier an Syphilis erkrankt, durch indianische Frauen angesteckt, die sie zum Teil vergewaltigt hatten. Während die Indianer gegen die »Lustseuche« ursprünglich immun waren, raffte sie die Europäer in Scharen dahin.

In der Neuen Welt herrschte also unvorstellbares Leid. Und je größer die Verbitterung und Enttäuschung der Europäer war, desto brutaler gingen sie gegen die Ureinwohner vor. Kolumbus war nicht bereit, Morde, Plünderungen und Vergewaltigungen durch »seine« Kolonialisten zuzulassen. Solange er als Oberster Richter »nur« Indianer hinrichten ließ, die sich verzweifelt gegen das europäische Gewaltregime verteidigten, gab es keine Probleme, denn das war – in den Augen der durch ihre Feuerwaffen mächtigen Europäer – »legal«. Doch als er auch gegen mordende und plündernde Spanier mit aller Schärfe vorging, begannen die Schwierigkeiten.

Eine Meuterei war die Folge. Heimkehrende Spanier berichteten am königlichen Hof vom Schreckensregime des Vizekönigs, so daß Königin Isabella und König Ferdinand beschlossen, einen Gouverneur nach »Westindien« zu schicken, der dort nach dem Rechten sehen sollte: Francisco de Bobadilla kam am 24. August 1500 in Santo Domingo an und sah schon im Hafen einen Galgen, auf dem die Leichen zweier Spanier hingen, die eine Rebellion gegen Kolumbus geplant hatten. Der Abgesandte der spanischen Krone ließ daraufhin Kolumbus und seine beiden Brüder Bartolomé und Diego – die zu seinen engsten Vertrauten geworden waren – in Ketten legen und nach Europa bringen.

War den spanischen Königen, die ja die Inquisition geradezu erfunden hatten, Kolumbus zu brutal, waren sie so human, daß sie das Töten von Menschen verurteilten?

Keineswegs. Indianer hätte Kolumbus hinrichten können, so viele er wollte, ihr Leben war keinen Pfifferling wert. Daß er aber spanische Christen bestrafte, das war dem Königspaar zuviel.

Gouverneur Bobadilla bot Kolumbus während der Überfahrt an, ihn von seinen Ketten zu befreien, so daß er zwar als Gefangener, aber ohne die Demütigung, an Händen und Füßen gefesselt zu sein,

in Spanien ankommen würde. Doch Kolumbus lehnte die Vergünstigung ab. »Ich bin auf Befehl der Herrscher in Ketten gelegt worden«, sagte er, »und ich werde sie tragen, bis die Herrscher persönlich befehlen, daß sie mir abgenommen werden.«
Dies befahlen die Herrscher auch gleich nach seiner Ankunft. Aber der Ruhm des berühmtesten Seefahrers aller Zeiten war verblaßt, als er Isabella und Ferdinand in der Alhambra von Granada vorgeführt wurde. Kolumbus war zwar bald wieder ein freier Mann, doch all seiner Titel und Rechte beraubt.
Und genau das war wohl auch der Hintergrund seiner Verhaftung: Obzwar sich die Beute der spanischen Seefahrer vorerst noch in Grenzen hielt, rechneten die Könige damit, bald Unmengen von Gold und Juwelen des »Orients« geliefert zu bekommen. Und laut Vertrag standen Kolumbus zehn Prozent all dessen zu, was in den von ihm eroberten Ländern gefunden wurde.
Kolumbus war wieder frei. Doch der mit seinen 50 Jahren damals als »alter Mann« geltende Seefahrer war todkrank. Seit seiner zweiten Atlantiküberquerung litt er unter einer schmerzhaften Arthritis, die immer wieder von hohem Tropenfieber, von Rheuma und Gicht begleitet wurde. Aus etlichen Berichten geht hervor, daß er zeitweise auch in geistige Umnachtung verfiel.

Die Wikinger – und »das Ei des Kolumbus«

Zwischenspiel

»Ich glaube, daß diese meine Route noch nie von irgend jemandem zurückgelegt worden ist und daß dieses Meer vollkommen unbekannt war«, notiert Kolumbus in sein Bordbuch, während er den Atlantischen Ozean überquert. Mit dieser Behauptung dürfte er mit an Sicherheit grenzender Wahrscheinlichkeit unrecht haben. Denn es gilt als erwiesen, daß ein halbes Jahrtausend vor ihm die Wikinger mit ihren noch viel primitiveren Ruderschiffen ebenfalls in Amerika gelandet waren.

Überlieferungen zufolge sei ein aus der Region des heutigen Norwegen stammender normannischer Handelsmann namens Bjarni Herjolfsson im Jahre 986 auf dem Weg nach Grönland vom Kurs abgetrieben worden und so nach Baffinland – der größten Insel des amerikanisch-arktischen Archipels – gelangt. Archäologische Funde in L'Anse aux Meadows in der kanadischen Provinz Neufundland beweisen, daß nach Herjolfsson weitere Generationen bis in den äußersten Norden Amerikas kamen.

Doch die Seereisen der Wikinger blieben Einzelfahrten ohne Ziel, ohne Ergebnis und daher auch ohne historische Bedeutung. Die Wikinger, erklären Experten, haben Amerika gefunden, doch Kolumbus hat den Kontinent »entdeckt«. Denn er war es, der die Bodenschätze und den Reichtum des Landes – mit aller Brutalität – strategisch und wirtschaftlich zu nützen verstand (auch wenn er nicht wußte, wo er tatsächlich war).

Als Christoph Kolumbus 1492, von Spanien kommend, in Amerika einlangte, hatten die Wikinger den Kontinent längst schon wieder vergessen. Wenn man von den wahren »Entdeckern« Amerikas in der vorkolumbianischen Zeit spricht, müßte man viel eher um weitere Jahrtausende zurückblicken. Vor rund 25 000 Jahren waren Mammutjäger aus Sibirien über die Beringstraße eingewandert. Die später von Kolumbus »Indianer« genannten Mongolen ließen sich hier nieder und lebten bis zur Eroberung des Kontinents durch die Spanier in rund 370 größeren Stämmen mit unterschiedlichen Kulturen, Religionen und Sprachen als freie Sammler, Jäger und Feldbauern.

Jeder kennt »das Ei des Kolumbus«, aber kennen Sie auch die Bedeutung dieses Ausdrucks? Eine Legende überliefert seine Entstehungsgeschichte:

Christoph Kolumbus sei nach seiner ersten Rückkehr aus Amerika im Jahre 1493 Gast eines großen Banketts des Kardinals Mendoza von Barcelona gewesen. Er war bereits ein berühmter Mann und ließ sich von den Festgästen als Held feiern. Irgendein Anwesender rühmte sich bei dieser Gelegenheit jedoch, auch ihm hätte die Erforschung des Seeweges nach Indien – man hatte ja noch immer keine Ahnung davon, daß Kolumbus eigentlich in Amerika gelandet war – gelingen können.

Kolumbus stellte dem etwas wichtigtuerischen Gast die Frage, ob es ihm auch möglich sei, ein Ei aufrecht auf den Tisch zu stellen. Der Angesprochene versuchte es, doch das Ei fiel um. Da nahm Christoph Kolumbus das ihm servierte Ei, drückte die Spitze ein, und es blieb stehen.
Der Entdecker Amerikas wollte damit ausdrücken, daß Lösungen einfach wirken können, wenn sie ein anderer gefunden hat. Seither wird »das Ei des Kolumbus« sinnbildlich für die Ermöglichung scheinbar unmöglicher Leistungen angewandt.

Wie Amerika zu seinem Namen kam

Herr Vespucci streift den Ruhm ein

Kolumbus begegnet mir während meines Amerika-Aufenthalts zum 500-Jahr-Jubiläum des Kontinents auf Schritt und Tritt, vom ersten bis zum letzten Tag, schon bei meiner Ankunft am John-F.-Kennedy-Airport in New York. Hector Santos, der Taxifahrer, der mich vom Flughafen nach Manhattan fährt, stammt aus der Dominikanischen Republik, von jener Insel also, auf die Kolumbus 1492 gestoßen war. Hectors Ahnen wurden wie so viele Schwarze hier von den spanischen Konquistadoren als Sklaven von Afrika nach Amerika verschleppt, als die indianischen Ureinwohner durch Krankheiten und Killerkommandos ausgerottet waren und die europäischen Herrscher Nachschub an Gratis-Arbeitskräften benötigten, die ihr neues Land aufbauen und für sie ausbeuten sollten.
Was Hector zu Kolumbus einfällt? »Ein Held«, sagt er. »Obwohl er die Ureinwohner Ihrer Heimat zu Sklaven machte?« wundere ich mich. »Das ist 500 Jahre her«, meint Hector, »wichtig ist, was geblieben ist. Wir leben gerne in Amerika, und ohne Kolumbus wären wir gar nicht hierher gekommen.«
Kolumbien und die Columbia-Universität tragen ebenso seinen Namen wie Flüsse, Städte, Wüsten und ganze Gebirgsgruppen

(selbst in Wien – im Bezirk Favoriten – gibt's eine Columbusgasse). Doch der Kontinent, den er entdeckte, verdankt seinen Namen einem anderen. Er hieß Vespucci, mit Vornamen Amerigo, und hat herausgefunden, daß Kolumbus nicht in Indien, sondern auf einem bis dahin völlig unbekannten Kontinent gelandet war.

Amerigo Vespucci war am 9. März 1451 – im selben Jahr wie Kolumbus – als Sohn einer alten Patrizierfamilie in Florenz zur Welt gekommen. Im Alter von 30 Jahren ging er nach Sevilla, um dort als Bankier die Niederlassung des Hauses Medici zu übernehmen. 1497 folgte er den Spuren, die Kolumbus fünf Jahre vor ihm aufgenommen hatte: Vespucci unternahm in spanischen und portugiesischen Diensten mehrere Entdeckungsfahrten, die ihn zu den mittel- und südamerikanischen Küstengebieten führten. An den Ufern des Amazonas erkannte er zunächst, daß der Verlauf dieses mächtigen Stroms mit keinem der in den damaligen Kartenwerken eingezeichneten Flüssen übereinstimmte.

Auf seinen weiteren Reisen wurde Vespucci klar, daß Kolumbus einen neuen, völlig unbekannten, selbständigen Kontinent entdeckt hatte, der mit Asien nicht identisch sei. 1504 fanden die Reiseberichte Amerigo Vespuccis in Europa so große Beachtung, daß sie den Entdeckungen des Kolumbus die »Show stahlen«. Vespucci hat es verstanden, den Europäern lebendige Schilderungen der in »Westindien« lebenden Völker, der dort heimischen Tiere und Pflanzen zu vermitteln und exakte kartographische Darstellungen der Neuen Welt zu zeichnen.

Amerigo Vespucci selbst hat sich freilich nicht wissentlich schuldig gemacht, Kolumbus um die Benennung »seines« Kontinents zu bringen. Vielmehr war es der deutsche Kartograph Martin Waldseemüller, der in seiner 1507 verfaßten »Neuen Einführung in die Kosmographie« erstmals den Vorschlag machte, den Südteil des Kontinents nach Vespuccis Vornamen »Ameriga oder America« zu nennen – ein Begriff, den der niederländische Geograph Gerhard Mercator 30 Jahre später für den ganzen Doppelkontinent verwendete. Inzwischen hatte der portugiesische Seefahrer Fernando Magellan die erste Weltumsegelung hinter sich gebracht und die Richtigkeit von Vespuccis These eines eigenen Kontinents bestätigt.

Auch Brasiliens Metropole verdankt Vespucci ihren Namen: die

4

5

Eine Dynastie im Dreivierteltakt: Vier Genies in einer Familie: Johann Strauß Vater (1) und seine Söhne Josef (2), Eduard (3) und Johann (4) schufen eine neue Musikrichtung, mit der sie Generationen verzaubern sollten. Seine Brüder litten darunter, daß der »Walzerkönig« – dessen Denkmal im Wiener Stadtpark steht (5) – alles überstrahlte.

6

»Zuerst glaubte ich wohl selbst im stillen, es könnte etwas aus mir werden«, notierte er bescheiden, »aber wer vermag nach Beethoven noch etwas zu machen«. Vieles von dem, was über Franz Schubert (6) überliefert wird, ist Erfindung und Spekulation, wurde von einer kitschbesessenen »Dreimäderlhaus«-Industrie in die Welt gesetzt.

Einem Wunder verdanken wir Mozarts Musik. Seine Mutter brachte sieben Kinder zur Welt – aber nur zwei überlebten das Säuglingsalter: Wolfgang (7) und Anna (genannt Nannerl).

Nur 40 von 2000 »Stradivaris« entstammten tatsächlich der Hand des Geigenbauers Antonio Stradivari (8), der Rest war gefälscht. Im Wiener Dorotheum wird an Besichtigungstagen jede halbe Stunde eine falsche Geige zum Verkauf angeboten.

7

8

9

10

11

12

Ch. Demel's Söhne am Wiener Kohlmarkt (9) verdanken ihr Renommee in erster Linie der Frau Anna Demel (10), die gleich zweimal in die Zuckerbäckerdynastie eingeheiratet hat.

Carla Sacher an ihrem 100. Geburtstag (11) und die legendäre Anna Sacher (12): »Wie ein General durchschreitet die Chefin das Haus, begrüßt Gäste, maßregelt das Personal, raucht Zigarre«. Einst ein halbseidenes Etablissement, ist das Hotel Sacher (13) vis-à-vis der Wiener Staatsoper heute ein Treffpunkt der Prominenz.

HÔTEL SACHER
HOTEL SACHER

14

Das erste Auto der Welt (14) wurde 1870 von Siegfried Marcus (15) in einer kleinen Werkstatt auf der Wiener Mariahilfer Straße gebaut. Carl Benz konstruierte seinen Benzinwagen erst 1886. Zwei Jahre nach ihm baute Marcus sein zweites Auto (abgebildet mit Georg Markus auf der hinteren Umschlagseite dieses Buches). Carl Benz ging fälschlich als Erfinder des Kraftwagens in die Geschichte ein.

16

Auch dieser Autokonstrukteur stammte aus dem alten Österreich: Ferdinand Porsche – mit seinem Volkswagen vor der Wiener Albertina (16) – baute mit dem »Käfer« Europas erfolgreichstes Automobil. Nach dem Krieg wollte Ferdinand Porsche in Österreich jenen Sportwagen erzeugen, der heute noch seinen Namen trägt, doch waren weder Politiker noch Geldgeber zum Risiko bereit.

10. September 1898, Österreichs Kaiserin Elisabeth (26) stirbt im Hotel »Beau-Rivage«, nachdem sie vom Anarchisten Luigi Lucheni am Ufer des Genfer Sees mit einer Feile niedergestochen wurde. In ihrem Tagebuch notierte die Hotelchefin die Einzelheiten der Tat. Ließ sich Lucheni noch lachend verhaften (27), so wird er zwölf Jahre später in seiner Gefängniszelle Selbstmord begehen. Am 24. Dezember 1985 wird sein Schädel als seltsame Reliquie per Bahn von Genf nach Wien befördert.

26

27

Die Geburtsstunde des legendären »Wunderteams« schlug am 16. Mai 1931, als Österreich auf der Hohen Warte in Wien die bis dahin auf dem Kontinent unbesiegten Schotten 5:0 besiegte. Von da an ging es Schlag auf Schlag, Siege gegen Deutschland, die Schweiz, Belgien, Frankreich, Ungarn… Sindelar, Zischek, Schall, Gschweidl, Tormann Rudi Hiden und Adolf Vogl – der letzte Überlebende des »Wunderteams« – zählten zu den Stars der Mannschaft, die sich mit ihrem eleganten Verbandskapitän Hugo Meisl porträtieren ließ (29).

28

»Die schönsten Frauen der Welt«: Die erste »Miß-Wahl« fand am 19. September 1888 im belgischen Seebad Spa mit einem »Concurs de Beauté« (28) statt. Seither werden immer wieder Schönheitskonkurrenzen veranstaltet. Österreich stellte dreimal die »Miß World«. Für viele blieb das große Glück jedoch aus.

29

30

Drei österreichische Volksdichter, die auch Schauspieler waren: Johann Nestroy (30) als Knieriem in »Lumpazivagabundus«, Ferdinand Raimund (31), der Schöpfer des »Verschwenders«, und Emanuel Schikaneder (32) als Papageno in seiner und Mozarts »Zauberflöte«: Schikaneder und seine Schauspielerkollegen wurden von Bauern verprügelt, weil man Künstler damals noch zum »Gesindel« zählte.

33

Felix Salten hat sich nie dazu bekannt, das Buch der Josefine Mutzenbacher geschrieben zu haben. Bild 33 zeigt den Dichter mit seinen Kindern Paul und Katja, deren Tochter heute um die Rechte der »Erinnerungen einer wienerischen Dirne« kämpft.
Kriegsberichterstatter unterschiedlichster Kategorien: Alexander Roda Roda (34), Alice Schalek (35), Egon Erwin Kisch (36).

34

35

36

37

Sein erstes Stück wurde aufgeführt, weil man ihn mit seinem Vater – einem berühmten Arzt – verwechselt hatte. Als Arthur Schnitzler (37) dann der meistgespielte Dramatiker des deutschen Sprachraums war, führte er seine Ordination immer noch weiter. »Auch im Dichter ist stets und überall der Arzt zu merken«, vertraute er seinem Tagebuch an.

Gegend, in der er am ersten Tag des Jahres 1502 von Bord ging, nannte er des einprägsamen Datums wegen »Rio de Janeiro« (Januar). Als Vespucci kurze Zeit später nach Portugal zurückkehrte, war Kolumbus bereits zu seiner vierten (und letzten) Amerikareise aufgebrochen, so daß er nie davon erfahren sollte, wie groß die Ausdehnung der von ihm bereisten Gebiete eigentlich ist.
Kolumbus und Vespucci kannten und schätzten einander, der Entdecker Amerikas bezeichnete den italienischen Seefahrer und Bankier in einem Brief an seinen Sohn Diego als »rechtschaffenen Mann«.
Der populär gewordene Name Amerigos ließ Kolumbus bald völlig in Vergessenheit geraten. Erst im 18. Jahrhundert wurde der eigentliche Entdecker Amerikas von den Amerikanern entdeckt, als diese ihre Identität mit der europäischen Heimat ihrer Ahnen suchten. 100 Jahre später klopften dann französische Katholiken sogar im Vatikan an, um Kolumbus' Heiligsprechung zu erreichen, da er »den christlichen Glauben in die halbe Welt getragen« habe. Papst Pius IX. lehnte jedoch ab – nicht etwa wegen der Verbrechen, die im Zuge der Eroberung des Kontinents »passierten«, sondern weil Kolumbus nach dem Tod seiner Frau mit Beatriz Enriquez de Harana in »wilder Ehe« gelebt und mit ihr einen unehelichen Sohn gezeugt hatte.
Amerigo Vespucci, der Mann, der Kolumbus den Namen »seines« Kontinents wegnahm, ist am 22. Februar 1512 in Sevilla gestorben.

Der Tod des Christoph Kolumbus

Erbschaftsprozesse und Inquisition

Kolumbus war ein Kämpfer, bis zu seinem letzten Atemzug. Als junger Mann hatte er um Geldgeber gekämpft, die seine Reise nach »Westindien« finanzieren sollten. In seinen besten Jahren kämpfte er dann gegen Wind und Wetter, um das Ziel zu erreichen, das seinen Namen unsterblich machte. Und am Ende seines Lebens kämpfte er um seine Ehre.

Nach seiner Verhaftung während des dritten Amerika-Aufenthalts war Kolumbus ein gebrochener Mann, der sich immer mehr in seine Krankheiten flüchtete. Einmal noch, ein viertes Mal, überquerte er den Atlantischen Ozean, um sich danach vom spanischen König Ferdinand in Audienz empfangen zu lassen. Der Monarch hatte alle zwischen ihm und dem Seefahrer geschlossenen Verträge für ungültig erklärt, sagte ihm jetzt aber eine – relativ geringe – finanzielle Entschädigung zu. Die Rückgabe seiner Titel, vor allem der Anspruch, sich »Vizekönig von Indien« nennen zu dürfen, wurde freilich abgelehnt.

Christoph Kolumbus hat den letzten Kampf seines Lebens verloren. Er stirbt am 20. Mai 1506 im Alter von 54 Jahren in der spanischen Stadt Valladolid an »Gicht und anderen Krankheiten sowie aus Kummer darüber, daß er aus seinem hohen Stand so tief gesunken ist«, hinterläßt uns sein Sohn Fernando. An seinem Totenbett stehen Söhne, Brüder, mehrere Freunde und Mönche. Am letzten Tag noch hat er sein Testament verfaßt, in dem sein Sohn Diego als Haupterbe bedacht wird. Beatriz Enriquez de Harana, mit der Kolumbus viele Jahre zusammenlebte und die ihm seinen zweiten Sohn Fernando schenkte, erhält eine lebenslange Rente.

Vom Reichtum des Kontinents, den Kolumbus – ohne es je gewußt zu haben – entdeckte, sollte die Menschheit in den Jahren nach seinem Tod erfahren. Jetzt erst wurde in der Neuen Welt die Existenz jener Schätze bekannt, von denen er sein Leben lang geträumt hatte. Gigantische Ladungen an Gold und andere Boden-

schätze wurden nach Europa verschifft. Berechnungen ergaben, daß die Investition der spanischen Krone in die erste Kolumbus-Reise einen Gewinn von 1,7 Millionen Prozent einbrachte.
Er wurde durch ein Schreckensregime von bis dahin nie dagewesener Brutalität ermöglicht. Francesco Pizarro und Fernando Cortez – um nur zwei der grausamsten Konquistadoren zu nennen – verwandelten Amerika zu einem Kontinent des Blutes. Die nach wie vor »Indianer« genannten Ureinwohner wurden »im Namen der Heiligen Inquisition« und mit dem Segen Roms ihrer Freiheit beraubt, ausgebeutet, abgeschlachtet.
Kolumbus war ein Kämpfer, und seine beiden Söhne waren es auch. Sie verklagten Spaniens Königshaus nach seinem Tod auf Beteiligung an den gigantischen Einnahmen und auf Rückgabe der erblichen Titel ihres Vaters. Der Prozeß zog sich über mehrere Generationen hin, ehe Mitte des 16. Jahrhunderts gegen die Familie entschieden wurde.

Zu den vielen Rätseln des Christoph Kolumbus gehört auch seine letzte Ruhestätte. Ursprünglich im Franziskanerkloster von Valladolid begraben, hat man den Leichnam einige Jahre später nach Sevilla und von da wiederum nach Santo Domingo auf der von ihm entdeckten Insel Hispañola gebracht. Als die Insel 1795 von französischen Truppen besetzt wurde, führten die abziehenden Spanier den Sarg ihres Nationalhelden nach Havanna. Einige Jahre später, als dann Kuba seine Unabhängigkeit erklärte, gingen die sterblichen Überreste des Admirals zurück nach Europa. Seit 1899 ruhen sie wieder in Sevilla.
Angeblich. Denn ganz sicher ist das nicht. Behauptet doch die Regierung der heutigen Dominikanischen Republik, der Leichnam des Entdeckers hätte Santo Domingo niemals verlassen. Ebenso wie man in Valladolid meint, Kolumbus' Gebeine befänden sich immer noch in der Stadt, in der er gestorben ist.
Der rastlose Seefahrer hat also auch nach seinem Tod die (ewige) Ruhe nicht gefunden.

Für die einen ist er als Held in die Geschichte eingegangen, für die anderen als Sklaventreiber und Menschenverächter. Aus heutiger

Sicht war er wohl letzteres, früheren Generationen mag er eher als Held erschienen sein.
Fest steht, daß Kolumbus ein Produkt seiner Zeit war. Und es war eine verdammt grausame Zeit.

TRAUMFABRIKEN

Aus den Filmmetropolen

Von Kopf bis Fuß auf Kino eingestellt

Die Ufa

Der Wiener Regisseur Josef von Sternberg war ins Berliner Lustspielhaus gekommen, um sich einen jungen Schauspieler namens Hans Albers anzusehen, der ihm für eine kleine Rolle seines nächsten Films empfohlen wurde. Albers hat die Rolle auch bekommen, aber die eigentliche Entdeckung, die Sternberg an diesem Abend in dem kleinen Operettentheater machte, hieß ganz anders. Sie hieß Maria Magdalena von Losch. Und nannte sich Marlene Dietrich.

Sternberg war 1930 von der Ufa engagiert worden, um den Tonfilm »Der blaue Engel« zu drehen. Der Regisseur ist begeistert von Marlene Dietrich, ist sie doch genau die laszive Nachtklubtänzerin »Lola-Lola«, die den großen Emil Jannings als Professor Unrat verführen und ins Verderben stürzen soll.

Doch die Ufa protestiert, die Direktoren halten Marlene für »ordinär« bis »untalentiert« und weigern sich, eineinhalb Millionen Mark in ein Filmprojekt zu stecken, dessen Hauptdarstellerin kein Mensch kennt. Erst als Sternberg droht, »ohne Frau Dietrich diesen Film nicht zu drehen«, stimmen die Herren von der Ufa zähneknirschend zu. Und sie haben es nicht bereut. Das Publikum tobt vor Begeisterung, als die Dietrich mit unvergleichlichem Timbre »Ich bin von Kopf bis Fuß auf Liebe eingestellt« singt, gleichzeitig auf einem Faß sitzend die Beine übereinander schlägt und damit die Blicke auf ihre schwarzen Seidenstrümpfe und eine Handbreit weißen Fleisches lenkt. Ein Höhepunkt der Ufa-Geschichte.

Ufa. Teurer Glanz und prächtige Roben. Galapremieren und Starrummel, eine Parade der beliebtesten Schauspieler des deutschen Sprachraums. Von Marika Rökk über Zarah Leander bis Hildegard Knef. Von Gustav Fröhlich über Heinz Rühmann, Willy Birgel bis

Johannes Heesters. Und immer wieder Lilian Harvey und Willy Fritsch, die einander einfach »kriegen« mußten, auch wenn das Publikum enttäuscht war, als es den Zeitungen entnahm, daß die beiden »in Wirklichkeit gar nichts miteinander haben«.

In ihrer Glanzzeit die größte Filmproduktionsstätte Europas, entstehen auf dem 480000 m^2 großen Ufa-Gelände in Berlin-Neubabelsberg Klassiker wie »Dr. Mabuse«, »Madame Dubarry«, »Metropolis« oder »M – eine Stadt sucht einen Mörder«, aber auch Unterhaltung wie »Die Drei von der Tankstelle« und »Der Kongreß tanzt«. Gezeigt werden sie in mehr als 120 Ufa-Filmpalästen und -Kinos in ganz Europa. Österreicher wie Willi Forst, Paul Hörbiger, Luise Ullrich oder Rudolf Prack zählten zur Ufa-Elite. Und Wiener Regisseure haben in Berlin Filmgeschichte geschrieben: Neben Sternberg, der die Dietrich entdeckte, auch noch Fritz Lang, Billy Wilder und G. W. Pabst.

Aufstieg und Fall liegen in der Traumfabrik dicht beisammen. In den Tagen, als Marlene Dietrich weltberühmt wird, geht ein anderer Ufa-Star buchstäblich vor die Hunde: Jahrelang zählte Bruno Kastner zu den Lieblingen des Stummfilms. Frauen lagen ihm zu Füßen, Männer wollten sein wie er, doch als Ende der zwanziger Jahre der Ton zum Film kam, lachte ihn das Publikum aus, weil er eine Fistelstimme hatte. Der einstige Publikumsmagnet geht auf Tournee durch die Provinz. In Bad Kreuznach erhängt er sich nach der Vorstellung. Er hat den Abstieg vom Star zum Tingeltangelkünstler nicht verkraftet.

Aufstieg und Fall. Die Ufa, Abkürzung für »Universum Film AG«, sollte Europas Antwort auf Hollywood sein, ein Filmkonzern, in dem Kitsch, Kunst und Kommerz gleichrangig regieren. Und noch ein »K« spielt bei der Ufa eine Hauptrolle: Krieg! Gleich zwei Kriege sind es, die ihre Geschichte bestimmen. Gegründet im Ersten, 1917, um die Soldaten an der Front mit Stummfilmen aufzumuntern, führt der Zweite Weltkrieg zur Blüte der Ufa. Hitler und sein Propagandachef Goebbels haben die Bedeutung des Films zur Verbreitung ihrer Wahnideen erkannt. Die Ufa wird zum wichtigsten Sprachrohr des Dritten Reichs. Nicht nur auf direktem Weg, durch Ufa-Wochenschauen und Durchhaltefilme, sondern auch via scheinbar harmloser Unterhaltung. Da für die Schlachtfelder Nachwuchs gesucht wird, werden Drehbücher in Auftrag gegeben, die kinderreiche Familien verherrlichen. Hitler läßt sich im Film mit Friedrich dem Großen vergleichen, Österreicher werden als charmante, aber faule »Ostmärker« gezeigt. Paul Hörbiger sagte nach dem Krieg: »Wir Schauspieler haben die Zusammenhänge nicht verstanden. Man hat unsere Popularität für die schmutzige Sache benutzt, mißbraucht.«

Je schlechter es den Menschen geht, desto größer ist ihr Bedürfnis, unterhalten zu werden. Also erlebt der deutsche Film während des Zweiten Weltkriegs einen Höhenflug. Kein Wunder: Die Nazis investieren gleichzeitig in Rüstung und Film. Amerikanische Filme sind verboten, es gibt keine Konkurrenz. Und die Menschen sind glücklich, durch ihre Lieblinge abgelenkt zu werden, für zwei Stunden vergessen zu können, daß der eigene Mann im Feld, der Sohn vielleicht schon gefallen ist.

Geld spielt keine Rolle. Hans Albers – im »Blauen Engel« noch in einer Nebenrolle zu sehen, inzwischen einer der ganz großen Ufa-Stars – dreht 1943 als »Münchhausen« einen der aufwendigsten Filme aller Zeiten. Der Lügenbaron reitet auf einer Kanonenkugel, und Hunderte Statisten sind glücklich, sich im Studio tummeln zu dürfen, statt für den »Führer« in den Krieg zu ziehen. Die Kosten des Films: 25 Millionen Reichsmark.

Mit dem Dritten Reich geht auch die Ufa unter. Die riesigen Ateliers wurden nach 1945 von der ostdeutschen »Defa« übernommen, in der nun zum Teil schon wieder Propagandafilme entstanden – diesmal im Auftrag von Ulbricht, Honecker & Co.

Die Ufa-Anteile, die Westdeutschland zugefallen waren, wurden in den sechziger Jahren liquidiert, die Filmrechte an Privatfirmen verkauft. Die heute noch existierende Ufa-Fernsehproduktion befindet sich im Besitz des Bertelsmann-Verlags und hat mit dem alten Filmkonzern so gut wie nichts zu tun.

Und dennoch gibt es Hoffnung für eine neue Ufa, wird doch seit dem Fall der Berliner Mauer an der Privatisierung der ehemals ostdeutschen Produktionsstätten gearbeitet.

Die Zeiten freilich, da wir von Kopf bis Fuß auf Kino eingestellt waren, gehören wohl seit langem schon der Vergangenheit an.

Hollywood

– und was davon übrigblieb

Unterwegs vom Hotel zum Hollywood Boulevard hab' ich mir ausgemalt, wie's sein wird: Auf der einen Straßenseite kommt mir Traumfrau Bo Derek entgegen, vis-à-vis, in einer kleinen Pizzeria, vor der Paul Newman gerade seinen Wagen parkt, geben sich Barbra Streisand und Robert Redford ein Stelldichein, um alte Erinnerungen aufzufrischen. Immerhin, ich bin in Hollywood, der Weltmetropole des Films, der Stars und ihrer Affären. Jedoch: Freunde in Deutschland und in Österreich, die Traumfabrik ist ein einziger Schmäh, der weltberühmte Hollywood Boulevard eine lange, schmutziggraue Straße, in der Prostitution und Rauschgifthandel blühen. In den Premierenkinos werden längst keine Premieren mehr gezeigt, sondern Sex und Porno. Ich sehe weit und breit kein Filmstudio, kein Star dieser Welt würde sich nach Hollywood verirren.

Das also ist die Traumfabrik heute. Enttäuschend, deprimierend, bedeutungslos. Die Geschichte des Vororts von Los Angeles ist freilich ebenso aufregend-phantastisch-spannend-brutal-glitzernd wie die Filme, die hier einmal gedreht wurden.

Am Anfang stand kein Star. Ein alter, kranker Mann vielmehr, den das kalte Chikago ins sonnige Kalifornien getrieben hatte. Er hieß Mr. Wilcox, war wohlhabend und kaufte am Rand des damals unbedeutenden Städtchens Los Angeles ein paar brachliegende Grundstücke. Irgendwann war das zum Preis von wenigen Dollars erworbene Land so groß, daß die Stadtverwaltung diesem Gebiet einen Namen geben mußte. Mr. Wilcox selbst sollte ihn finden, da er der Eigentümer war. Sein Landhaus bei Chikago hatte er seinerzeit »Hollywood« genannt, denn dort waren Stechpalmen gepflanzt, sogenannte »Holly-Trees«. Da ihm nichts Besseres einfiel, gab er jetzt dem neubebauten Landstrich bei Los Angeles denselben Namen. Das war im Jahre 1887.

Während Mr. Wilcox und seine Farmer im südkalifornischen Hollywood Orangen pflanzten, entstanden die ersten Filme. Aber ganz woanders, in New York, Paris, Berlin. Ja selbst Wien war früher dran als Hollywood. Dessen Geburtsstunde als Filmmetropole schlug erst, als einem New Yorker Regisseur im Jahre 1904 der Kragen platzte: Jeder zweite Drehtag fiel ins Wasser, weil es regnete, stürmte, schneite. Die Rettung hieß Kalifornien, das Land der ewigen Sonne. Mit seinem Filmteam zog er ins Hollywood des Mr. Wilcox.

Die Orangenfarmer hatten überhaupt keine Freude, als sich hier immer mehr Filmleute niederließen, sie sahen die Schauspieler als nichtsnutziges Gesindel mit liederlichem Lebenswandel an, selbst Charlie Chaplin, Harold Lloyd und Buster Keaton hatten in ihren ersten Jahren darunter zu leiden. Niemand dachte daran, daß die »Zigeuner vom Film«, wie man sie nannte, dereinst den Namen Hollywood in alle Welt tragen sollten.

In der Wahl der Mittel, Hollywood und seine Stars berühmt zu machen, war man von Anfang an nicht zimperlich. Der Regisseur Carl Laemmle hatte im Jahre 1910 einen Stummfilm gedreht, der zunächst keinen Menschen ins Kino lockte. Also ließ er einer Zeitung die Meldung zukommen, seine Hauptdarstellerin Florence Lawrence sei »von einem Straßenbahnwaggon getötet worden«. Da sich die Schauspielerin bester Gesundheit erfreute und Laemmle mit ihr einen weiteren Film drehen wollte, dementierte er den Zeitungsbericht wenige Tage später empört als »ärgste und dümmste Lüge des Jahrhunderts«. Der Name der bis dahin völlig unbekannten Schauspielerin war plötzlich in aller Munde, das Publikum stürmte ins Kino, der Starrummel setzte ein und mit ihm die professionelle Filmpropaganda.

Da sich dieses System der Publicity bewährt hatte, machte man munter weiter. Die Tragödien mußten freilich nur so lange erfunden werden, bis sie von der schaurigen Realität abgelöst wurden: In keiner Stadt der Welt spielen Alkohol, Drogen, krankhafter Ehrgeiz und Eifersucht eine derartige Rolle wie in Hollywood. Marilyn Monroe, Natalie Wood, Judy Garland, Sharon Tate sind nur die prominentesten Opfer. Und auch Florence Lawrence, die den erfundenen Straßenbahnunfall glücklich überstanden hatte, endete tragisch: der Stummfilmstar konnte beim Tonfilm nicht Fuß fassen und nahm sich das Leben.

Wenn gerade keine Tragödie zur Hand war, lockte man mit einem anderen »T« ins Kino: »T« wie Tratsch. Ob Charlie Chaplin in einem Vaterschaftsprozeß vor Gericht stand, Gloria Swanson zum sechsten Mal heiratete, Richard Burton die Taylor gerade schlug oder liebte, war egal: Hauptsache sie sorgten drei Tage vor der Premiere für Schlagzeilen.
Nicht zu vergessen das dritte »T«: die Traumwelt. Reicher Prinz liebt schönes Mädchen hat man dem Publikum so lange vorgespielt, bis auch das eintraf, als nämlich Grace Kelly die Fürstin von Monaco wurde.
Ein Filmatelier nach dem anderen siedelte sich in den zwanziger und dreißiger Jahren in Hollywood an. MGM, United Artists, Paramount, Century Fox, Universal und wie sie alle hießen. Da Filmproduzenten in erster Linie Geschäftsleute sind und die einst spottbilligen Grundstücke des Mr. Wilcox infolge der Traumfabrik Traumpreise erzielten, verkauften sie ihre Studios, um sich in anderen Bezirken von Los Angeles anzusiedeln, in Burbank, Westwood, Culver City, die kein Mensch kennt, aber heute die wahren Filmmetropolen sind. Kaum waren die Studios weg, übersiedelten auch die Stars. Ins nahe Beverley Hills, nach Bel Air und Malibu. Seither ist Hollywood tot, ein uninteressantes Nest, das in der Scheinwelt seiner glitzernden Vergangenheit lebt. Geblieben ist der Mythos, der auch aus Meryl Streep und Sylvester Stallone, den modernen Leinwandhelden, »Hollywood-Stars« machte, obwohl sie mit diesem schmutzigen Vorort überhaupt nichts zu tun haben. Teile Hollywoods sind heute Slums, Armenviertel, in denen Armenier, Koreaner und Südamerikaner ihr Leben fristen.
Die Namen der Stars findet man nur noch an zwei Plätzen: Neben den berühmten, in Zement eingegossenen Messingsternen vor Grauman's Chinese Theatre und am Hollywood Memorial Park, dem Friedhof der einstigen Filmmetropole. Hier haben Rudolpho Valentino, Douglas Fairbanks, Tyronne Power und Marilyn Monroe ihre letzte Ruhe gefunden.
Hollywoods Geschichte wäre freilich unvollständig, vergißt man die Namen der Europäer, die das Filmgeschehen prägten.

Hollywood in Rot-Weiß-Rot

Österreicher in der Filmmetropole

Die Behauptung, Hollywood könnte ohne Österreich nicht existieren, ist pure Übertreibung. Denn Marilyn Monroe stammt leider nicht aus Attnang-Puchheim und Cary Grant nicht aus Gumpoldskirchen. Keineswegs übertrieben ist jedoch die Behauptung, daß österreichische Schauspieler und Regisseure für den Erfolg einiger der besten Filme Hollywoods verantwortlich sind. Und daß sie die amerikanische Filmindustrie mitgeprägt haben. Hollywood wäre nicht Hollywood, hätte der Österreicher Billy Wilder nicht »Manche mögen's heiß« oder »Irma la Douce« gedreht. Hätten Otto Preminger nicht »Exodus« und Fred Zinnemann nicht »High Noon« gedreht. Aber auch österreichische Schauspieler wie Hedy Lamarr und Peter Lorre haben Amerikas Traumfabrik beeinflußt. Ebenso wie der aus Österreich stammende Hollywoodstar Paul Henreid, der mit »Casablanca« weltberühmt wurde.

Henreid, im Jahre 1908 als Baron von Hernried in der österreichisch-ungarischen Monarchie zur Welt gekommen, ist ein Herr der alten Schule. »Oh ja, die Österreicher haben den amerikanischen Film enorm beeinflußt«, sagt er. »In der Frühzeit von Hollywood waren Gestik und Mimik schrecklich übertrieben. Bis Fritz Lang und Billy Wilder dem amerikanischen Film zu realistischen Szenen, zu Witz und Erotik verhalfen. Ihre europäische Herkunft und Erziehung, die Schule Max Reinhardts, haben dabei eine große Rolle gespielt.«

Und Henreid schildert, wie er selbst die Handlung eines ganz berühmten Hollywoodfilms beeinflußt hat: »Ich erhielt 1942 das Angebot, die Rolle des Victor Laszlo in ›Casablanca‹ zu spielen, aber das Buch gefiel mir gar nicht. Ich übernahm die Rolle unter der Bedingung, daß die Handlung geändert würde. In der ursprünglichen Fassung sollte mich Humphrey Bogart am Ende des Films niederschießen, daraufhin mit Ingrid Bergman ins Flugzeug steigen und im Nebel verschwinden. Ich lehnte diese Szene als unrealistisch und kitschig ab. Und so kam es, daß ich – statt zu sterben – mit

Ingrid Bergman, die meine Frau spielte, über Lissabon nach Amerika flog.« Ein – realistisches – Ende, das zweifellos zum ungeheuren Erfolg von »Casablanca« beitrug. Regisseur des Oscargekrönten Films war übrigens Michael Curtiz, der als Michael Kertesz ebenfalls im alten Österreich-Ungarn geboren wurde.

»Österreichische Regisseure haben Hollywood mitgeprägt«, bestätigt Dr. Cornelius Schnauber, Professor für deutsche Literatur an der Universität von Südkalifornien. »Der Wiener Eric von Stroheim hat in Hollywood die sozialkritische Handlung etabliert, Fritz Lang war der erste, der im Kriminalfilm Verbrechen analysierte und den Motiven der Täter nachging. Und er war es, der den Übergang vom Stummfilm zum Tonfilm meisterhaft vollzog.«

Der Österreicher Billy Wilder – neben Alfred Hitchcock Hollywoods erfolgreichster Regisseur – stellt für Professor Schnauber »eine geniale Mischung aus Wiener Charme, Berliner Witz und jüdischer Melancholie dar. Er hat diese drei wichtigen Elemente des amerikanischen Films in Hollywood eingeführt.« Ebenso wie Wilders Kinoklassiker bescherten auch die Filme der gebürtigen Wiener Fred Zinnemann (»Verdammt in alle Ewigkeit«) und Otto Preminger (»Laura«) Hunderten Millionen Menschen in aller Welt Sternstunden.

Weniger erfreulich als das Ergebnis ihrer Tätigkeit war in vielen Fällen das Motiv der Emigration. Professor Schnauber teilt den Zustrom der Hollywood-Legenden aus Österreich in drei Abschnitte:

Zur Jahrhundertwende kamen die Wiener Filmpioniere Eric von Stroheim und Josef von Sternberg.

In den zwanziger Jahren folgten Fred Zinnemann sowie Joe Pasternak, der dann Produzent einiger der ganz großen Sinatra-, Gene-Kelly- und Doris-Day-Erfolge war.

Und schließlich jene Österreicher, die 1938 von den Nazis aus ihrer Heimat vertrieben wurden. Zu ihnen zählen die Regisseure Fritz Lang (»Rache für Jessy James«), Otto Preminger (»Anatomie eines Mordes«), Billy Wilder (»Reporter des Satans«, »Zeugin der Anklage«, »Extrablatt«), der Produzent und Oscar-Preisträger Sam Spiegel (»African Queen«, »Die Brücke am Kwai«, »Lawrence von Arabien«) sowie der Drehbuchautor und Oscar-Preis-

träger Walter Reisch (»Untergang der Titanic«, »Das Haus der Lady Alquist«).
Eine besondere Ironie des Schicksals war es, daß jüdische Schauspieler aus Österreich wie Fritz Kortner und Ernst Deutsch in der Filmmetropole die Nazis spielen mußten, von denen sie aus der Heimat vertrieben wurden. Denn sie waren in Hollywood die einzigen, die den deutschen Akzent beherrschten.
Die bekanntesten Hollywood-Stars mit österreichischen Vorfahren sind Fred Astaire und Johnny Weissmüller. Der Vater des genialen Filmtänzers hieß Austerlitz und stammte aus Eisenstadt, die Eltern des »Tarzan«-Helden waren aus Wien in die USA eingewandert.
Nach 1945 machten sich Oskar Werner, Senta Berger, Klaus Maria Brandauer und Arnold Schwarzenegger in der Metropole des amerikanischen Films einen Namen.

PS: Paul Henreid starb im April 1992.

Wer war Onkel Oscar?

Die Geschichte der begehrtesten Statue der Welt

Frank Sinatra hat ihn und Karl Malden, Barbra Streisand und Gregory Peck, Liza Minnelli und Charlton Heston.
Oscar. So heißt das Zauberwort aller Filmschaffenden dieser Welt.
Den Rennerpreis hat man nach Karl Renner benannt, den Nobelpreis nach Alfred Nobel. Aber wer, zum Teufel, war Oscar?
Filmstar? Regisseur? Produzent?
Keine Spur, Oscar war Onkel und sonst gar nichts. Ein Mr. Oscar Pierce hatte eine Nichte namens Margaret, von Beruf Bibliothekarin an der Filmakademie von Los Angeles, als der Award (= Preis), wie man ihn damals hochseriös nannte, zum drittenmal verliehen wurde. »Oh«, sagte Margaret, als sie die 34 Zentimeter hohe Bronzestatue mit 14karätigem Goldüberzug erstmals sah, »der sieht ja aus wie mein Onkel Oscar.«

Und seit damals trägt der wertvollste Filmpreis der Welt den Namen ihres Onkels. So leicht kann man in Hollywood berühmt werden. Hätte Mr. Pierce Hugo geheißen, wer weiß, vielleicht hieße Oscar heute Hugo.
Ein deutscher Schauspieler war es, der den uramerikanischen Preis als erster einstreifen durfte: Emil Jannings war am 16. Mai 1929 für zwei Stummfilme ausgezeichnet worden. Wie uninteressant das damals war, erkennt man an der Tatsache, daß Jannings nicht einmal zur Preisverleihung kam. In panischer Angst vor dem neuen Tonfilmzeitalter war er in seine in Strobl am Wolfgangsee gelegene Villa geflüchtet, wohin ihm die kleine Statue dann nachgeschickt wurde.
Die »Academy of Motion Picture«, die den Preis vergibt, wurde Mitte der zwanziger Jahre auf Initiative des MGM-Moguls Louis B. Mayer als Gegenorganisation zu den immer mächtiger werdenden Gewerkschaften geboren. Alle großen Schauspieler, Regisseure und Produzenten vereinigten sich in der »Academy«, darunter die Warner Brothers, Cecil B. De Mille und der Stummfilmstar Harold Lloyd.
Als Werbegag sollte die »Academy« Preise vergeben. Je einen für die beste schauspielerische Leistung, für Regie, Kamera, Musik, Ausstattung und was sonst noch alles zum Kino gehört.
Hollywood wäre nicht Hollywood, hätte der erste Skandal allzu lange auf sich warten lassen. Als nämlich ein Jahr nach Jannings der Stummfilmstar Mary Pickford den Oscar erhielt, sprach man von Schiebung, denn die Schauspielerin war mit Douglas Fairbanks, dem ersten Aufsichtsratspräsidenten der »Academy«, verheiratet.
Der Skandal war's aber, der die in den USA alles entscheidende Publicity brachte. Und jetzt erst war der schwerttragende Ritter berühmt.
Je populärer er wurde, desto mehr stand er freilich auch im Mittelpunkt der Kritik. Man fragt sich, warum Greta Garbo, Marlene Dietrich, Jean Harlow oder Marilyn Monroe – die größten Göttinnen Hollywoods – nie gekürt wurden. Und warum Charlie Chaplin, der das Medium Film schon in den frühen zwanziger Jahren revolutioniert hatte, seinen Oscar erst mit 82 bekam.

Auch gingen in der Anfangsphase spätere Klassiker leer aus, zweitklassige Schinken wurden aber prämiiert. Des Rätsels Lösung war das damalige Übergewicht der Produzenten in der Jury, die mehr auf die kommerziellen Chancen als auf die Qualität eines Films achteten.
Erst seit die Mehrheit der amerikanischen Filmschaffenden stimmberechtigt ist, ist die Wahl demokratisch. Einzelne können zwar Stimmung machen, aber bei 4000 Mitgliedern sind auch die Produzenten nur eine Gruppe wie alle anderen.
Gibt es – wie in der Anfangsphase – auch keine Bestechungen mehr, skandalträchtig blieb der Oscar weiterhin. John Wayne versuchte etwa 1960 die Juroren mit ihrem Patriotismus zu erpressen, als er inserierte: »Wenn Sie nicht für meinen Film ›The Alamo‹ stimmen, sind Sie kein guter Amerikaner.« Marlon Brando (»Der Pate«) und Woody Allen (»Der Stadtneurotiker«) weigerten sich, den ihnen verliehenen Award in Empfang zu nehmen. Und als David Niven 1974 einem Kollegen die Statue überreichen wollte, flitzte ein nackter Mann vor 300 Millionen Fernsehzeugen über die Bühne. Frank Sinatra ließ seine Verleihung zu einer republikanischen Wahlkundgebung werden, und Vanessa Redgrave nützte die Publicity für ihr Palästina-Engagement.
Ein Oscar kostet in der Produktion keine 3000 Schilling, aber wert ist er ein Vermögen. Oscar-Filme spielen Millionen ein, prämiierte Schauspieler kassieren danach bis zum Zehnfachen ihrer bisherigen Gage.
Als 1950 der erste Oscar für den »besten ausländischen Film« vergeben wurde, war auch das ein Produkt von Intrigen. Denn im Jahr davor wurde »Hamlet« mit Laurence Olivier zum besten Film gewählt, worauf Hollywoods Produzenten tobten, da der Preis – und damit das große Geld – nach Europa ging. »Amerika hat England geholfen, den Krieg zu gewinnen«, kommentierte ein Filmboß trocken, »aber daß wir ihnen auch noch helfen, unsere Oscars zu gewinnen, muß ja nun wirklich nicht sein.«

Der Regie-Sir

Gespräch mit Billy Wilder

> *»Die beiden bedeutendsten Wörter der Filmindustrie sind Billy und Wilder.«*
>
> ALFRED HITCHCOCK

»Wenn man so alt ist wie ich«, schießt Billy Wilder los, »kann man lügen, soviel man will. Es lebt sowieso kein Mensch mehr, der das Gegenteil behaupten könnte.« Die Pointe sitzt, als hätte er sie für einen Dialog zwischen Jack Lemmon und Walter Matthau geschrieben. Die spielten unter seiner Regie ebenso wie die Monroe, die Dietrich, Gary Cooper und Kirk Douglas. Drunter macht er's nicht. Von 100 Hollywoodjahren hat der gebürtige Österreicher mehr als 50 miterlebt, die große Zeit der Traumfabrik geprägt, ja beherrscht. Denn am Erfolg seiner Filme wurden alle anderen gemessen.

»Einerseits heißt es, Hollywood ist tot«, setze ich zu einer Frage an, »auf der anderen Seite ...«

»... hört man immer wieder vom erfolgreichsten Film aller Zeiten. Da kann doch was nicht stimmen, meinen Sie.«

Als gelernter Journalist, der Mitte der zwanziger Jahre für die Wiener Zeitung »Die Stunde« an einem Tag Sigmund Freud, Richard Strauss und Arthur Schnitzler interviewte, kennt er meine Fragen mindestens so gut wie seine Antworten.

Reporter und Gesprächspartner in Personalunion, führt er das Interview in Beverley Hills, dem Nobelbezirk von Los Angeles, bravourös weiter. »Beides ist wahr. Hollywood ist tot, und es werden die erfolgreichsten Filme aller Zeiten gedreht. 90 Prozent der Filme, die heute produziert werden, spielen ihr Geld nicht ein, acht Prozent machen ein bißchen Geld. Und zwei Prozent sind der größte Erfolg aller Zeiten. Sie wollen wissen, was sich sonst noch geändert hat?«

»Ja.«

»Alles. Da waren einmal die mächtigen Produktionsfirmen. Paramount hatte 100 Schriftsteller unter Vertrag, bei MGM waren Clark Gable, Spencer Tracy, Joan Crawford fix engagiert und haben jedes Jahr drei Filme gedreht. Heute ist kein Mensch mehr unter Vertrag. Sylvester Stallone, Robert Redford, die machen alles selber, sie schreiben, produzieren, inszenieren, schneiden ihre Filme. So wie wir ja auch keine Komponisten mehr brauchen, seit die Popstars komponieren.«

»Die heutigen Stars sind also ...«

»... intelligenter, weil sie alles allein schaffen? Keine Spur. Sie machen sich nur *noch* mehr wichtig als die früheren Stars. Und sie wollen das ganze Geld selber einstreifen.«

Meine nächste *nicht* gestellte Frage: »Mr. Wilder, Sie haben praktisch mit allen Großen gedreht, von Audrey Hepburn über Maurice Chevalier bis Shirley MacLaine. Können Sie die Faszination erklären, die solche Persönlichkeiten auf das Publikum ausüben?«

»Wir nennen es das Element X, das Unbekannte«, sagt er, »wüßten wir, wie man einen Star erzeugt, wären wir Milliardäre. Man sieht ein interessantes Gesicht, dreht einen Film und hat keine Ahnung, ob's ankommt. Erst auf der Leinwand erkennt man: Der ist phänomenal oder der ist eine Null. Nur soviel steht fest: Der Film, ich meine das Material, muß ihn lieben.«

»Andere Kriterien gibt's nicht?« nütze ich die Zehntelsekunde, in der er sich eine dicke Zigarre anzündet. Wilder pafft und spricht: »Schauen sie, früher einmal, da mußten die Stars schöne Menschen sein, aber das ist vorbei. Ist ein Schauspieler heute 1,80 groß und gerade gebaut, dann lebt er in der falschen Zeit. Ein Buckliger kann viel eher ein Star werden. Er muß nur irgendwas haben. Wie Robert De Niro oder Dustin Hoffman – im Moment sind die Zwerge modern.«

»Wieso das so ist?« fragt er sich, »naja, damit wird dem Publikum suggeriert, wenn der nicht schön ist, muß er was Interessantes haben. Wann erscheint das Interview?«

»Nächste Woche.«

»Da kann das schon wieder ganz anders sein.«

Wie in seinen Filmen läßt Billy Wilder auch hier, in seinem Büro, nur wenige Meilen vom alten Hollywood entfernt, keinen Augenblick ungenützt vergehen. Während er erzählt, hebt er den Telefonhörer ab, wählt Nummern, legt auf, verläßt den Schreibtisch, holt ein Buch aus dem Regal, setzt sich nieder, fragt, was es in Wien Neues gibt, putzt einen Oscar, spricht von geplanten Filmprojekten, über die man noch nicht sprechen kann. Und das alles auf deutschamerikanisch mit Josefstädter Einschlag.

»Es gibt ja jetzt wieder einen österreichischen Schauspieler, der in Hollywood Karriere gemacht hat. Wie heißt er?« fragt Billy Wilder.

»Schwarzenegger«, antworte ich.

»Nein, ich mein den ernsten, nicht den starken.«

»Brandauer.«

»Oh yes, aber das ist eine Ausnahme. Das Glück von Hollywood ist die Sprache, Englisch ist international. Sie können heute der größte Poet der Welt sein, wenn Ihre Muttersprache Bulgarisch ist, bekommen Sie den Nobelpreis mit 93 oder wahrscheinlich gar nicht.«

Billy Wilders Muttersprache ist Deutsch, und er hat immerhin sechs Oscars eingestreift. 1906 im damals österreichischen Galizien als Sohn eines Hoteliers geboren, besuchte er in Wien das Realgymnasium, wurde Sport- und Kriminalreporter, ging dann als Eintänzer nach Berlin und verfaßte dort seine ersten Drehbücher. 1933, nach der Machtergreifung Hitlers, emigrierte er über Frankreich in die USA, wo er einer der originellsten und erfolgreichsten Regisseure wurde.

»Hollywood übt auf die Europäer immer noch die größte Faszination aus, es interessiert sie, was für Eisschränke, Möbel, Hüte die Amerikaner haben. Damit hat Hollywood nicht nur dem Film, sondern ganz Amerika Ansehen und Reichtum gebracht. Wie Amerika heute in der Welt dasteht, ist in erster Linie Hollywood zu danken. Aber das erkennen die in Washington natürlich nicht. Sie glauben, daß wir vom Film zuviel Geld verdienen und das Monopol besitzen, mit schönen Mädchen zu schlafen. Das ist bloßer Neid, sie hätten's selber gern.«

Während er Luft holt, hake ich ein. »Aber Präsident Reagan, der kam doch selbst aus Hollywood.«

»Reagan? Mit dem hat das nichts zu tun, schuld ist die Administration. Außerdem war er in Hollywood dritte Garnitur. Wenn man den John Wayne und den Glenn Ford und den William Holden nicht bekommen hat, dann hat man den Reagan genommen. Ob ich ihn persönlich kenne? Ja, seine erste Frau Jane Wyman hat in meinem Film ›Verlorenes Wochenende‹ die Hauptrolle gespielt. Wie er ist? Durchaus sympathisch, aber er war hier einer von Tausenden Schauspielern, über die man sich keine besonderen Gedanken gemacht hat. Wer hätte gedacht, daß der einmal Präsident der Vereinigten Staaten wird? Kein Mensch!«

Und dann aus dem Blickwinkel des Regisseurs: »Für einen Politiker ist er ein guter Sprecher. Nicht so elegant wie Kennedy, aber repräsentativer als Chruschtschow, er läßt sich gut fotografieren, Sie verstehen, was ich meine?«

»Ich verstehe«, wollte ich sagen, aber da hatte er sich schon wieder die nächste Frage gestellt: »Ob Hollywood Zukunft hat? Aber sicher! Der Stadtteil ist tot, aber die Filmindustrie, die lebt weiter. Es heißt immer, das Fernsehen macht *alles* kaputt. Sehen Sie, das stimmt überhaupt nicht. Klopapier zum Beispiel wird es trotz Fernsehen immer geben. Kennen Sie die Buchfeldgasse in Wien? Dort hab' ich gewohnt. Der Stoff von Ihrem Anzug ist sicher nicht billig, wie ich damals Journalist war in Wien, hätt' ich mir den nicht leisten können, freut mich, daß sich die Zeiten geändert haben. Ich muß jetzt zum Zahnarzt, der kommt eigens für mich angeflogen, aus San Diego. Auf Wiedersehen.«

»Auf ...« Weg ist er.

Es war wie im Kino. Buch und Regie: Billy Wilder.

POLITISCH' LIED …

Zwischen gestern und heute

Österreich war die Nr. 1

Der Marshallplan

Im Jahre 1947 wurde der Marshallplan geboren, jene einzigartige Finanzhilfe, die uns das Überleben in den schwersten Zeiten ermöglichte. »Vielleicht hätten wir's auch allein geschafft«, meint der damalige Außenminister Dr. Karl Gruber, der das Abkommen für Österreich unterzeichnete, »aber der Wiederaufbau hätte mindestens doppelt so lange gedauert.«

Auf dem Programm des 5. Juni 1947 stand, wie es zunächst schien, ein Ereignis von eher lokaler Bedeutung: Dem damals 67jährigen amerikanischen Außenminister George C. Marshall wurde von der renommierten Harvard-Universität in Boston die Ehrendoktorwürde verliehen. In seiner Dankesrede entwickelte Marshall freilich eine Idee, die Geschichte machen sollte: »Wenn Europa zugrunde geht«, warnte er, »dann ist das auch eine Bedrohung für die USA. Wollen wir das verhindern, müssen wir den europäischen Staaten eine großzügige Wirtschaftshilfe anbieten, die es ihnen ermöglicht, die verheerenden Kriegsschäden zu überwinden.«

Tatsächlich lagen in Europa Siegermächte wie Besiegte zwei Jahre nach Kriegsende immer noch in Schutt und Asche. Der eisige Nachkriegswinter 1946/47 war vorübergegangen, aber auch der Frühling ließ wenig Gutes erwarten: Österreich sah einer Katastrophenernte entgegen, und das durch die Kriegsereignisse vollkommen zerstörte Land verfügte weder über Kohle noch über Gas oder Elektrizität. Ein Großteil der Fabriken war verwüstet, der Personenverkehr der Bahn eingestellt, Schulen und Theater geschlossen, Geschäfte leer, die Bevölkerung hungerte.

In dieser aussichtslosen Situation erschienen die Worte George Marshalls als Rettungsanker. Immerhin war Amerika das reichste Land der Welt, die einzige Großmacht, deren Wirtschaft nicht zerstört war.

Dr. Gruber war einer der ersten, der von George Marshalls Idee erfuhr. Schon bei der Moskauer Außenministerkonferenz – wenige Wochen vor der legendären Harvard-Rede – hatte Marshall seinem Ressortkollegen aus Österreich anvertraut: »Wir haben den Plan, Europa auf die Beine zu helfen, weil wir der Ansicht sind, daß es gefährlich wäre, einem kranken Mann ein Gewehr um die Schulter zu hängen.«

Der »kranke Mann« war Europa, und Gruber stellte sofort die Frage, ob der Plan auch für Österreich gelten würde.

Marshalls Antwort kam wie aus der Pistole geschossen: »Selbstverständlich, Österreich ist dabei!«

Trotz dieser Zusage hätten wir uns beinahe zu früh gefreut, denn US-Präsident Harry S. Truman legte dem Kongreß ein Gesetz vor, das Österreich als Nutznießer des Marshallplans praktisch ausschloß. »Das Hilfsprogramm sollte nur jenen Ländern zugute kommen, in denen amerikanische Inspektoren die Verteilung der Gelder kontrollieren konnten«, erinnert sich Gruber. »Dies wäre bei uns – vor allem in der sowjetischen Zone – nicht zu realisieren gewesen.«

Gruber flog gemeinsam mit General Clark, des in Wien stationierten US-Hochkommissärs, nach Washington und erreichte eine eigens für Österreich geschaffene Gesetzesänderung: Die Österreicher durften die Verteilung der Güter in der Ostzone selbst kontrollieren.

In den Jahren 1948 bis 1953 überwies die amerikanische Regierung an Österreich eine Milliarde Dollar. Mit dieser ungeheuerlichen Summe wurden Kraftwerke, Straßen und Schienenwege errichtet, unsere verstaatlichte Industrie aufgebaut, die Landwirtschaft modernisiert. Hunderte Privatfirmen erhielten günstige Kredite des sogenannten ERP-Fonds, Zehntausende Arbeitsplätze wurden geschaffen. Österreichs gerade noch daniederliegende Industrieproduktion stieg jetzt im Jahresschnitt um 31 Prozent.

Die insgesamt – über ganz Westeuropa verteilten – 13 Milliarden Dollar waren ein echtes Geschenk, doch wußten die USA sehr wohl, daß das Geld gut investiert war: Europas neugeschaffene Finanzkraft belebte in erster Linie die amerikanische Wirtschaft, und außerdem war der Marshallplan die wirksamste Waffe gegen den befürchteten Vormarsch des Kommunismus. Das hatte auch Stalin erkannt, der Polen, Jugoslawien und die Tschechoslowakei – die ebenfalls gern am Marshallkuchen mitgenascht hätten – zurückpfiff, um diese Staaten vor einem »kapitalistischen Unterwerfungsversuch der USA« zu schützen. Dies war der Startschuß des »kalten Krieges«.

Das Marshallabkommen wurde in Paris unterzeichnet. 16 Staaten sollten von der Idee des amerikanischen Außenministers profitieren, darunter auch Großbritannien, Frankreich, Italien, Holland, Schweden, Belgien, Griechenland und die Türkei. Während Österreich bei den Verhandlungen im Palais Muette nahe des Bois de Boulogne bereits eigenständig vertreten war, durfte der deutsche Wirtschaftsminister und spätere Bundeskanzler Ludwig Erhard weder an den Verhandlungen noch an der Vertragsunterzeichnung teilnehmen, für ihn mußten die von den Besatzungsmächten gestellten Hochkommissäre »einspringen«.

»Wir wohnten im Pariser Hotel Bristol«, erzählt Gruber, »und immer, wenn ich abends von den Verhandlungen kam, forderte mich Erhard auf: ›Gruber, jetzt gehen wir noch einen heben‹, denn er wollte nur allzugern wissen, was den ganzen Tag über besprochen worden war.« Bei mehreren Gläsern Wein ließ sich der deutsche Politiker dann allabendlich durch seinen österreichischen Kollegen vom Verlauf der Gespräche informieren.

»Austria« war nicht nur auf der alphabetisch geführten Liste der Marshallplanstaaten die »Nr. 1«, das kleine Österreich lag auch im Spitzenfeld der Geldzuwendungen. Wir waren damals die Lieblinge der »Amis«, die die strategisch wichtige Lage unseres Landes sehr wohl zu schätzen wußten.

General Marshall, dem nach Verwirklichung seines genialen Plans der Friedensnobelpreis verliehen wurde, starb im Jahre 1959.

Politiker leben gefährlich

Attentate, die Geschichte machten

Politische Attentate ziehen sich wie ein roter Faden durch die Weltgeschichte. Die besondere Tragik unseres Jahrhunderts ist, daß die Mehrheit der politischen Opfer aufrechte Demokraten waren. Tyrannen sind meist besser geschützt.

In Österreich kamen politisch motivierte Attentate seltener vor als in anderen Staaten. Allerdings war es ein Österreicher, der dem vermutlich folgenschwersten Mordanschlag aller Zeiten zum Opfer fiel: das Attentat auf Erzherzog Franz Ferdinand am 28. Juni 1914 löste nicht nur den Ersten Weltkrieg aus, sondern brachte auch das Ende der österreichisch-ungarischen Monarchie. Die Tat des Gymnasiasten Gavrilo Princip in Sarajevo führte zu einer Verschiebung der europäischen Grenzen, die zum Teil heute noch Gültigkeit haben. Wagt man Spekulationen, könnte man sogar sagen, daß es nur durch den Untergang der alten Monarchien zur Machtergreifung Hitlers, zum Zweiten Weltkrieg und den grauenvollsten Verbrechen der Geschichte kommen konnte. All das wären die indirekten Folgen der Tat eines einzelnen Menschen!

Am 21. Oktober 1916 nimmt Österreichs Ministerpräsident Karl Graf Stürgkh im Speisesaal des Hotels »Meißel und Schadn« in der Kärntner Straße in Wien sein Mittagessen ein, als Friedrich Adler, der Sohn des Führers der Sozialdemokratischen Partei, Victor Adler, ins Lokal stürzt und auf den Politiker schießt. Mit der Ermordung Stürgkhs wollte Adler die Wiedereinsetzung des entmachteten Parlaments erreichen.

Aber politische Ziele ließen sich in unseren Breiten durch Attentate selten verwirklichen. Auch die Ermordung des österreichischen Bundeskanzlers Dr. Engelbert Dollfuß am 25. Juli 1934 brachte keineswegs den von den nationalsozialistischen Attentätern erhofften »Erfolg«, nämlich den Sturz der Regierung. Die Putschisten konnten vielmehr überwältigt und gefangengenommen werden, Kurt Schuschnigg wurde Nachfolger des ermordeten Bundeskanzlers. Zum Ende der Ersten Republik kam es dann knapp vier Jahre später.

Während in der Zwischenkriegszeit auch Bundeskanzler Ignaz Seipel bei einem Attentat schwer verletzt wurde, ist die geringe Zahl politischer Gewaltverbrechen im heutigen Österreich wohl Ausdruck einer kontinuierlichen Entwicklung der Zweiten Republik. Die schrecklichen Ausnahmen: Am 1. Mai 1981 verübten palästinensische Terroristen einen Mordanschlag auf den Wiener Stadtrat Heinz Nittel, bei dem dieser getötet wurde. Und im Oktober 1987 wurde der Kärntner Landeshauptmann Leopold Wagner durch mehrere Schüsse, die ein früherer Schulkollege gegen ihn gerichtet hatte, schwer verletzt.
Soweit die »österreichischen Attentate«. Die Vereinigten Staaten von Amerika verloren vier ihrer Präsidenten durch Mordanschläge: Abraham Lincoln, der sich mit aller Kraft für die Abschaffung der Sklaverei einsetzte und ein Vorkämpfer der Gleichberechtigung der Rassen war, wurde am 14. April 1865 während einer Theatervorstellung in Washington von einem Fanatiker erschossen. Ebenfalls durch Pistolenschüsse getötet wurden die US-Präsidenten James A. Garfield und William McKinley.

Die Ermordung von Präsident Lincoln im Theater

Die Stadt Dallas in Texas ist am 22. November 1963 Schauplatz des spektakulärsten Attentats unserer Tage: Präsident John F. Kennedy wird durch die Schüsse des Attentäters Lee Harvey Oswald getötet. Viereinhalb Jahre danach fällt sein Bruder Robert während seines Wahlkampfs für das Präsidentenamt den Schüssen des Jordaniers Sirhan Bishara Sirhan in Los Angeles zum Opfer.
Ronald Reagan überlebte 1981 ein Attentat, von dem sein damaliger Außenminister Alexander Haig erst Jahre danach bekanntgab, der Präsident wäre »wesentlich schwerer verletzt worden, als es die offiziellen Stellen berichteten«.
In der langen Reihe politischer Opfer der Vereinigten Staaten findet man auch Martin Luther King: der schwarze Bürgerrechtskämpfer war 1968, während einer Ansprache auf dem Balkon eines Hotels in Memphis/Tennessee, durch mehrere Schüsse tödlich verletzt worden. Die Nachricht seines Todes löste in ganz Amerika gewaltige Rassenunruhen aus, bei denen Dutzende Menschen ums Leben kamen.
Ja, und dann wäre da noch der schwedische Ministerpräsident Olof Palme, der nach einem Kinobesuch in Stockholm auf offener Straße niedergeschossen wurde. Oder der italienische Politiker Aldo Moro, dessen Leiche im Kofferraum eines geparkten Autos gefunden wurde, nachdem er zwei Monate zuvor von Mitgliedern der »Roten Brigade« entführt worden war. Ägyptens Staatspräsident Anwar as-Sadat, der seinem Volk den Frieden mit Israel brachte, wurde während einer Militärparade von Soldaten der eigenen Armee ermordet. Auch die indische Ministerpräsidentin Indira Gandhi wurde das Opfer eines Mitglieds ihrer Palastwache. Einige Jahre danach wurde auch ihr Sohn und Nachfolger Rajiv Gandhi ermordet. Papst Johannes Paul II. kam bei einem Attentat in Rom mit dem Leben davon, wurde dabei aber schwer verletzt.
Der politische Mord ist fast so alt wie die Menschheit. Griechische Tyrannen wurden Opfer ihrer Herrschsucht, der römische Imperator Julius Cäsar wurde von seinen engsten Vertrauten während einer Senatssitzung niedergestochen. Kamen die Täter an die Macht, fanden sie in etlichen Fällen ein ähnliches Ende.
Politiker haben immer gut verdient, aber gefährlich gelebt. Fast hat's den Anschein, als enthielten ihre Bezüge eine Gefahrenzulage.

Wer war Gandhi?

Porträt eines Freiheitshelden

»Er ist ein Geck, ein Herzensbrecher, ein Lebemann, dem Mode mehr bedeutet als seine Studien.« Mit diesen Worten wurde der 21jährige Mahatma Gandhi von einem Freund beschrieben. Jener Mann, der später in Keuschheit und Armut leben sollte, war in seiner Jugend ein Bonvivant, ein reicher Tunichtgut. Kaum ein Großer der Weltgeschichte hat in seinem Leben eine derartige Wandlung vollzogen wie Gandhi. Aus dem Dandy, der nichts anderes als einen westlich orientierten Lebensstil anstrebte, wurde ein »heiliger Mönch«, der in freiwilliger Askese lebte und für sein Heimatland Indien die Freiheit erkämpfte. Doch der Mann, der Gewaltlosigkeit predigte, wurde am 30. Jänner 1948 ermordet.

Als Mohandas Karamchand Gandhi im Jahre 1869 in Indien geboren wird, gehört ein Viertel der Erde zum britischen Empire. Sein Heimatland ist eine der zahlreichen Kolonien, wird aber nur zur Hälfte von Englands Vizekönig regiert – den Rest beherrschen 550 Maharadschas.

Gandhis Vater ist Regierungschef des Maharadschas von Porbandar, einer kleinen Hafenstadt an der Nordwestküste. Vater Gandhi hat es weit gebracht, gehörte er doch den »Banias« an, jener bürgerlichen Mittelschicht, die im strengen indischen Kastensystem nur kleine Kaufleute werden durften.

Der kleine Mohandas macht seiner Familie wenig Freude. Über die großen, abstehenden Ohren und die wulstigen Lippen hätte man noch hinweggesehen, doch die schulischen Leistungen sind so katastrophal, daß der schüchterne Jüngling eine Klasse wiederholen muß. Mit dreizehn heiratet er ein Mädchen, das weder lesen noch schreiben kann, und Gandhi verliert keine Zeit, seine »Rechte als Ehemann einzufordern«, wie er später seiner Autobiographie anvertraut.

Mit sechzehn hat er ein traumatisches Erlebnis, das sein Leben prägen sollte: Er läßt den kranken Vater, um den er sich sonst rührend sorgt, für kurze Zeit allein, um mit seiner Frau ins Bett zu

gehen. Während er sich vergnügt, stirbt der Vater. Gandhi fühlt sich schuldig und beschließt – bei Aufrechterhaltung seiner Ehe – der Sexualität abzuschwören.
Nach endlich doch erfolgtem Schulabschluß wird er zum Jusstudium nach London entsandt. Er trägt Gehrock und Zylinder und benimmt sich auch sonst ausgesprochen britisch. Niemand hätte damals wohl für möglich gehalten, daß eben dieser junge Mann eines Tages England den Kampf ansagen würde.
Mit einem Anwaltsdiplom in die indische Heimat zurückgekehrt, versucht er sich als Jurist – und versagt kläglich: Während seiner ersten Verhandlung fällt er vor Aufregung in Ohnmacht, muß aus dem Gerichtssaal getragen werden. Die Familie ist wieder einmal schockiert, schickt ihn nach Südafrika.
Er arbeitet dort als Angestellter einer Handelsfirma und wird erstmals politisch aktiv, als er beobachtet, daß seine indischen Landsleute in Südafrika als Kulis ausgebeutet werden. Er setzt sich für ihre Anliegen ein und wird bei seiner Heimkehr im Jahre 1915 als Held empfangen, sein Kampf für die Unterdrückten hat ihn berühmt gemacht. Die Inder geben ihm den Namen Mahatma, »große Seele«.
Er gründet eine Gemeinschaft, die den Ärmsten der Armen Hilfe spendet: Halbverhungerte Kinder, Malariakranke, Aussätzige, Angehörige der Paria-Kaste, der »Unberührbaren« kommen zu Gandhi, den das Leid der Millionen Bettler nicht mehr ruhen läßt. Nach seinem Gelübde auf ewige Keuschheit beschließt er jetzt auch mit den Hungernden das Brot zu teilen und in freiwilliger Askese zu leben. Als tief religiöser Hindu gelangt er zur Überzeugung, daß die moderne Zivilisation dem Gebet zu wenig Zeit erlaubt, er verlangt eine Rückkehr zum Ramarajya, dem »Paradies auf Erden«.
Damals lernt er Pandit Nehru kennen, der sein politischer Rivale wird, mit dem ihn aber ein gemeinsames Ziel verbindet: Die Unabhängigkeit von der britischen Kolonialherrschaft. Während Nehru ein sozialistisches Konzept verfolgt, gehört Gandhi zum religiösen Flügel der Kongreßpartei. »Kampf ohne Gewalt!«, lautet seine Devise, die er mit diffizilen Methoden durchzusetzen versteht: Indiens Bauern boykottieren auf sein Geheiß das britische Salz und stellen es – gesetzwidrig – in Eigenregie her. Dann liefern

sie der Kolonialmacht keine Baumwolle mehr, sondern verarbeiten sie selbst am Spinnrad – das zum Symbol der Freiheitsbewegung wird. Gandhi trägt bis an sein Lebensende nur noch den »Kahdi«, das um den Körper geschlungene Lendentuch. Der friedliche Protest geht so weit, daß Indiens Industrie zeitweise zum Stillstand kommt. Der Mahatma und seine Anhänger befinden sich auf dem Fastenlager.

Die Vertreter des mächtigen britischen Weltreichs wissen sich bald nur noch damit zu helfen, die ungemütlichen Volkshelden Gandhi und Nehru ins Gefängnis zu stecken. Gandhi verbringt sieben Jahre hinter Gittern, doch der Aufstand im Volk geht auch während seiner Abwesenheit weiter, der Mahatma hat 300 Millionen Inder hinter sich. 1931 sind die Briten zu Verhandlungen bereit, Gandhi wird freigelassen und nach London eingeladen. »Beruf?« fragt der Paßbeamte den unscheinbaren Mann, und der antwortet: »Bettler!«

Die Verhandlungen mit der britischen Regierung sind zäh, dennoch erlebt Gandhi seinen Sieg. 1947 erhält Indien die von ihm erkämpfte Freiheit – wenn auch um den Preis einer Teilung des Landes. Ein halbes Jahr später ist der 78jährige Mahatma tot, ein fanatischer Hindu hat ihn in New Delhi erschossen. Der Mann, der Gewaltlosigkeit gepredigt hat, fiel der Gewalt zum Opfer.

Sein Kampfgefährte Nehru war erster Ministerpräsident der Indischen Union, ihm folgten dessen Tochter Indira und sein Enkelsohn Rajiv Gandhi als Regierungschefs. Mutter und Sohn Gandhi sind nicht mit Mahatma verwandt – obwohl die meisten Inder infolge der Namensgleichheit davon überzeugt sind. Sie haben ihren Freiheitshelden schon zu seinen Lebzeiten als Gottheit verehrt.

Mahatma Gandhi hat erreicht, wofür er kämpfte und mit seinem Leben bezahlte, Indien ist frei von der britischen Kolonialherrschaft. Doch der eigentliche Traum seines Lebens blieb unerfüllt, seine Heimat ist alles andere als Ramarajya, das »Paradies auf Erden«. Sie ist vielmehr immer noch eines der ärmsten Länder der Welt.

Österreich und die Revolution

Wie der Ruf nach Freiheit, Gleichheit und Brüderlichkeit an die Donau drang

»Und wenn ich schon kein Graf bin«, sagte Wolfgang Amadeus Mozart, »so habe ich vielleicht mehr Ehre im Leib als mancher Graf.« Diese Worte, die für die Generation seines Vaters noch unaussprechlich gewesen wären, beweisen, daß die Revolution keineswegs nur Sache der Franzosen war. Auch Österreichs Bürgertum forderte Freiheit, Gleichheit, Brüderlichkeit und damit die Abschaffung der Privilegien des Adels. Wenn es hierzulande auch zu keinem gewaltsamen Umsturz kam, so hat die Französische Revolution des Jahres 1789 dennoch in allen Teilen der Monarchie ihre Spuren hinterlassen.

In Österreich war der Ruf nach mehr Demokratie bereits mit der Einführung weitreichender Reformen durch Kaiserin Maria Theresia und ihren Sohn Joseph II. laut geworden. Gegen Ende des 18. Jahrhunderts schien die Zeit reif für eine neue Ordnung der Gesellschaft, die nach dem Willen weiter Teile der Bevölkerung aus vier gleichberechtigten Klassen bestehen sollte: aus Geistlichkeit, Aristokratie, Unternehmern sowie Bauern und Handwerkern.

Die Abschaffung von Monarchie und Adel wurde jedoch – im Gegensatz zu Frankreich – nur von einer relativ kleinen, radikalen Schicht gefordert. Obwohl die Demokratisierung also innerhalb der bisherigen Strukturen vor sich gehen sollte, befürchteten Kaiserhaus, Adel und Großgrundbesitzer ein Ende der Feudalherrschaft. Um dies zu verhindern, nahm man nach dem Volkssturm auf die Pariser Bastille die von Kaiser Joseph geschaffenen liberalen Gesetze stufenweise zurück. Polizeispitzel wurden ausgeschickt, die die »Demokraten in Cafés und Gasthäusern beobachten und – wenn diese sich verdächtig benahmen – verhaften sollten. Die bereits abgeschaffte Zensur wurde wieder eingeführt, so daß die Zeitungen keine Möglichkeit hatten, ihren Lesern ein Bild von den tatsächlichen Entwicklungen der Revolution in Frankreich zu vermitteln.

Bürger und Bauern zählten zu den Leidtragenden der vor allem durch Kaiser Franz eingeleiteten, rückschrittlichen Politik. Kaiser Josephs von den Völkern der Monarchie begeistert aufgenommener »aufgeklärter Absolutismus« war, als Frankreich zur Republik wurde, an seinem Ende angelangt, die gewaltigen Errungenschaften der letzten Jahrzehnte wurden rückgängig gemacht.
Und die Österreicher hatten immer mehr Grund zur Unzufriedenheit. Kriege führten zu gewaltigen Steuer- und Preiserhöhungen, die wiederum Hungerkatastrophen zur Folge hatten. So war es nur allzu verständlich, daß die notleidende Bevölkerung die Auswirkungen der Französischen Revolution – trotz Zensur – mit wachsender Sympathie verfolgte. Durch den Umsturz in Paris ermutigt, stürmten aufgebrachte Bauern in allen Teilen der Monarchie die Schlösser ihrer Gutsherren und verlangten die Rücknahme überhöhter Steuern. Worauf das Standrecht wieder eingeführt wurde und Bürger ohne Gerichtsbeschluß gepeitscht und strafweise zum Militär gesteckt werden konnten. Neben den Bauern, die man wieder wie Leibeigene behandelte, begeisterten sich auch immer mehr Handwerker, Intellektuelle, Schriftsteller, aber auch Priester und Beamte für die neuen, aus Frankreich kommenden Schlagworte »Freiheit, Gleichheit, Brüderlichkeit«. Im Untergrund warben die Mitglieder des Geheimbundes der »Jakobiner« durch Verbreitung verbotener Schriften für größere Rechte des Bürgertums und ein Ende der Privilegien von Adel und Klerus.
Das Haus Habsburg fürchtete nicht nur um den Thron, sondern hatte auch sehr persönliche Bindungen nach Paris: War doch Frankreichs Königin Marie Antoinette die jüngste Schwester der in Wien residierenden Kaiser Joseph und Leopold. Sie endete wie ihr Mann, König Ludwig XVI., 1793 auf der Guillotine. Als Österreich im darauffolgenden Jahr zahlreiche revolutionäre »Jakobiner« wegen Hochverrats und Majestätsbeleidigung zum Tod oder zu langjährigen Haftstrafen verurteilte, war das Ende der Liberalisierung gekommen. Die Prozesse stießen auf große Bestürzung, zumal den Angeklagten nur ihre Gesinnung, jedoch keine revolutionären Handlungen zum Vorwurf gemacht werden konnten.
Zu dieser Zeit führte Österreich – Seite an Seite mit anderen europäischen Monarchien – Krieg gegen das revolutionäre Frank-

reich, wofür die Bürger überhaupt kein Verständnis zeigten, zumal aus diesem Grund die Steuern neuerlich erhöht wurden. In diesem Krieg bestand der 26jährige General Napoleon Bonaparte seine erste Bewährungsprobe.

Wenn die Französische Revolution auch viel dazu beitrug, fortschrittliches Gedankengut in alle Teile Europas zu bringen, hat sie bei uns den Weg zur Demokratie vorerst eher gebremst als beschleunigt. Denn es war gerade der Sturm auf die Bastille, den man zum Vorwand nahm, um Kaiser Josephs liberale Gesetze rückgängig zu machen.

Und weil wir mit Mozart begonnen haben: Nach Ausbruch der Französischen Revolution wurden in Österreich lebende »verdächtige Ausländer« des Landes verwiesen. Zu ihnen zählten Lorenzo Daponte, der die Textbücher zu Mozarts Opern »Hochzeit des Figaro« und »Don Giovanni« verfaßt hatte.

Das einst relativ fortschrittliche Österreich war wieder zum Polizeistaat geworden. Es sollte mehr als ein halbes Jahrhundert dauern, bis sich die Bevölkerung dagegen neuerlich zur Wehr setzte: Mit der Revolution des Jahres 1848, die endlich uneingeschränkte Pressefreiheit, Aufhebung der Zensur, der Grundherrschaft und eine neue Verfassung brachte. Und als deren Folge der 18jährige Franz Joseph vorzeitig den Thron bestieg.

Die Schnüffler des Fürsten Metternich

Wie Österreichs bestorganisierter Geheimdienst funktionierte

In seiner Ära wurde das staatliche Spitzelwesen perfektioniert. Die Wände, sagte man zur Zeit des Fürsten Metternich, haben Ohren. Und das Auge des Gesetzes ist überall. Die Schnüffler des mächtigen Staatskanzlers saßen in Kanzleien und Kaffeehäusern, an den Universitäten und Akademien, in Redaktionen und vor allem – im

Postamt. Die Korrespondenz seiner Minister stand ebenso unter Metternichs ständiger Kontrolle wie die von Schriftstellern, Journalisten und Gelehrten. Er bespitzelte auch die Briefe der Beichtväter und Kammerdiener hochgestellter Persönlichkeiten. Und interessierte sich genauso für die Post der »kleinen Leute«, da er immer über die Stimmung im Volk Bescheid wissen wollte. Die Postspionage wurde zur wichtigsten Informationsquelle, ein gigantischer Agentenapparat war in der sogenannten »Postloge« und im »Geheimen Zimmernkabinett« Tag und Nacht im Einsatz.
In der Praxis sah das so aus: Mit Messern und Klaviersaiten verschiedenster Stärken wurden alljährlich Zehntausende Briefumschläge sorgsam geöffnet und von den damals üblichen Siegellacken befreit. War man in das Kuvertinnere gedrungen, machte sich sogleich ein Stab von Kopisten daran, das »verdächtige« Schriftstück Zeile für Zeile abzuschreiben. Mehrseitige Briefe wurden in Blocks aufgeteilt und von bis zu sechs »Shorthand-Schreibern«, wie man die Stenotypisten nannte, kopiert. Alles mußte sehr rasch gehen, um verdächtige Verzögerungen im Postverkehr zu vermeiden.
War die Kopie fertig, galt es, Brief und Kuvert wieder in den ursprünglichen Zustand zu bringen, denn der Empfänger durfte unter keinen Umständen bemerken, daß er bespitzelt wurde, sonst wäre die Informationsquelle bald versiegt. Zur Rekonstruktion des Siegelstempels war gleich bei Einlangen am Postamt ein Metallabdruck des Originals angefertigt worden. Siegelkopien wichtiger Briefschreiber wurden im Archivschrank des »Geheimen Ziffernkabinetts« verwahrt und immer wieder verwendet.
Die hochqualifizierten Schnüffler, die man für all diese Tätigkeiten heranzog, wurden – ganz im Gegensatz zu den übrigen Staatsdienern – geradezu fürstlich entlohnt. Sie waren von Steuern und Abgaben befreit, erhielten aus einem persönlichen Fonds des Kaisers immense Sonderzulagen. Nicht selten wurden ihre Dienste auch mit Grund und Boden honoriert. Dafür durften sie, um die strenge Geheimhaltung zu wahren, weder Amtstitel noch Orden oder Uniform tragen und waren von jeglichem gesellschaftlichem Umgang ausgeschlossen.
Als Metternich 1810 Staatskanzler geworden war, befand sich der

von Maria Theresia aufgebaute Geheimdienst im Zustand des totalen Zerfalls. Ein in Ehren ergrauter Hofrat hatte aus Ersparnisgründen die Gehälter der Spitzel auf das allgemeine Niveau der übrigen Staatsbediensteten herabgesetzt. Daraufhin passierte, was passieren mußte: Nicht nur daß ein unglaublicher Schlendrian einriß, verlangten die Postspione bald auch Titel, Uniform, Orden und die Eintragung in den – jedermann zugänglichen – Amtskalender! Eine der ersten Amtshandlungen Metternichs war es, die alten Zulagen und Sonderrechte wieder einzuführen und so die Geheimbediensteten zufriedenzustellen.

Sein größtes Augenmerk legte der Fürst auf die Korrespondenz der in Österreich akkreditierten Diplomaten, war doch das Spitzeltum eine Säule seiner Außenpolitik. Wie kein anderer war Metternich in der Lage, die Auswirkungen seiner Handlungen zu überblicken, weil er über die Reaktion des Auslands fast lückenlos informiert war. Um dies zu erreichen, wurden diplomatische Kuriere bestochen, die Abschriften interner Depeschen oft während der Fahrt in der Postkutsche kopiert.

Einem Handzettel Kaiser Franz I. an Erzherzog Josef (der übrigens selbst überwacht wurde), entnehmen wir, daß der Hof über Briefabschriften des Papstes, Napoleons, des Zaren sowie der Könige von Bayern und Neapel verfügte. Kein Brief, der seinen Weg nach Paris, Rom, St. Petersburg finden sollte oder von dort kam, entging der Wiener »Postloge«.

Selbst Maria Ludovika, die Frau des Kaisers, unterlag strengster Kontrolle. Jeder ihrer Briefe landete zuerst auf Metternichs und dann auf dem Schreibtisch ihres Mannes. Von dem es hieß, daß er täglich mehrere Stunden über Korrespondenzabschriften verbrachte.

Ausländische Diplomaten – die natürlich selbst über Geheimdienste verfügten – versuchten sich gegen Österreichs berüchtigte Schnüfflerbrigade zu schützen, indem sie prinzipiell nur mit Geheimcodes korrespondierten. Doch das konnte Metternich nicht erschüttern: Wenzel Löschner, seinem tüchtigsten Postspion, gelang es in vierjähriger mühevoller Kleinarbeit, den russischen Code zu »knacken«, wofür er eine Sonderzulage von 1000 Gulden erhielt. Ein anderer österreichischer Agent konnte den französischen

Ziffernschlüssel aus dem Schlafzimmer eines Pariser Diplomaten entwenden. So viel ist uns aus diesem Geheimcode überliefert: »Erasme« war das Codewort für Napoleon, »Emile« für seine Gattin Marie Luise, »Etoile« bedeutete Griechenland, »Guirlande« Bayern, »Marie« hieß Österreich. War der Code einmal bekannt, enthielten ganz harmlos erscheinende Briefe hochpolitische Hinweise.

Die Briefabschriften der Schnüffler des ebenso genialen wie skrupellosen Staatskanzlers Metternich sind – soweit sie nicht überhaupt sofort nach Gebrauch vernichtet wurden – beim Brand des Justizpalastes im Jahre 1927 für immer verschwunden.

Glücklicherweise hat der damalige Staatsarchivar Dr. Josef Karl Mayr kurz vorher die Konvolute durchforstet und aufgelistet, so daß wir heute darin Einblick nehmen können (das Ergebnis seiner Arbeit stellte mir das Wiener Kriegsarchiv zur Verfügung).

Sich selbst wußte Metternich, geht daraus hervor, sowohl vor dem eigenen als auch vor fremden Geheimdiensten zu schützen. Er ließ seine Post an die unverdächtig klingenden Decknamen »Friedrich von Berg« und »Jacques Helbling, Rentier« senden. Der Fürst besaß Wohnungen, an deren Türen ahnungslose Briefträger die brisante Post des Staatskanzlers deponierten.

Doch die Revolution des Jahres 1848 konnte Metternich, so sehr seine Spitzel dem Volk auch »aufs Maul geschaut« hatten, nicht verhindern. Die Wiener stürmten die Geheime Staatskanzlei am Ballhausplatz, und der Fürst mußte, 75 Jahre alt, fluchtartig das Land verlassen.

»Wenn ihr wollt, ist es kein Märchen«

Wie der Traum des Theodor Herzl Wirklichkeit wurde

»Heute lacht man noch über meine Idee eines Judenstaates, aber in fünfzig Jahren wird er Wirklichkeit sein.« Es waren prophetische Worte, die Theodor Herzl 1898 sprach. Denn tatsächlich, genau fünfzig Jahre später, am 14. Mai 1948, wurde der Staat Israel ausgerufen. Theodor Herzl ist der geistige Vater dieses Landes.

»Vielleicht wäre Israel auch ohne Herzl entstanden, doch er war es, der den Juden den Weg dorthin gewiesen hat«, weiß man in Jerusalem die Verdienste des gebürtigen Österreichers um dieses Land zu würdigen. Theodor Herzl wurde am 2. Mai 1860 in Budapest, der Hauptstadt des damals österreichischen Kronlandes Ungarn, als Sohn eines Kaufmanns geboren. Mit 18 übersiedelte er nach Wien, wo er zunächst einer deutschnationalen Studentenverbindung angehörte. Nach absolviertem Jusstudium wurde er Journalist und Schriftsteller, fünf seiner Stücke liefen am Burgtheater, das erfolgreichste hieß »Wilddiebe«.

Herzl, der nur 44 Jahre alt wurde, nützte die ihm gegebene kurze Zeitspanne für seinen Traum, eine Nation zu gründen, in der man die in aller Welt lebenden Juden wieder vereinen könnte. Ausschlaggebend für seine Initiative war der »Dreyfus-Prozeß« in Paris. Als junger Frankreich-Korrespondent berichtete Dr. Herzl von dem spektakulären Gerichtsfall für die Wiener »Neue Freie Presse«: Alfred Dreyfus war als jüdischer Hauptmann im französischen Generalstab der Spionage für Deutschland verdächtigt und zu lebenslanger Haft auf der Teufelsinsel Cayenne verurteilt worden. Zu Unrecht, wie sich herausstellen sollte – Dreyfus wurde später voll rehabilitiert.

Während des Prozesses spürte Herzl in Frankreich einen latenten Antisemitismus. Und so wird der 5. Jänner 1895, der Tag der Verurteilung von Dreyfus, als Geburtsstunde des modernen Zionismus – der die Errichtung Israels zum Ziel hatte – bezeichnet. »Wenn ihr wollt, ist es kein Märchen«, rief Herzl in seinem kurz nach dem Prozeß veröffentlichten Buch »Der Judenstaat« auf.

Der Schriftsteller setzte sich für die Rückkehr der Juden nach Palästina ein, wo Moses sie hingeführt und König David den ersten Judenstaat gegründet hatte. In jenes Israel, das 70 n. Chr. mit der Zerstörung Jerusalems durch den römischen Kaiser Titus untergegangen war. Titus war es auch, der die Juden aus dem Gelobten Land vertrieben und über ganz Europa verstreut hatte. Rund 1800 Jahre nach dieser Verbannung begann Herzls zäher Kampf um die alte Heimat der Juden. Er bat die Mächtigen seiner Zeit um Hilfe: Papst Pius X. empfing ihn ebenso wie Deutschlands Kaiser Wilhelm II. und Italiens König Viktor Emanuel III.

Der türkische Sultan Abdul Hamid II. -- unter dessen Oberhoheit Palästina damals stand – war Herzls Ideen prinzipiell wohlwollend gesinnt, aber als Gegenleistung sollte sich die jüdische Hochfinanz erkenntlich zeigen. Dieser Plan ging jedoch nicht auf, da gerade die wohlhabenden, in Westeuropa lebenden Juden eben erst ihre bürgerliche Gleichberechtigung durchgesetzt hatten und der Gründung eines Judenstaates skeptisch gegenüberstanden.

Hingegen war die Lage der osteuropäischen Juden zur Jahrhundertwende mehr als trist. Gerade deshalb drängten Herzl und seine Mitstreiter auf sechs Zionistenkongressen zur Gründung Israels. Da sich der Plan, Palästina zu besiedeln, vorerst als aussichtslos erwies, wurde als Alternative vorübergehend auch der Ankauf von Grundstücken in Argentinien und Uganda erwogen.

Zu Herzls Lebzeiten konnte nichts entschieden werden. Die unaufhörlichen Reisen, Vorträge und Verhandlungen in Sachen Israel machten aus ihm einen kranken Mann. Er verstarb am 3. Juli 1904 im Sanatorium in Edlach an der Rax an Herzversagen.

Zwar erlebte er die Realisierung seiner Vision vom Staat Israel nicht mehr, aber die Schar seiner Anhänger war bereits so groß, daß der Traum vom eigenen Staat schließlich doch noch in Erfüllung gehen sollte. Die Zionisten waren dank Herzls unermüdlichem Einsatz zu einer weltweiten Bewegung geworden, zehntausend Menschen, Juden und Nichtjuden aus ganz Europa, folgten Herzls Sarg, als er am Döblinger Friedhof in Wien beigesetzt wurde.

Seit 14. Mai 1948 gibt es Israel wieder, nachdem das britische Mandat in Palästina abgelaufen war. Israels erster Ministerpräsident David Ben Gurion leitete die Gründerversammlung in der Knesset

– dem israelischen Parlament –, über deren Konferenztisch das Porträt von Israels vollbärtigem »Vater« Theodor Herzl hing. Schon am Tag davor hatte die Arabische Liga den palästinensischen Juden den Krieg erklärt, und seither ist der Nahe Osten nicht mehr zur Ruhe gekommen.
Bald nach der Gründung des Staates Israel wurde Theodor Herzls Sarg in dieses Land, sein Land, übergeführt.

Eine Reise in die Vergangenheit

Jersusalems Bürgermeister Teddy Kollek in Wien

Das Haus Landstraßer Hauptstraße Nummer 147 im dritten Wiener Gemeindebezirk ist ein schmuckloser Altbau, der kaum jemanden sonderlich beeindrucken wird. Der grauhaarige Herr freilich, der im Frühjahr 1992 vor dem Haus stand, war den Tränen nahe. Denn Teddy Kollek sah es nach einem halben Jahrhundert zum ersten Mal wieder. »Eine sehr sentimentale Begegnung«, sagt er, während wir durch Wien fahren. Denn der über achtzig Jahre alte Bürgermeister von Jerusalem erlebte eine Reise in seine eigene Vergangenheit.
Nie mehr wollte er in seine Heimatstadt kommen. Zu bitter war das, was hier in den Jahren der braunen Diktatur geschah. Eine Einladung des Wiener Bürgermeisters Helmut Zilk sollte ihn umstimmen.
Teddy Kollek erstmals wieder in Wien. »Ich sehe vieles, was ich längst vergessen glaubte. Ringstraße, das Kriegsministerium, der alte Radetzky. Prachtvoll diese Stadt, damals wie heute.«
Ziemlich weit draußen auf der Landstraße steht sein Elternhaus. »Dort oben«, zeigt er zum ersten Stock hinauf, »haben wir gewohnt.« Ein Schild am Portal des Hauses erinnert an den inzwischen weltberühmt gewordenen Mieter.
Vollblutpolitiker zeigen möglichst wenig Emotion. Doch in diesem

Fall gelingt's nicht so ganz. Die Begegnung mit der Kindheit berührt doch zu sehr. Mir scheint, als liefe in diesem Augenblick vor seinem geistigen Auge ein Film ab. Mit dem schlichten Titel »Erinnerungen«.

Theodor Kollek, wie er – benannt nach Theodor Herzl – eigentlich heißt, verbrachte die ersten 25 Jahre seines Lebens in Wien. Geboren 1911 in der Nähe von Budapest, war er im Alter von drei Monaten mit seinen Eltern in die k. u. k. Haupt- und Residenzstadt gezogen, wo sein Vater Direktor der Wiener Rothschild-Bank wurde. Frühe Erinnerung: Der Trauerzug nach dem Tod Kaiser Franz Josephs, »für dessen ordnungsgemäße Durchführung mein Vater als Offizier mitverantwortlich war«.

Obwohl das Gymnasium in der Hagenmüllergasse nahe dem Wohnhaus liegt, passieren wir es in gesicherter Entfernung. Die Erinnerungen sind nicht so gut. »Ich war ein schlechter Schüler, wechselte in die Landwirtschaftsschule der Stadt Wien am Cobenzl. Tagsüber schleppten wir Weinfässer und wagten den einen oder anderen Schluck. Das hatte fatale Folgen, denn wenn man im Keller trinkt, spürt man die Wirkung nicht, aber in dem Augenblick, da man an die frische Luft kommt, ist man stockbetrunken.«

Teddy Kollek wuchs in der gemäßigt religiösen Tradition einer jüdischen Wiener Familie auf, lernte Geigenspielen, ging Schlittschuh- und Skilaufen, las Karl May wie alle Buben damals. Und schloß sich, sehr früh von der Idee eines Judenstaates begeistert, einer zionistischen Bewegung an, in der er seine jetzige Frau, ebenfalls Wienerin, kennenlernte. »Die Romanze war kompliziert«, schmunzelt er, »da Tamar in einen anderen verliebt war.« Dennoch hatte sie nichts dagegen, von Teddy nach Hause gebracht zu werden, wobei sich »einige Nachbarn beschwerten, weil es für die Tochter eines ehrwürdigen Rabbiners nicht schicklich war, nachts mit einem nichtjüdisch aussehenden jungen Mann gesehen zu werden«.

Tatsächlich entsprach der ebenso blonde wie blauäugige Teddy Kollek äußerlich jenem Idealtyp, wie ihn die in Deutschland bereits an die Macht gelangten Nazis verherrlichten.

Der Film, der vor seinem geistigen Auge abläuft, ist kein reines Lustspiel. Es gibt böse Erinnerungen. »Mit dem Antisemitismus wurde ich in Wien konfrontiert, als ein Warenhaus bekanntgab, es verkaufe nicht an Juden. Das erboste mich dermaßen, daß ich hineinging und eine geschlagene Stunde lang Anzüge, Hemden, Hüte probierte und dann unzählige Stücke einpacken ließ. Als der Kassier die Rechnung präsentierte, sagte ich: »Tut mir leid, ich hab' ganz vergessen, daß Sie Juden nicht bedienen.« Kollek grüßte höflich und ließ den Kassier mit einem Berg von Paketen stehen.

1935 setzte er seinen Traum in die Tat um und verließ Österreich in Richtung Palästina, wo er – geschult am Cobenzl – als Landwirt in einem Kibbuz lebte. Ein Jahr nach Hitlers Einmarsch in Österreich kam Kollek noch einmal nach Wien, um hier in offizieller Mission mit dem damaligen Leiter der Gestapo-Dienststelle für die Auswanderung von Juden zu verhandeln. Er hieß Adolf Eichmann und hatte sein Quartier ausgerechnet im Palais Rothschild auf der Prinz-Eugen-Straße – im Wohnhaus des Bankiers, für den sein Vater gearbeitet hatte. »Eichmann machte den Eindruck eines kleinen Angestellten«, schreibt Kollek in seinen Memoiren, »er war weder aggressiv noch laut oder unhöflich, hat in keiner Weise einen besonderen Eindruck auf mich gemacht.« Dem 27jährigen Teddy Kollek gelang es schließlich, die Freilassung von 3000 KZ-Insassen zu erreichen, denen er damit zweifellos das Leben rettete.

Vierundzwanzig Jahre später stand Kollek demselben Adolf Eichmann gegenüber, als dieser wegen seiner Mitwirkung an der Liquidierung von Millionen Juden in Jerusalem vor Gericht stand. Kollek war für die Vorbereitung des Prozesses verantwortlich. Eichmann wurde zum Tod verurteilt und gehängt.

Sein Wien-Besuch, gegen den sich Teddy Kollek so lange sträubte, war eine Geste der Versöhnung. »Ich bin berührt, wie man mich hier empfangen hat. Und dem Bürgermeister Zilk bin ich unendlich dankbar, daß er mir Gelegenheit gab, noch einmal Wien zu sehen.«

Nach dreitägigem Aufenthalt ist Teddy Kolleks Wien-Film abgelaufen. Er steigt in sein Flugzeug und kehrt heim nach Jerusalem. Was bleibt, ist das Erlebnis, der eigenen Jugend wiederbegegnet zu sein.

Die Mauer

Ein Symbol der Unmenschlichkeit wird abgerissen

Berlin, 11. November 1989. Wahrlich kein Tag wie jeder andere. Die Mauer, deren Fundamente gerade noch so mächtig schienen, als bliebe Berlin für den Rest dieses Jahrhunderts eine geteilte Stadt, zerbröckelt. Und nicht nur symbolisch, Soldaten und Bauarbeiter haben tatsächlich mit dem Abbruch begonnen. Die Grenzen sind offen, Hunderttausende Ostberliner fahren in den Westen. Und kehren wieder zurück, weil sie nicht zurückkehren müssen. Die Menschen jubeln, denn das betongewordene Monstrum der Unmenschlichkeit, das Gefängnis eines ganzen Volkes, hat seinen Sinn verloren.

Rückblende, wir alle sind um achtundzwanzig Jahre jünger, in dieser lauen Sommernacht zum 13. August 1961. Es ist, als spulten wir den Film vom Abbruch der Mauer verkehrt ab. DDR-Truppen riegeln Berlins Sektorengrenze zu. Panzerwagen fahren auf, Soldaten und Polizisten bilden Postenketten. Kolonnen von Bauarbeitern schlagen mit Spitzhacken ins Straßenpflaster, Stacheldraht wird ausgerollt. Die S-Bahn-Verbindung von Ost nach West ist gesperrt. Zehn Tage wird an einer Mauer gebaut, vier Meter hoch, mehr als hundert Kilometer lang. Quer durch Berlin, im Auftrag der Sowjetunion.

Aber die Staatsführung der DDR hat selbst den Wunsch nach Errichtung der Mauer geäußert, denn sie sieht in jenen Augusttagen 1961 keine andere Möglichkeit, das Volk im »Arbeiterparadies« zu halten. In den Wochen davor sind täglich Hunderte, manchmal auch Tausende, in den kapitalistischen Westen geeilt. Seit ihrer Gründung im Jahre 1949 waren der Deutschen Demokratischen Republik auf diese Weise 2,6 Millionen Bürger abhanden gekommen, und es wurden täglich mehr; zweihunderttausend sind's im Jahr vor dem Mauerbau.

Die DDR-Führung glaubt, mit der Errichtung der Mauer »als Maßnahme für die Sicherung der Staatsgrenze nach Westberlin« sei das Problem gelöst. Doch es kommt ganz anders. Zwölftausend

Ostdeutschen gelingt im ersten Jahr die Flucht. Sie springen aus Fenstern, klettern über die Mauer, bohren Löcher, reißen sich die Haut am Stacheldraht in Fetzen. Alles ist ihnen lieber als zu bleiben. Am 17. August 1962, ein Jahr nach ihrer Errichtung, fordert die »Schandmauer« (Westberliner Straßenschild) ihr erstes Todesopfer. Peter Fechter, achtzehnjähriger Ostberliner, hat seiner Schwester einen Brief geschrieben: »Ich halte es hier nicht mehr aus. Ich werde jetzt versuchen, in einer Baustelle nahe der Grenze Arbeit zu finden, und dann flüchten.« Er versucht es, wird von der Grenzpolizei niedergeschossen. Verblutet an der Mauer, ohne daß ihm jemand zu Hilfe kommt.

Die scharfen Proteste der Westmächte »gegen diesen Akt barbarischer Unmenschlichkeit« lassen die SED-Bonzen kalt. Bald gehört die Flucht über die Grenze zum Alltag: Tunnels werden in Richtung Westen gegraben, Kanäle durchschwommen, Flugzeuge gebastelt. Neun Menschen versteckten sich im Kofferraum einer winzigen »Isetta«, Insassen eines Cabrios rasen unter dem geschlossenen Schlagbaum in die Freiheit. Es sind Tausende, die immer wieder auf abenteuerlichem Wege in den Westen gelangen.

Die DDR verstärkt ihre Mauer ständig, legt Minen, setzt schwerbewaffnete Grenzwächter mit scharfen Polizeihunden ein, baut vollautomatische Tötungsmaschinen. Mindestens achtzig Menschen haben in den achtundzwanzig Jahren ihren Fluchtversuch nicht überlebt.

In der Diktion ostdeutscher Politiker waren jene, die in Richtung Freiheit drängten, »Republikflüchtlinge«, »labile Elemente«, aber auch »Agenten des Imperialismus« und »willige Opfer für die Verlockungen westlicher Menschenhändler«. Doch egal, ob der Staatsratsvorsitzende Walter Ulbricht oder sein Nachfolger Erich Honecker solche Sprüche klopften – die Bürger haben's ihnen nicht geglaubt. Alle sahen sie – verbotenerweise – West-Fernsehen, sahen via ARD und ZDF, daß die »kapitalistischen Ausbeuter« jenseits der Mauer ganz so bös nicht sein konnten, wie ihnen das in Versammlungen der staatlichen Betriebe, im eigenen Fernsehen oder Radio immer wieder eingetrichtert, vorgelogen wurde.

Mit einer Lüge war schon der Grundstein zur Mauer gelegt worden. Denn als Walter Ulbricht zwei Monate vor Baubeginn auf einer internationalen Pressekonferenz erstmals gefragt wurde, ob die Gerüchte stimmten, wonach in Berlin der Bau einer Mauer geplant sei, antwortete er kaltschnäuzig: »Die Bauarbeiter unserer Hauptstadt beschäftigen sich mit Wohnungsbau, und ihre Arbeitskraft wird voll dafür eingesetzt. Niemand hat die Absicht, eine Mauer zu errichten.«

Zur selben Zeit tagen US-Präsident John F. Kennedy und der sowjetische Regierungschef Nikita Chruschtschow in Wien. Das Gipfeltreffen an der Donau wird vom Thema Berlin überschattet. Die Gefahr eines Krieges droht, denn die UdSSR fordert immer noch den Abzug der Westmächte aus Berlin. Chruschtschow, zwei Monate vor Baubeginn der Mauer, im Juni 1961, zu Kennedy in Wien: »Wenn Sie eine Division nach Berlin schicken, dann schicke ich zwei. Krieg oder Frieden, das liegt nun in Ihrer Hand.« Kennedy: »Es wird ein kalter Winter werden.«

Zwei Jahre später steht John F. Kennedy an der inzwischen fertiggestellten Mauer. Tausende Westberliner jubeln, als er ihnen zuruft: »Ich bin ein Berliner!« – Sie haben aufmunternde Worte bitter nötig, sind sie doch durch die Mauer letztlich ebenso eingesperrt wie ihre Landsleute im Osten.

Bis zu jenem 11. November 1989. Seit die Mauer, förmlich über Nacht, nur noch musealen Wert hat, kann jeder sie passieren, ohne daß auf ihn geschossen wird.

Die Politik läßt uns in einer Welt leben, in der das Selbstverständliche als Sensation erscheinen muß: Deutsche können jetzt von Deutschland nach Deutschland reisen.

PS: Die Mauer wurde in den darauffolgenden Monaten vollständig abgetragen. Und seit 3. Oktober 1990 gibt es nur noch einen deutschen Staat.

Aus dunklen Tagen …

… der Geschichte

Wenn Kriege zerstören

Wie einige der größten Kulturschätze aller Zeiten für immer verlorengingen

Träumen Sie mit mir einen Moment lang den Traum von einer anderen Welt. Krieg wäre in dieser Welt ein unbekanntes Wort. Wir hätten uns zu keiner Zeit die Schädel eingeschlagen, gegenseitig erstochen und niedergeschossen. Und niemals das Haus des anderen zerbombt. Kurz: Die Welt würde so aussehen, wie Gott sie erschaffen und der Mensch sie aufgebaut hat.
Die Akropolis wäre keine Ruine, Kathedralen, Schlösser, Paläste stünden heute noch da als steinerne Zeugen einer friedlichen Zeit.
Aber nein: Ganze Völker und Kulturen gingen unter im sinnlosen Gemetzel der Jahrtausende, unwiederbringliche Kunstwerke von Leonardo da Vinci bis Picasso sollten nicht verschont bleiben, sind für alle Zeiten verloren.
Dr. Peter Broucek vom Österreichischen Kriegsarchiv unternahm mit mir einen Streifzug durch die Geschichte der Zerstörung: Ins 16. Jahrhundert etwa, als 15000 deutsche Landsknechte Kaiser Karls V. durch Rom zogen, um den Großteil der »zur Plünderung freigegebenen« Ewigen Stadt dem Erdboden gleichzumachen. »Dies war der Untergang nicht der Stadt, sondern der Welt«, berichtete ein Zeitzeuge vom »Sacco di Roma«, bei dem innerhalb weniger Wochen Kirchen und Kunstschätze von unermeßlichem Wert in Schutt und Asche fielen.
Eine venezianische Kanonenkugel vernichtete 1687 die Akropolis in Athen. Türken hatten in dem mehr als 2000 Jahre alten griechischen Gebäude ein für militärische Zwecke eingerichtetes Pulvermagazin untergebracht, das infolge heftiger Gefechte mitsamt dem Parthenontempel explodierte. Seither ist die Akropolis – eine der ältesten und prächtigsten Kulturstätten der Menschheit – eine Ruine.

Über Türkenbelagerungen, Napoleons Völkerschlachten und amerikanischen Bürgerkrieg führt ein ruinöser Pfad in unser Jahrhundert, in dem mehr Kulturgut zerstört wurde als je zuvor: Im Ersten Weltkrieg gingen gigantische Werte an der Isonzofront verloren, und 1916 wurde ein Großteil der belgischen Stadt Löwen durch deutsche Truppen niedergebrannt; zur Rettung des gotischen Rathauses mußten alle umliegenden Gebäude gesprengt werden, um so ein Übergreifen der Flammen zu verhindern.
Nicht weniger als 160 Gotteshäuser wurden im spanischen Bürgerkrieg zwischen 1936 und 1939 dem Erdboden gleichgemacht – meist von Franco-Gegnern, die in der katholischen Kirche den politischen Feind sahen.
Seit dem vorigen Jahrhundert versucht sich die Menschheit gegen die Vernichtung ihrer wertvollsten Kulturgüter zu schützen. In internationalen Verträgen – vor allem in der Haager Landkriegsordnung – wurde das Bombardement historischer Stätten verboten, Zuwiderhandeln kann als Kriegsverbrechen geahndet werden. Alfred Rosenberg, Hitlers Reichsminister für die besetzten Ostgebiete, wurde beim Nürnberger Kriegsverbrecherprozeß nicht nur als Urheber des Rassenhasses, sondern ausdrücklich auch wegen »Beseitigung und Vernichtung von Kulturgut« zum Tod verurteilt.
Erwähnt werden müssen freilich auch jene Herrscher und Offiziere, die sich bleibende Verdienste um den Erhalt gigantischer Werte erwarben: Österreichs Erzherzog und späterer Kaiser Karl etwa hat 1914 beim deutschen Verbündeten interveniert, um die gotische Kathedrale von Reims zu schützen. Tatsächlich wurde daraufhin die bereits eingeleitete Beschießung der französischen Bischofsstadt abgebrochen. Zwei Jahre später untersagte Kaiser Karl jegliche Kampfhandlungen im historischen Kern von Venedig, womit er wohl eine der wichtigsten Kulturstätten Europas rettete.
Im Zweiten Weltkrieg war es der General und spätere US-Präsident Dwight D. Eisenhower, der noch vor der Frankreich-Invasion Befehl gab, die dortigen Kulturdenkmäler vom Bombardement auszunehmen. Der österreichische Offizier Julius Schlegel rettete im Februar 1944 die Kunstschätze des ältesten Klosters des Abendlandes, als er die Einrichtung von Monte Cassino auf eigene Initia-

tive in den Vatikan schaffte. Papst Pius XII. wiederum ließ die Alliierten nach einem Fliegerangriff auf Rom wissen, er werde sich ab sofort »dort aufhalten, wo Bomben fallen«. Rom wurde zur Offenen Stadt erklärt und blieb von da an verschont.

Eine besondere Kulturschande war die Vernichtung der Altstadt von Rotterdam, die im Mai 1940 – trotz vorheriger Kapitulation – durch deutsche Bomber verwüstet wurde. Die Deutschen waren es auch, die durch Bombardements auf Coventry, Birmingham, Bristol und London wertvolle britische Kulturdenkmäler zerstörten. England »antwortete« mit Bomben auf Köln, Bremen, Lübeck und Dresden, die zu den wichtigsten Zentren deutscher Kultur zählten.

Auch österreichische Städte blieben im Zweiten Weltkrieg nicht verschont. Wiener Neustadt war die am meisten betroffene Stadt. Wiens Stephansdom verlor sein gotisches Chorgestühl, und auch Burgtheater und Staatsoper wurden fast völlig zerstört. Sie mußten mit ungeheurem Aufwand wiederaufgebaut werden.

»Die großen Kulturstätten dieser Welt«, sagt Dr. Broucek, »gehören nicht einem Land oder gar dessen Führer, sondern der ganzen Welt.« Nichtsdestoweniger wurden auch in jüngster Vergangenheit am Balkan und im Nahen Osten unglaubliche Werte durch Kriege zerstört.

Nun aber zum wertvollsten Kulturgut, das der Mensch zerstört, seit es ihn gibt. Es ist das menschliche Leben. Ein nicht unerheblicher Teil der Weltbevölkerung hat sich im Lauf der Jahrtausende gegenseitig umgebracht, im Dreißigjährigen Krieg etwa starben zwei Drittel der Bevölkerung (!) der beteiligten Staaten durch Kampfhandlungen und deren Folgen wie Seuchen und Hunger.

Mit hundertjähriger Verspätung

Das Mahnmal zu Solferino

Es war einmal ein altösterreichischer Ministerialrat. Der bekam einen Brief aus Rom. Er setzte seinen Zwicker auf, rückte die Ärmelschoner zurecht und las die Zeilen, Wort für Wort. Da das Anliegen nicht in seine Kompetenz fiel, übergab er die Depesche einem Sektionschef. Der war ebenso ratlos und leitete das Schreiben an den Herrn Außenminister weiter. Der Minister nahm die Sache sehr ernst und ließ sie von einem Fachreferenten bearbeiten. Das ist jetzt so an die hundert Jahre her und – da wir uns in einem österreichischen Ministerium befinden, ist die Sache noch immer nicht erledigt.

So ähnlich muß sich zugetragen haben, worüber ich hier berichte. Das heißt, angefangen hat's noch früher und sehr grausam, im Jahre 1859. Damals kämpften die Österreicher bei Solferino gegen Piemontesen und Franzosen. Es war eine der blutigsten Schlachten der Weltgeschichte, sie forderte viertausend Tote und vierzigtausend Verwundete.

Nun, die Österreicher hatten die Schlacht verloren. Doch wie sich bald herausstellen sollte, erwiesen sich die Italiener als noble Sieger. Denn als sie rund dreißig Jahre nach der Schlacht in San Martino bei Solferino ein Mahnmal errichteten, luden sie Österreich ein, die Namen seiner toten Soldaten bekanntzugeben, damit auch diese zur Abschreckung gegen Krieg und Gewalt verewigt würden.

Damit setzte obig beschriebener Briefwechsel ein, der bis heute den österreichischen Amtsstempel »Erledigt« noch immer nicht trägt. Es war im Jahre 1891, als die italienische Regierung erstmals das k. u. k. Außenministerium ersuchte, die Identität der bei Solferino getöteten Österreicher bekanntzugeben. Der Minister bedauerte, daß man die Namen »aus organisatorischen Gründen nicht präzise« eruieren könnte. Wiehernd fügte der Amtsschimmel noch etwas von »gewaltigem Verwaltungsaufwand« hinzu.

Die Italiener errichteten kurz darauf ihr Mahnmal von San Martino-Solferino. Eine stolze, von einem mächtigen Turm gekrönte An-

lage, in deren Kapelle die Gebeine und Schädel aller in der Schlacht getöteten Soldaten – welcher Nation sie auch immer angehörten – beigesetzt wurden. An einer langen Wand wurden die Namen von 1226 gefallenenen Italienern verewigt. Während die Franzosen ihren Toten eine eigene Gedenkstätte errichteten, mußte die für Österreichs Soldaten vorgesehene Wand leer bleiben.
Die Italiener freilich bewiesen Geduld: Fünf Jahre nach ihrem ersten Anlauf fragten sie neuerlich im k. u. k. Außenministerium auf dem Wiener Ballhausplatz an. Ob es denn mittlerweile nicht möglich wäre, die Namen der gefallenen Österreicher..., man wollte sie ebenso ehren wie Italiener und Franzosen, denn wenn sie auch »Feinde im Kampfe waren, ruhen sie im Frieden des Grabes beisammen als Brüder«. Die ministerielle Antwort lautete neuerlich, man bedaure, man müsse, man könne, es ginge leider nicht.
Und so fragten die italienischen Behörden im Laufe der letzten hundert Jahre immer wieder in Wien an. Alle fünf bis zehn Jahre, geduldig, unaufhörlich. Hierzulande wurde »der Akt« von einem Hofrat zum anderen weitergeleitet, ebenso höflich wie abschlägig beantwortet und »schubladiert«. Der alte Herzmanovsky-Orlando hätte seine helle Freude dran gehabt.
Bei aller Geduld ist die Sache den Italienern irgendwann zu blöd geworden, und da brachten sie an der immer noch leerstehenden Wand ihrer Gedenkstätte statt der vorgesehenen Erinnerungstafel einen schlichten Hinweis an, wonach die Namen der gefallenen Österreicher »bereits von der Regierung in Wien angefordert« wurden. Das bislang letzte Ansuchen erfolgte 1980 und wurde wie alle vorhergehenden »mit dem Ausdruck des Bedauerns« abgelehnt.
Von alldem nichts ahnend, fuhren die pensionierten Kaufleute Alfred Rasinger und Ottokar Benesch aus Wr. Neustadt Ende der achtziger Jahre im Zuge einer Urlaubsreise mit ihren Familien durch Solferino und besichtigten die Gedenkstätte. Sahen dort die Tafel mit der Aufschrift »...von der Regierung in Wien angefordert«, und überlegten, »ob's nicht doch noch möglich wäre, die Namen der gefallenen Österreicher herauszufinden, die Sache ist ja peinlich für unser Land«. Vom Urlaub heimgekehrt, wandten sie sich ans Wiener Kriegsarchiv, das ihnen mitteilte, man könne zwar

eruieren, wie die toten Österreicher hießen, doch sei das sehr mühsam. Zwei Historiker müßten ein halbes Jahr lang Tausende Akten durchstöbern. Und das ist teuer. Kostenpunkt um die 120 000 Schilling.

»Dann machen wir's eben selber«, sagten die beiden Kaufleute. Als Mitglieder des Lions-Clubs – zu dessen obersten Statuten die Völkerverständigung zählt – fragten sie bei anderen Mitgliedern in Wr. Neustadt an, ob sie ihnen nicht behilflich sein wollten. Und fanden einen Oberlandesgerichtsrat, einen Richter und einen Versicherungsdirektor, alle ebenfalls in Pension. Drei Monate lang fuhren die fünf Herren reiferen Alters Tag für Tag nach Wien, setzten sich ins Kriegsarchiv, blätterten in alten, verstaubten Akten. Suchten in Sterbe- und Spitalsprotokollen, in Personalakten und Regimentsberichten.

»Alois Dornetshuber, 21 Jahre, aus Salzburg. Anton Forsthofer, 19, aus Graz. Philipp Deinbacher, 28, aus Linz ..., gefallen in Solferino für Kaiser und Vaterland«, wie es damals hieß. Die Namen der 2200 toten Österreicher waren seinerzeit fein säuberlich festgehalten worden, nur hatte sich eben bisher niemand drum gekümmert. Im Juni 1989, anläßlich des 130. Jahrestages der Schlacht, wurden die Namen dann tatsächlich in der Gedenkstätte »San Martino« auf einer Tafel feierlich enthüllt.

Fünf pensionierte Herren aus Wr. Neustadt haben in drei Monaten zuwege gebracht, was ein ganzes Kaiserreich und zwei Republiken mitsamt ihren Staatsapparaten, Beamten und Historikern in hundert Jahren nicht geschafft haben.

Die Schlacht von Solferino, als deren Folge für die Monarchie Mailand und die Lombardei verlorengingen, ist vor allem deshalb in die Geschichte eingegangen, weil sie den Genfer Kaufmann Henry Dunant bewog, das »Rote Kreuz« zu gründen. Die humanitäre Organisation sollte verhindern, daß in Zukunft – wie es in Solferino geschah – Abertausende Soldaten ohne ärztliche Hilfe verbluten müssen.

Kriegs-Berichterstatter

Von Roda Roda bis Hemingway

Berichterstatter bin ich mit Leib und Seele. Schreibe Geschichten aus der Geschichte, interviewe Künstler, Generale und Politiker. Aber Reportagen im Schützengraben, umgeben von Panzern und Raketen? Lieber nicht. Auch Journalisten haben Familie, denken ans Morgen. Sind keine Helden. Bis auf jene, von denen ich heute berichte.

Mutig und unerschrocken war sie, aber sonst ein eher schauriges Wesen: Alice Schalek, »der einzige vom Kriegspressequartier zugelassene weibliche Berichterstatter« des Ersten Weltkriegs, verherrlichte die Völkerschlachten weit über das von der Armeeführung geforderte Maß. Während sie »den Daheimhockenden, die aus der Zeitung den Krieg erleben«, nur Verachtung entgegenbrachte, verharmloste Alice Schalek in ihren Berichten die blutigen Kämpfe, um künftigen Soldaten den Marsch an die Front schmackhaft zu machen und besorgte Mütter in falscher Sicherheit zu wiegen.

»Die ungeheure Triebkraft eines Befehls verspüre ich jetzt am eigenen Leib«, berichtet die Kriegsreporterin im Juli 1916 von der Isonzofront. »Zum ersten Mal kann ich ganz mit der Mannschaft fühlen. Was für eine Erleichterung ist ein Befehl! Wunderbar leicht kommt man durchs Feuer, wenn der Befehl es erheischt. Wohl jenem Volk, das im Befehl leben darf.« Zwar trifft die bei Kriegsausbruch 40jährige Alice Schalek hin und wieder »zwischen den Stellungen ganz mumifizierte, durchlöcherte Leichen«, doch ist es im großen und ganzen ein recht komfortabler Krieg, den sie tagtäglich ihren Lesern in der »Neuen Freien Presse« vorgaukelt: »Wir essen ganz tüchtig und schlafen prächtig, und nächsten Mittag spielt die Militärmusik bei der Offiziersmesse auf. Im Freien wird gespeist, die Spargel schmecken gar köstlich, und süße Walzermelodien wetteifern mit dem Kuckuck und dem Specht.«

Der Erste Weltkrieg, von dem sie im lockeren Plauderton schreibt, als melde sie sich von einem Hausfrauenkränzchen, forderte zehn Millionen Menschenleben. Karl Kraus, der große Spötter, erkannte die schreckliche Gefahr der Verharmlosung durch Alice Schalek,

über die er in der »Fackel« schrieb, sie hätte »ihre Zartheit abgestreift und sich zum Mannweib verunstaltet«.
Chronist desselben Krieges – wenn auch von ganz anderem Format – war der große Schriftsteller Alexander Roda Roda. Je länger er von der Front berichtete, desto mehr war er von der Sinnlosigkeit des Gemetzels überzeugt. Und desto öfter verstieß er daher auch gegen die strengen Zensurbestimmungen der k. u. k. Heeresleitung. Für seine Reportage über einen russischen Unteroffizier, der einem Deutschmeisterfeldwebel das Leben gerettet hat, erhielt er die erste Verwarnung. Denn der Gegner im Feld durfte nicht menschlich dargestellt werden! Probleme bekam er auch nach dem Bericht über die Hinrichtung eines österreichischen Bauern, der dem Feind durch Morsezeichen militärische Geheimnisse verraten haben soll. Roda Roda deckte nämlich auf, daß der angebliche Spion Analphabet war. Als dann zwischen seinen Zeilen immer deutlicher wird, wie wenig er an einen Sieg der k. u. k. Armee glaubt, muß Roda Roda die Berichterstattung von der Front aufgeben.
So lange er seine Kriegsberichte durchgab, war er trickreich wie kein anderer. Von einer entscheidenden Schlacht konnte Roda Roda exklusiv berichten, weil er – um die Telegrafenleitung an der Front für sich zu reservieren – stundenlang den Text von Schillers »Glocke« an seine Wiener Redaktion kabelte. Auf diese Weise verfügte er, als dann der Ausgang des Gefechts feststand, als einziger Reporter über eine freie Telegrafenleitung.
Berühmte Berichterstatter im Ersten Weltkrieg waren auch Franz Molnár, Ludwig Ganghofer, Ludwig Thoma und Egon Erwin Kisch. Der »rasende Reporter« weigerte sich standhaft, seine Reportagen im Sinne der Kriegspropaganda verfälschen zu lassen. Als er 1916, unter Umgehung der Kriegspressezensur, in Wiener und Berliner Zeitungen einen Artikel veröffentlichte, wird Kisch, »wegen unerlaubter Berichterstattung« zu zehn Tagen schwerem Arrest verurteilt.
Nicht verhindern konnte die Zensur, daß Kisch alle seine Erlebnisse an der serbischen Front feinsäuberlich notierte und nach dem Krieg – unzensiert – herausbrachte. In dem Buch »Schreib das auf, Kisch!« kann man nachlesen, wie's wirklich war. »Zahllose Ver-

letzte wurden an uns vorbeigetragen, auf dem Rücken oder von je zwei Leuten bloß auf Händen. Stöhnende, Wimmernde, Schreiende, Zugedeckte, Blutende, Verbundene und Unverbundene. Leute, denen die Wange weggerissen war oder die Nase. Soldaten, die hinkten, und solche, deren Arm nur an einem Knochen und an Hautfetzen hing. Bäche von Blut flossen durch die engen Gänge. Durch den Geruch von Lehm, Blut und Schweiß und bloßgelegten Eingeweiden drangen die Schmerzensschreie, das Röcheln von Sterbenden.«

Die größte Erfahrung als Berichterstatter aus dem Schützengraben konnte der berühmteste von allen sammeln: Ernest Hemingway drahtete seine Reportagen in einer fast kindlichen Bewunderung soldatischer Leistungen sowohl aus den Weltkriegen I und II als auch vom spanischen Bürgerkrieg. »Wo immer die Freiheit unterdrückt wird, muß die gesamte Menschheit den Kampf aufnehmen«, meinte der Waffen- und U-Boot-Narr, der durch Unerschrockenheit und Todesverachtung glänzte und an der Piavefront schwer verwundet wurde. Schon im Zweiten Weltkrieg wird seine Todessehnsucht – die 20 Jahre später zum Selbstmord führt – erkennbar: »Darum gefällt's mir im Krieg«, schreibt Hemingway, »weil da jeden Tag und jede Nacht die große Wahrscheinlichkeit besteht, daß man getötet wird und nicht mehr schreiben muß.«

Mein Kollege Ernst Trost, 1967 für die »Kronen Zeitung« im Sechstagekrieg unterwegs, hat die Gefahren des Berufs hautnah verspürt: »Ich sah plötzlich eine gewaltige Stichflamme, dann wurden wir wie von einer Riesenfaust zu Boden geschleudert«, schilderte er den Augenblick, als sein Auto auf eine ägyptische Mine auffuhr. Ein kanadischer Journalist kam dabei ums Leben, Ernst Trost wurde schwer verletzt.

Journalist zu sein, gilt für viele als Traumberuf. Der des Kriegsberichterstatters kann sehr leicht zum Alptraum werden.

Duell

Im Zweikampf ging's um die Ehre

Duell. Allein das Wort läßt erschauern. Es stammt aus der Zeit, als Meinungsverschiedenheiten noch mit Waffengewalt endeten. Im Jahre 1913 stand Stefan Graf Tisza, Ministerpräsident der ungarischen Reichshälfte der k. u. k. Monarchie, dem Parlamentsabgeordneten Graf Karolyi im Säbelduell gegenüber, weil er sich durch eine Wortmeldung des Oppositionsführers in seiner persönlichen Ehre getroffen fühlte. Unvorstellbar heute, doch am Beginn unseres Jahrhunderts eine selbstverständliche »Ehrenpflicht«.

Kamen die beiden Politiker noch mit Verletzungen davon, so erging's Ferdinand Lassalle, Chef der deutschen Sozialdemokraten, weitaus schlimmer. Er verstarb 1864 beim Pistolenduell, zu dem der Arbeiterführer infolge einer Liebesaffäre mit einer Aristokratin aufgefordert wurde. Der spätere deutsche Reichskanzler Otto Fürst Bismarck duellierte sich als junger Mann wiederholt mit Gegnern seiner politischen Ansichten, und der Dichter Heinrich Heine wurde im Zweikampf um eine Frau verletzt. Auch von den Schriftstellern Hermann Bahr und Felix Salten ist bekannt, daß sie ihre Ehre mit der Waffe verteidigten.

Bis zum Ende der Monarchie war die Gesellschaft in zwei Gruppen geteilt: Galten Aristokraten, Akademiker, Studenten und Offiziere als »satisfaktionsfähig«, so besaßen Handwerker, Gastwirte oder einfache Soldaten keineswegs das »Privileg«, sich mit Gegnern schlagen zu »dürfen«. Welche Bedeutung der Zweikampf noch Ende des vorigen Jahrhunderts hatte, zeigt eine Untersuchung von Dr. Albert Wiesinger aus dem Jahre 1895, derzufolge sich zwischen 1880 und 1893 rund 2500 Österreicher im Zuge eines »Ehrenhandels« gegenüberstanden. Fast ein Drittel der Duellfälle endete tödlich! Die Beweggründe, die dazu führten, sich im Morgengrauen gegenseitig niederzuschießen, muten aus heutiger Sicht unglaublich an:

Im November 1884 standen einander zwei Ärzte nach einer Auseinandersetzung bewaffnet gegenüber, »weil der eine von beiden einen

Säbelduell 1913 der Grafen Tisza und Karolyi

medizinischen Fachausdruck falsch geschrieben hatte«. Einer der Duellanten wurde schwer verletzt.

Ein Student und Reserveoffizier forderte 1893 den Advokaten Dr. Kalman in Wien zum Pistolenduell, da dieser als Herausgeber einer Zeitung »eine abfällige Kritik über eine Sängerin abdrucken ließ«. Dr. Kalman verstarb an den Folgen der Duellverletzung.

In Innsbruck erlaubte sich der Sanitäts-Oberleutnant Franz Teuchler, den Diener des Regimentsarztes Dr. Wagner zu maßregeln. Der Arzt protestierte, es kam zum Streit, der mit einem Pistolenduell und dem Ableben des Dr. Wagner endete.

Obwohl das Duell nach dem Strafgesetz streng geahndet wurde –

bei Tötung des Gegners drohte schwerer Kerker bis zu zwanzig Jahren –, blieb gerade Offizieren keine andere Wahl, da sie im Falle einer Duell-Verweigerung mit Schimpf und Schande aus Armee und Gesellschaft verstoßen wurden. Zur Umgehung der strafrechtlichen Folgen wurden Zweikämpfe meist geheimgehalten. In vielen Fällen gelang es, verwundete Duellanten durch Vertrauensärzte versorgen zu lassen, doch konnte man Duelle mit tödlichem Ausgang natürlich nicht vertuschen.

Arthur Schnitzler, der in etlichen seiner Stücke auf das Duell einging, war als siebenundzwanzigjähriger Arzt und Reserveoffizier erstmals selbst hautnah mit der Problematik konfrontiert worden, als er sich weigerte, einen Kollegen von der Wiener Poliklinik »nach einem Streit über ein Tanzkränzchen« (!) zur Rechenschaft zu ziehen. Einige Jahre später schrieb Schnitzler das Schauspiel »Freiwild«, in dem er »die törichten Offiziers- und Ritterlichkeitsbegriffe« anprangerte.

Im Jahre 1900 sorgte die »Duellaffäre« des k. u. k. Offiziers Marchese Anton Tacoli für enormes Aufsehen, als dieser es aus religiösen Gründen ablehnte, von einem Kameraden, der ihn beleidigt hatte, mit Waffengewalt Genugtuung zu verlangen. Tacoli und sein Freund, Graf Ledochowski, der ihn verteidigte, wurden aus der Armee entlassen. Als Arthur Schnitzler aufgrund dieses Falles seine Novelle »Leutnant Gustl« veröffentlichte, verlor schließlich auch er seine Offizierscharge. Und zwar weniger wegen des Inhalts, sondern weil er einen Journalisten, der ihn und sein Stück beleidigt hatte, nicht zum Duell forderte.

Nachdem die Kirche schon lange gegen das Duell-Unwesen protestiert hatte, erfolgte bei Ausbruch des Ersten Weltkriegs endlich ein allgemeines Duellverbot, zumal die Armee auf keinen Mann im Feld verzichten wollte. Da das Verbot wiederholt durchbrochen wurde, sah sich Kaiser Karl am 4. November 1917 veranlaßt, einen neuerlichen Befehl zu geben, mit dem der bewaffnete Zweikampf bei schwerster Bestrafung untersagt wurde.

1936 sorgte dann noch der aus dem nationalsozialistischen Lager stammende General Alfred Krauss für Schlagzeilen, als er Dr. Kurt Schuschnigg öffentlich zum Duell forderte. Doch die Zeit des

Zweikampfs war vorbei, Österreichs Bundeskanzler hat auf das anachronistische »Angebot« nicht einmal geantwortet.

Heutzutage duellieren sich Politiker höchstens im Fernsehen. Bis jetzt hat das jeder überlebt. Zumindest physisch.

Als die Synagogen brannten

Die Reichskristallnacht

Armin Weiss war 13 Jahre alt, damals im November 1938. Er wohnte in der Großen Sperlgasse in der Wiener Leopoldstadt. Er besuchte die jüdische Schule in der Malzgasse und die Synagoge in der Großen Schiffgasse. Die Familie kaufte beim jüdischen Fleischhauer, im jüdischen Milchgeschäft, beim jüdischen Bäcker. Plötzlich war alles nicht mehr. Am 9. und 10. November 1938 wurden Synagogen und Wohnungen, Geschäfte und Fabriken gestürmt und vernichtet. Die Nazis bezeichneten den Terrorakt als Reichskristallnacht.

»Wir waren zu Hause geblieben, weil uns Nachbarn gewarnt hatten, auf die Straße zu gehen«, erinnert sich der alte Herr. Den ganzen Tag stand er damals am Fenster der Wohnung seiner Eltern und sah die Rauchschwaden der brennenden Häuser, hörte das Klirren der Scheiben, beobachtete die aus HJ-Burschen, SA-Leuten und Zivilisten mit Hakenkreuzbinden bestehenden Rollkommandos, die in Lastautos plündernd durch die Straßen fuhren und Männer wie Frauen, die sie für Juden hielten, zusammenfingen.

Als sich Armin Weiss am nächsten Morgen wieder aus dem Haus wagte, sah er das in der Reichskristallnacht angerichtete Unheil. Der koschere Fleischhauer, das Milchgeschäft, die Bäckerei – ein Großteil der Geschäfte seiner unmittelbaren Umgebung war vernichtet. »Ich wollte in die Synagoge gehen, um von dort meine persönlichen Gebetbücher und -utensilien zu holen, aber meine Eltern haben's mir verboten.« Erst nach zwei Wochen ging der halbwüchsige Knabe zur »Schiffschul«, wie sie das Gotteshaus nannten, »aber das Gebäude lag in Schutt und Asche, ein einziger Trümmerhaufen war von der einst prachtvollen Synagoge, die 750 Menschen Platz geboten hatte, übriggeblieben. Heute noch ist das hinter dem Wohnhaus Große Schiffgasse 6 liegende Grundstück unverbaut, ein leerer Hof, der an die Ereignisse vom November 1938 gemahnt.

Das Bethaus im zweiten Bezirk war eine von zweiundvierzig Wiener Synagogen, die in jenen beiden Tagen und der dazwischenliegenden Nacht dem Erdboden gleichgemacht wurden. Nur der Tempel in der Seitenstettengasse blieb verschont, weil ein Brandanschlag die benachbarten Innenstadt-Wohnhäuser zu sehr gefährdet hätte. Siebenundzwanzig Wiener Juden waren in der Reichskristallnacht getötet, achtundachtzig schwer verletzt worden. Dazu kamen rund 2000 Wohnungen, die »judenrein« gemacht, und 4000 Geschäfte, die vernichtet wurden. Tausende Juden waren festgenommen, viele von ihnen nach Dachau verschleppt worden.

Ähnlich erging es den Juden in Graz, Linz, Innsbruck und den anderen Städten, doch waren die Schrecken der Reichskristallnacht natürlich nicht auf österreichisches Gebiet – das man ein halbes Jahr zuvor mit dem »Anschluß« zur Ostmark degradiert hatte – beschränkt. Im ganzen Reich waren die Plünderer mit Handgranaten, Brandbomben und Eisenstangen unterwegs: Insgesamt hatte man auf deutschem Boden 20000 Juden gefangengenommen und einundneunzig ermordet, 170 Wohnhäuser zerstört und 7500 Geschäfte vernichtet. Deren zerborstene Auslagenscheiben der Terroraktion den Namen Reichskristallnacht gaben.

Das alles nannte sich »Vergeltungsmaßnahme« für ein zwei Tage zurückliegendes Attentat auf den in Paris akkreditierten deutschen Legationssekretär Ernst von Rath durch den 17jährigen Polen Herschel Grynszpan, dessen Eltern von den Nazis deportiert worden waren. Propagandaminister Joseph Goebbels hatte es in wüsten Hetzreden verstanden, die Verantwortung für den Mordanschlag dem ganzen Judentum anzulasten. »Das deutsche Volk«, wurde verbreitet, müsse »aus dieser neuen Tat seine Folgerungen ziehen«. In Radioaufrufen und Zeitungskommentaren wurde der Bevölkerung »spontane Volkswut« nahegelegt, die Gestapo erhielt den

Auftrag, gegen Juden und jüdische Lokalitäten gerichtete Aktionen nicht zu stören. Im Nürnberger Kriegsverbrecherprozeß wurde Goebbels später mehrfach als Initiator der Reichskristallnacht bezeichnet, andere Quellen sprechen hingegen von einem direkten »Führerbefehl«. Erst aus den später im Moskauer Zentralarchiv aufgefundenen Goebbels-Tagebüchern ließ sich der eindeutige Beweis erbringen, daß der Propagandaminister selbst, mit Billigung Hitlers, den Befehl zur »Aktion Reichskristallnacht« gab: »Ich weise in Berlin an«, notiert er am 10. November 1938, »die Synagoge in der Fasangartenstraße zerschlagen zu lassen ... Wir lassen nur so weit löschen, als das für die umliegenden Gebäude notwendig ist. Sonst abbrennen lassen. Aus dem ganzen Reich laufen nun die Meldungen ein: 50, dann 75 Synagogen brennen. Der Führer hat angeordnet, daß 20–30 000 Juden sofort zu verhaften sind. Das wird ziehen ... Als ich ins Hotel fahre, klirren die Fensterscheiben. Bravo! Bravo!«

Abgesehen von der Grausamkeit des Terrorakts bedeutete die Reichskristallnacht die sinnlose Zerstörung wertvoller Kultur- und Wirtschaftsgüter.

Als Gauleiter Josef Bürckel Mitte November an Hermann Göring nach Berlin telegrafierte, daß in Wien »die völlige Ruhe wiederhergestellt ist«, waren die mörderischen, gegen die Juden gerichteten Maßnahmen, wie man weiß, nicht beendet. Der Holocaust sollte noch ungeahnte Formen annehmen und dauerte bis zum Ende der Schreckensherrschaft an. Am 9. und 10. November 1938 hatten freilich viele Österreicher, die bis zu diesem Zeitpunkt noch immer nicht an die Brutalität der Nazis glauben wollten, das wahre Gesicht der neuen Machthaber erkannt.

Armin Weiss gelang wenige Wochen nach der Reichskristallnacht die Ausreise nach England, auch seine Eltern und Geschwister konnten sich retten, ein Teil der übrigen Verwandtschaft fiel jedoch den Gaskammern zum Opfer. »Mit der Vernichtung der Synagogen in der Reichskristallnacht hatten die Nazis versucht, den Geist der gläubigen Juden zu brechen«, sagt Armin Weiss. »Doch das ist ihnen bei denen, die überlebt haben, nicht gelungen.«

Georg Elser, der vergessene Attentäter

Mordanschlag auf Hitler im Bürgerbräukeller

Elf Minuten bestimmten die Weltgeschichte. Weil Adolf Hitler am Abend des 8. November 1939 den Münchner Bürgerbräukeller früher als vorgesehen verließ, überlebte er das erste Attentat, das nach Kriegsausbruch auf ihn verübt wurde.

München, zwei Monate nach dem Einmarsch deutscher Truppen in Polen. Fünfzig Millionen Menschen, die in den nächsten sechs Jahren auf Schlachtfeldern und in Konzentrationslagern sterben werden, sind noch am Leben. Adolf Hitler spult im Bürgerbräukeller der bayerischen Metropole eine seiner wahnwitzigen Reden ab. Um 21.09 Uhr – etwas früher als vorgesehen – verläßt er das Bierlokal. Elf Minuten danach detoniert eine Bombe. Eine Kellnerin und sieben seiner »Alten Kämpfer« werden bei dem Anschlag getötet, 63 Personen zum Teil schwer verletzt. Das Rednerpult, an dem Hitler gerade noch stand, liegt in Schutt und Asche.

Keine Frage, der »Führer« des Deutschen Reichs hätte das Attentat des einfachen aus Schwaben stammenden Handwerkers nicht überlebt, wäre er so lange wie ursprünglich vorgesehen im Bürgerbräu geblieben. Kaum ein Attentäter der Weltgeschichte hat sein Vorhaben so minutiös geplant wie der 36jährige Georg Elser. Nach mehr als einjähriger Vorbereitung hatte er innerhalb von drei Monaten nicht weniger als 35 Nächte im Bürgerbräu verbracht. Abends pflegte er dort ein Bier zu trinken, um sich zur Sperrstunde zu verstecken und im Lokal einsperren zu lassen. Während der Nachtstunden traf der Handwerker dann alle Vorkehrungen, die zum Einbau seiner Bombe notwendig waren.

Der Zeitpunkt des geplanten Attentats war wohlüberlegt: Hitler kam jedes Jahr Anfang November in den Bürgerbräukeller, um hier mit seinen Kameraden den Marsch auf die Münchner Feldherrnhalle des Jahres 1923 zu feiern. Normalerweise dauerte seine Redezeit bei solchen Gelegenheiten eineinhalb Stunden. Nur diesmal brach er früher ab, um einen auf ihn wartenden Sonderzug nach Berlin zu erreichen.

Der Attentäter hatte während seiner nächtlichen Bürgerbräu-Aufenthalte eine – direkt neben Hitlers Redepult stehende – Säule ausgehöhlt. Der mühsam gewonnene Hohlraum bot einer von ihm konstruierten »Höllenmaschine« Platz. Elser war ein geschickter Handwerker, in den vielen Nächten, die er allein in dem Bierlokal verbrachte, gelang es ihm, am Rande der Säulenverzierungen eine kleine Tür einzuschneiden, die man mit freiem Auge nicht erkennen konnte. Dahinter plazierte er die mit einem Zeitzünder versehene Bombe.
Was waren die Beweggründe des tiefreligiösen Protestanten? Als er seinen Plan zu schmieden begann, war der Krieg noch nicht ausgebrochen. Aber wie viele andere erahnte Elser die sich anbahnende Katastrophe. »Der von mir seit Herbst 1938 vermutete unvermeidliche Krieg beschäftigte stets meine Gedankengänge«, gestand Elser später im Gestapo-Verhör. Darüber hinaus hatte der Tischlergeselle registriert, daß sich die Einkommensverhältnisse der »kleinen Leute« seit Hitlers Machtergreifung verschlechtert hätten. »Der Arbeiter kann heute seinen Arbeitsplatz nicht mehr wechseln, wie er will«, gab Elser zu Protokoll, »er ist durch die HJ nicht mehr Herr seiner Kinder; und auch in religiöser Hinsicht kann er sich nicht mehr so frei betätigen.« Also kam Georg Elser zu dem Schluß, »daß die Verhältnisse in Deutschland nur durch eine Beseitigung der augenblicklichen Führung geändert werden könnten. Durch meine Überlegungen kam ich zu der Überzeugung, daß durch die Beseitigung von Hitler, Göring und Goebbels andere Männer an die Regierung kommen, die an das Ausland keine untragbaren Forderungen stellen, die kein fremdes Land einbeziehen wollten und für eine Verbesserung der sozialen Verhältnisse Sorge tragen werden.«
Elser wurde – eine halbe Stunde bevor die durch Zeitzünder gesteuerte Bombe losging! – verhaftet: Er hatte sich verdächtig gemacht, als er bei Konstanz illegal die Grenze zur Schweiz passieren wollte. Hielt man den Mann, der etwas Werkzeug und ein paar Spiralfedern bei sich trug, vorerst für einen unbedeutenden »Spinner«, so änderte sich die Sachlage, als die Meldung durchsickerte, daß der Bürgerbräukeller in die Luft geflogen war. Da zählte Elser sehr bald zum Kreis der Hauptverdächtigen. Kriminalrat Huber

aus Wien wurde zum Leiter der »Täterkommission« bestellt und eigens aus der »Ostmark« eingeflogen. Ihm gelang es, Elser der Tat zu überführen, als er mit seinen Kriminalisten feststellte, daß der Attentäter bei den monatelangen Vorbereitungen des Anschlags viele Nächte gekniet haben muß, da sich die kleine Tür an der Säule wenige Zentimeter über dem Fußboden befand – und Elser hatte an seinen Knien wunde und entzündete Stellen. Daraufhin legte der Täter ein umfassendes Geständnis ab. Falsch war freilich die vom Propagandaministerium verbreitete Meldung, Elser hätte im Auftrag des britischen Geheimdienstes gehandelt. Ganz im Gegensatz zu dieser Darstellung war Elser ein ausschließlich von seinem Gewissen geleiteter Einzeltäter.

Georg Elser, der den Krieg durch ein Attentat auf Hitler beenden wollte, hat diesen Krieg nicht überlebt. Er wurde am 9. April 1945, wenige Wochen vor dem Ende der Naziherrschaft, im KZ Dachau erschossen. Wieder spielten nur Augenblicke eine große Rolle: War Hitlers Rede für Elsers Vorhaben etwas zu kurz ausgefallen, so dauerte der Krieg für sein eigenes Leben um einige Tage zu lang.

Kriminalfall »Bernstein«

Hitlers Räuber im Zarenpalast

Ein ganzes Zimmer ist verschwunden, wie vom Erdboden verschluckt. Die Geheimdienste Europas und Amerikas haben die fieberhafte Suche nach dem prachtvollen Raum, der vielfach als »achtes Weltwunder« bezeichnet wurde, noch immer nicht aufgegeben. Und das, obwohl seit mehr als 40 Jahren jede Spur des einzigartigen Schatzes fehlt. Hitler hatte das Bernsteinzimmer 1941 aus dem Zarenpalast geraubt, weil er es nach Kriegsende als Mittelpunkt des von ihm geplanten »größten Museums der Welt« in Linz aufstellen wollte. Internationale Experten vermuten, daß der

Prunksaal des Zaren längst in den USA gelandet ist, andere Spuren führen ins Salzkammergut. Nur die Russen glauben offensichtlich nicht mehr daran, das Bernsteinzimmer je wieder zu finden, zumal Michail Gorbatschow Ende der achtziger Jahre den Auftrag gab, das auf 1,7 Milliarden Schilling geschätzte Kulturheiligtum des russischen Volkes im Katharinenpalast bei Leningrad originalgetreu nachzubauen.

Preußens König Friedrich Wilhelm I. ließ das mehr als 100 Quadratmeter große und sechs Meter hohe Bernsteinzimmer im Jahre 1701 auf Schloß Charlottenburg errichten. Wände, Möbelstücke, Intarsien, Decken und Fußböden waren mit Bernstein – einem der prachtvollsten und teuersten Schmucksteine – ausgelegt worden, Figuren und Ornamente strahlten in prächtigen Farben.

Etwa zur selben Zeit stampfte Rußlands Zar Peter der Große eine neue Hauptstadt aus dem Boden, der er den Namen St. Petersburg gab; Lenin ließ sie nach der Revolution nicht minder bescheiden in Leningrad umbenennen (heute heißt die Stadt wieder St. Petersburg). Als der Zar 1716 Berlin einen Staatsbesuch abstattete, war er vom Bernsteinzimmer im Königspalast hellauf begeistert, zumal er seiner neuen Residenz ein ebenso prunkvolles Gepräge verleihen wollte.

Da Preußens König Rußland als militärischen Verbündeten gewinnen wollte, machte er seinen eigenen Festsaal dem Zaren zum noblen Präsent: Die 22 riesigen Tafeln aus purem Bernstein, die 150 Platten, Wappen, Girlanden und kunstvoll gefertigten Skulpturen wurden abmontiert und im darauffolgenden Winter auf Schlitten nach Petersburg gebracht.

Das war die erste Übersiedlung des Barockjuwels. Wenige Jahre danach ließ es die Zarin in den Katharinenpalast – ihren Sommersitz im heutigen Puschkin – bringen, wo es durch venezianische Spiegel, vergoldete Türen und Perlmuttintarsien ergänzt und im Lauf von zwei Jahrhunderten zum russischen Kulturheiligtum wurde. Als Hitlers Truppen 1941 Leningrad stürmten, hatten sie den »Führerauftrag« im Gepäck, das Bernsteinzimmer »heim ins Reich« zu holen. Zu diesem Zweck wurde das »Kunstraubkommando« des Reichsministers in das besetzte Gebiet entsandt, die wertvollen Wandpaneele, Figuren, Möbel zerlegt und in riesigen Kisten nach

Königsberg gebracht. In Linz sollte der Prunkraum, nach Hitlers Wunsch, erst nach Ende des Krieges aufgestellt werden.
Nach einem Brand im Königsberger Schloß schien die weitere Lagerung zu gefährlich, das Bernsteinzimmer wurde im Jänner 1945 demontiert und neuerlich übersiedelt. Von da an verlieren sich die Spuren, die Nazis wählten ein derart geheimes Versteck, daß eines der wertvollsten Zimmer der Welt seither nicht wieder auftauchte.
Mit Ende des Krieges setzten in aller Welt Suchaktionen ein. Eine Spur führte ins Salzbergwerk Bad Aussee, in dessen Stollen etliche Kunstschätze gelagert waren. Doch fündig wurde man hier ebensowenig wie in anderen Ländern, die fieberhaft nach dem Bernsteinzimmer fahndeten. Allein in der deutschen Region Thüringen wurden seit Kriegsende 921 Burgen, Tausende Gebäude, Stollen und Bergwerke überprüft, Geheimgänge untersucht, Grabungen durchgeführt. Man suchte in einer Brauerei bei Königsberg, unternahm eine Taucherexpedition zu dem 1945 in der Ostsee versenkten Schiff »Wilhelm Gustloff«, in dem man den Bernsteinschatz vermutete – doch alles blieb ergebnislos.
Der deutsche Hobbyhistoriker Georg Stein, der die Spuren des Festsaales 20 Jahre lang verfolgte, opferte – so behaupten manche – dem Bernsteinzimmer sogar sein Leben. Kurz nachdem er 1987 öffentlich erklärt hatte, er vermute das Bernsteinzimmer in Amerika, wurde er in Bayern tot aufgefunden, sein Körper von mehreren Messerstichen durchbohrt. Und von den Tätern fehlt bis heute jede Spur.

Nicht ganz Unerotisches

Von Giacomo Casanova bis Josefine Mutzenbacher

Casanova in Österreich

Einige Abenteuer des legendären Liebhabers

Casanova in Österreich? Ich ging der Frage nach und wurde fündig. War doch der Welt berühmtester Frauenheld tatsächlich auch hierzulande überaus aktiv.
Erstmals 1752, als der damals 27jährige Italiener eine Wiener Baronin beglückt, »die ein lockeres Leben geführt, aber nicht alle Reize eingebüßt« hatte. Als »unerbittliche Quälgeister« behält der liebestolle Österreich-Besucher die »Keuschheitskommissare« der Kaiserin Maria Theresia in Erinnerung, die »alle hübschen Mädchen auf die unbarmherzigste Weise verfolgten«. Und das, vermerkt Giacomo Casanova in seinen Memoiren, obwohl der Gemahl der Kaiserin selbst »eine Anzahl von Liebesverhältnissen« hat.
Auch wenn es »mühsam war, ein Plätzchen zu finden, wo man in Ruhe sein Bedürfnis verrichten konnte«, läßt sich Casanova durch die staatlichen Sittenwächter keineswegs abschrecken. Und so verführt er neben besagter Baronin auch noch eine ungenannte Zahl von Wienerinnen, die »der Liebe huldigten, und das so gründlich, daß sie nicht einmal befürchteten, durch Annahme von Gold ihre Vornehmheit zu verlieren«. Beim Picknick in Schönbrunn mit einer freizügigen Schönheit verdirbt er sich nach erfolgreichem Geschlechtsakt den Magen und sieht seine letzte Stunde gekommen. Die anschließende Behandlung durch einen Arzt mißfällt ihm dermaßen, daß er auf ihn schießt. Der Doktor rennt um sein Leben.

Giacomo Casanova, am 2. April 1725 als Sohn armer Schauspieler in Venedig geboren, studierte Jus und Theologie, ehe er zunächst Priester wurde. Der reiche Senator Bragadin, dem er nach einem Schlaganfall das Leben rettet, adoptiert ihn, worauf Casanova aus lauter Dankbarkeit dessen Frau beglückt. Infolge dieses Abenteuers

Sohn armer Schauspieler: Giacomo Casanova

von seinem Gönner verstoßen, bereist Casanova als Kaufmann, Diplomat, Hochstapler, Glücksspieler und Tagedieb ganz Europa. Und findet, wo immer er hinkommt, dankbare Gespielinnen.
Drei Jahre nachdem er Wien zum ersten Mal unsicher gemacht hat, wird er in seiner Heimatstadt Venedig wegen ausschweifenden Lebenswandels zu fünf Jahren Kerker verurteilt. Nach einer abenteuerlichen Flucht aus den berüchtigten Bleikammern der Lagunenstadt geht Casanova unter dem Pseudonym Chevalier de Seingalt neuerlich auf Reisen, erobert Frauenherzen in Preußen, Böhmen, Sachsen, Italien, Frankreich und Polen, um 1766 nach Wien zurückzukehren. Diesmal in seinem Betätigungsfeld etwas eingeschränkt, muß er doch die linke Hand in der Schlinge tragen. Die Verletzung hat sich der nunmehr 42 Jahre alt gewordene Playboy in Warschau geholt, wo er einem Grafen Branicki im Pistolenduell gegenüberstand. Den Grund dazu hatte eine reizende Schauspielerin geboten, die mit beiden Herren den Beischlaf pflegte.

Die Duellaffäre hat Casanova gesellschaftlich aufgewertet – sich mit einem Aristokraten im Zweikampf zu messen, bedeutete damals, mit diesem auf dieselbe Stufe gestellt zu werden. Dennoch verläuft sein zweiter Aufenthalt an der Donau, was die Liebe betrifft, eher armselig: In Casanovas Wiener Absteige erscheint, wie er uns hinterläßt, »ein zwölf- oder dreizehnjähriges Mädchen«, das ihn »erst um eine milde Gabe bittet und dann die sonderbarsten Angebote macht. Ich fand das wunderhübsch, kam mit ihr zur Sache und schickte sie mit zwei Dukaten fort«. Über Linz gelangt er per Postkutsche nach Augsburg, wo er sich in neue Abenteuer stürzt.

Gerade die Geständnisse seiner Mißerfolge und auch die Schilderung »gekaufter« Liebesnächte sind es, die seine Memoiren glaubwürdig machen. Casanova war kein Angeber, ergab die eingehende Prüfung seiner Berichte.

Auch in späteren Jahren aufgrund seines amourösen Lebenswandels mehrfach im Gefängnis, dürfte er sich's zuletzt mit den Behörden »arrangiert« haben, indem er als Polizeispion und Spitzel der Inquisition in Freiheit lebte.

Als er mit 62 Jahren zum dritten Mal im Gebiet des heutigen Österreich weilt, ist's zwar schon vorbei mit den großen Abenteuern, und dennoch wird Wien zur wichtigen Station Casanovas. Lernt er doch hier den Grafen Waldstein kennen, der ihm eine Stelle als Bibliothekar auf Schloß Dux in Böhmen anbietet. Diesem Posten verdanken wir die detailreiche Kenntnis seiner Verführungskünste, zumal er jetzt endlich Zeit findet, seine Abenteuer zu Papier zu bringen. Auf 4000 Seiten erinnert sich der alternde Don Juan aufgrund seiner peinlich genau geführten Tagebuchaufzeichnungen (anders hätte er sich all die Bettgeschichten nicht merken können) an mehrere hundert Affären mit »den schönsten Weibern« Europas.

Seine Memoiren sind freilich weit mehr als eine bloße Aufzählung sagenhafter Potenz. Zählt doch Casanovas »Geschichte meines Lebens« zu den besten kulturhistorischen Quellen des Rokoko, die den Sittenverfall der herrschenden Kreise in ganz Europa sowie soziale und kirchliche Mißstände wie kein anderes Werk wiedergeben. Seine Gespräche mit Voltaire, Rousseau, dem König von Preußen und der russischen Zarin Katharina zeugen von großem Geist. Aber er wurde nur durch seine Eskapaden berühmt.

300 Liebhaberinnen sollen es gewesen sein, errechneten Casanova-Forscher. Und doch war's um eine zuwenig. Denn niemand ist bei ihm, als Giacomo Casanova mit 73 Jahren auf Schloß Dux seinem Prostataleiden erliegt. Das erotisch so wechselhafte Dasein bereitete Vergnügen in jungen Jahren, machte aber einsam im Alter.

Ganz Paris träumt von der Liebe ...

... und praktiziert sie auch

Eine Villa in bester Lage, Prostitution auf dem Plüschsofa. Kristallene Luster und fleischliche Lust. Dezent gekleidete Herren und weniger dezent – weil gar nicht – gekleidete Damen. Lea, Elise, Marcelle, Georgette, Marie. Wir befinden uns in einem Bordell der Luxusklasse. Natürlich in Paris, der Hauptstadt der Liebe.

Die Kunden des »One Two Two« an der Seine zählten dereinst zu den Spitzen der Gesellschaft. Reichtum und Wollust trafen sich hier zum Diner, um nach der Vorspeis' das Vorspiel zu genießen – mit einer oder auch mit mehreren der 60 perfekt gebauten Damen.

Geliebt wird je nach Lust, Laune und Brieftasche im Salon à la Versailles oder altgriechisch möbliert. Bestimmt veranlagte Herren (aber auch Damen) ziehen Folterkammern vor, andere treiben's im gläsernen Sarg, eingerahmt beim Liebesakt von Kerzen und Kränzen. In den teuren, stets auf ihren guten Ruf (!) bedachten Häusern der Lust ist für jeden Geschmack gesorgt.

Die käuflichen Logierdamen kommen aus allen Berufen, waren Dienstmädchen, Kellnerinnen, Mannequins, ehe sie sich hinlegten. Jeannine de T., Tochter eines Marquis, reich verheiratet und von acht Domestiken verwöhnt, tat's freilich nicht des Geldes wegen, sondern »weil sie immer schon davon träumte, auf den Strich zu gehen, und sich mit der Gier eines ausgehungerten Raubtieres in den Beruf stürzte«. Andere machten Karriere, angelten sich im Bordell einen Milliardär, wurden Mätresse, wenn nicht gar Madame.

Zu den Gästen im »One Two Two« zählten Marlene Dietrich, Humphrey Bogart, Charlie Chaplin, Cary Grant, indische Maharadschas, der junge Churchill. Und sie wollten nicht immer nur »das eine«. Ganz im Gegensatz zu Englands späterem König Edward VII., der die schönsten Kokotten des Nobelclubs »Chabanaìs in einer mit Champagner gefüllten Badewanne beglückte. Edith Piaf wohnte sogar – samt Liebhaber – monatelang im Bordell »Étoile de Klébèr« und empfing dort den großen Jean Cocteau. Zum Gespräch.

Tja, Paris ist eben anders als Wien, Berlin oder London, wo man sich der Sünde mit Hut und aufgestelltem Mantelkragen nähert, um nur ja nicht erkannt zu werden. Man geniert sich nicht für seine Frivolität, sondern stellt sie offen zur Schau, Paris träumt von der Liebe. Und praktiziert sie auch.

Daß die Liebes- und Leibeslust den Betreibern der Etablissements sehr viel Geld bringt, steht fest. In Paris sind 1939 zwei Cadillacs zugelassen – einer gehört Sacha Guitry, Stammgast im »One Two Two«, der andere Marcel, dem Besitzer desselben Lokals.

Im Konkurrenz-Bordell »Sphinx« geht Frankreichs hohe Politik ein und aus, hier verkehren Minister, ohne zu wissen, daß hinterm Bett ein Mikrophon installiert ist und einer heißen Liebesnacht die eiskalte Erpressung folgt, weil man im Rausch der Erregung einem Flittchen ein Staatsgeheimnis ins Ohr geflüstert hat.

Künstler lassen sich seit jeher von der anrüchigen Atmosphäre im Maison d'amour inspirieren, allen voran Toulouse-Lautrec, der große Chronist des Montmartre, von dem ein Stammgast seinem Tagebuch anvertraute, »er ist kein Kunde, sondern gehört zum Haus«. Der Maler selbst genoß es, daß sich seine Modelle »wie Tiere auf den Canapés räkeln«, während er die unnachahmlich erotischen Dokumente festhielt. Guy de Maupassant wiederum hat die hohe Kunst der Liebe nicht nur beschrieben, sondern auch unter Beweis gestellt: »In einer Stunde« habe der Dichter, bestätigen Augen- wie Ohrenzeugen, »sechs Mädchen genommen«.

Soweit die relativ sonnigen Seiten der Puffgeschichte. Weit weniger vornehm geht's in den sogenannten »Schlachthöfen« der Vorstadt zu, erfahren wir in Alphonse Boudards Standardwerk zum Thema, »Das Goldene Zeitalter des Bordells«. Dort, wo ausgehungerte

Matrosen für vier Francs über billige Nutten und für fünf Francs über Negerinnen herfallen (»weil diese Ware«, wie ein Zuhälter 1925 erklärte, »immer seltener wird«). Die hier tätigen Frauen, weder jung noch schön, müssen bis zu 100 Freier »pro Schicht« befriedigen – zwölf in der Stunde –, um wenigstens für die Miete aufkommen zu können. Denn die Hälfte der Gage kassieren »Beschützer« sowie Bordellwirt »inklusive Benützung von Handtuch und Bettwäsche«, die einmal im Monat (!) gewechselt wird. Manchmal ist der Andrang so groß, »daß man sich zwischen zwei Kunden nicht waschen kann«, schrieb 1936 eine Dirne an die Unterstaatssekretärin im Pariser Erziehungsministerium. Die Herren Zuhälter verkraften es, das eine oder andere Pferdchen im Stall durch einschlägige Krankheit zu verlieren, sie haben ja Reserven – René Pierre B., genannt P'tit René, verwies in seinen 1937 veröffentlichten »Memoiren« stolz auf »914 Weiber, Anfängerinnen und Fortgeschrittene, die dank meiner Vermittlung ins Bordell gegangen sind«.

Seit 1946 sind Frankreichs Bordelle verboten.

Man nennt die Lusthäuser jetzt anders, aber geändert hat sich nicht allzuviel.

Wien lüftet seine erotischen Geheimnisse

Eine der größten Erotik-Sammlungen Europas lagerte im Tresor

Die Brüder Nikola lebten zur Jahrhundertwende in Wien, waren wohlhabend und von unterschiedlicher Einstellung zu den Freuden des Lebens. Eduard, der Jüngere, hat nie einen Beruf ausgeübt und scheint in Lehmann's Wohnungsanzeiger als »Privatier« auf. Josef, der Ältere, hingegen, war ebenso fleißig wie prominent. Er besaß ein Kaffeehaus in der Josefstadt, war Abgeordneter im Wiener Gemeinderat und machte sich unter dem Pseudonym »J. N. Kola« auch als Bühnendichter einen Namen. Und dennoch blieb nur

Eduard, der »Privatier«, unsterblich. Denn er sammelte. Hatte ein Lebenlang genügend Zeit, Erotisches zusammenzutragen. Und hinterließ uns eine der größten diesbezüglichen Sammlungen Europas.

»Eintritt verboten«, das Schild prangt an der Tür, die zu dem kleinen Raum der Stadt- und Landesbibliothek im Wiener Rathaus führt. Dahinter befinden sich die vier hohen Stahlschränke, die Schlüpfriges beherbergen. Den Grundstock der Erotica-Sammlung bildet der Nachlaß des Herrn Nikola. Er war am Heiligen Abend des Jahres 1905 gestorben und hatte die Stadt Wien testamentarisch als Alleinerbe seiner auf 5278 Kronen geschätzten pikanten Bibliothek bedacht.

Worauf Bürgermeister Dr. Lueger aus allen Wolken fallen mußte. Denn einerseits enthielt die Sammlung neben weltweit Einzigartigem auch »sehr wertvolle alte Ausgaben der bekanntesten und charakteristischsten Werke der erotischen Literatur«. Doch andererseits hätte die Stadt Wien das Erbe aus strafrechtlichen Gründen gar nicht antreten dürfen. Verschämt empfahl der damalige Direktor der Städtischen Sammlungen dem Bürgermeister in einem bis heute erhalten gebliebenen Aktenvermerk, das Legat allen gesetzlichen Bestimmungen zum Trotz »anzutreten, weil diese Werke einen nicht zu unterschätzenden Beitrag zur Kulturgeschichte bilden«. Außerdem würde »gerade auf diese Weise für die Jugend gefährliche Literatur unberufenen Händen entzogen«. Denn im Rathaus bliebe die Sammlung selbstverständlich »unter Verschluß«. Gesperrt für die Öffentlichkeit.

Und das blieb sie auch, mehr als achtzig Jahre lang, bis Bibliotheksdirektor Herwig Würtz im Jahre 1989 die Stahlschränke öffnete.

Die erotische Bibliothek des Herrn Nikola, die in der Luegerzeit von der Stadt Wien sozusagen »unter der Hand« übernommen wurde, hat im Verlauf der folgenden Jahrzehnte durch Spenden und Ankäufe eine beachtliche Erweiterung erfahren. So daß die Wiener Sammlung heute nach denen der Pariser National- und der Bayerischen Staatsbibliothek als die umfassendste Europas gelten kann.

Begleiten Sie mich also kurz dorthin, wo geplagte Bürger eher beamtete Ärmelschoner als kaum verhüllte Frauenkörper erwarten. Ins Wiener Rathaus also.

Der Bibliotheksdirektor öffnet die gepanzerten Schränke. Und wir sehen vor uns: Pikante Fotografien, feinsäuberlich in Dutzende Alben geklebt. Geordnet und beschriftet als »Wiener Akte«, »Stellungen der Liebe«, »Perversionen«. 2000 einschlägige Bücher, deren älteste aus dem 17. Jahrhundert stammen. Zu den erotischen Standardwerken der Weltliteratur zählen die in Schweinsleder gebundenen Schweinereien des Marquis de Sade ebenso wie ein Erstdruck der Lebensgeschichte der wienerischen Dirne Josefine Mutzenbacher und das 1787 verfaßte »Taschenbuch für Grabennymphen« mit Tips und Tricks für Freudenmädchen und solche, die es noch werden wollen. Vergilbte Buchrücken verheißen sämtliche »Formen der Liebe« oder prangern »Die sexuelle Untreue der Frau« an. Hier gibt es »Altwiener Erotica«, »Die Jungfernschaft«, »Blutschande«. Und das vierbändige »Lexikon der Erotik«. Aber auch etliche (aus gutem Grund) unveröffentlicht gebliebene Manuskripte.

Die meisten Werke – das gehört zum Thema – sind mit pornographischen Abbildungen versehen. Zu den Kuriositäten der Sammlung zählen erotische Bände, die schlaue Sammler »getarnt« haben, um den drakonischen Strafen früherer Jahrhunderte zu entgehen: Allzu Gewagtes versteckt sich hinter dem Einband eines Gebetbüchleins und manch anderem, das nur nichts Pikantes vermuten läßt. Kisten und Mappen sind prallgefüllt mit weiteren Fotos, mit Radierungen, Grafiken, Kunstdrucken. Vieles von dem, was damals, als Herr Nikola seinen frivolen Besitz der Stadt Wien überließ, als Pornographie galt, ist heute Erotik. Die Zeiten haben sich geändert.

Daß nicht alles nackt sein muß, was erotisch ist, sieht man bei der Durchsicht der Stahlschränke ganz deutlich. Eine gefühlvolle Andeutung, ein Hauch, ein Schleier können anregender sein als manch noch so blanker Busen.

Den Rest besorgt die Phantasie des Betrachters.

Leben im Harem

Alltag in der Welt des Orients

Hand aufs Herz, meine Herren, wer von uns hat nicht schon einmal davon geträumt, sein Leben als Pascha in einem Harem zu fristen? Umgeben, na klar, von einer stattlichen Anzahl orientalischer Schönheiten, deren einzige Freuden es sind, uns Tag und Nacht verwöhnen zu dürfen. Einblick in die Geheimnisse des Harems bot uns bisher vor allem die Märchensammlung aus »Tausendundeiner Nacht«, die beispielsweise von einem Sultan erzählt, der jeden Abend eine andere liebte, um sie am nächsten Morgen wieder zu verstoßen. Von der tatsächlichen Welt des Harems wissen wir freilich wenig, sie ist – wie die Gesichter seiner Bewohnerinnen – von einem Schleier umhüllt. Ein Buch lüftet ihn, erzählt von den erotischen Praktiken und Phantasien des Harems, deckt aber vor allem das demütigende Dasein seiner Bewohnerinnen auf. Geschrieben wurde es von einer Frau, die selbst in den Räumen eines Harems aufgewachsen ist.

Alev Lytle Croutier, die Autorin, ist eine Amerikanerin, die als Kind in einem aufgelassenen Harem in Izmir lebte, in dem ihre Großmutter einst einem Pascha gedient hatte. Der Harem – das Wort kommt aus dem Arabischen und bedeutet »verboten« – war ein abgeschlossener Trakt eines Hauses oder Palasts. Nur einem Mann war der Zutritt gestattet: dem Besitzer des Harems. Die dort lebenden Frauen, allesamt sein persönliches Eigentum, waren teils mit ihm verheiratet, teils seine Sklavinnen – sie waren vollkommen rechtlos, Gefangene im »Goldenen Käfig«.

Der wahre Grund, eine unbeschränkte Anzahl von Frauen zu besitzen, ist natürlich ein sexueller. Es gab Harems mit bis zu zweitausend Frauen, und Sultan Murad III., der gegen Ende des 16. Jahrhunderts das Osmanische Reich regierte, soll einhundertdrei Kinder gezeugt haben.

Er war Herr über den größten Harem des Orients, den legendären Topkapi-Palast von Konstantinopel mit seinen vierhundert Räumen. Waren die Gemächer der Lieblingsfrauen prachtvoll ausgestattet, so mußten sich die übrigen Konkubinen mit einfacheren Kemenaten und Massenunterkünften zufriedengeben. Den Alltag verbrachten sie in Boudoirs und Gemeinschaftsbädern oder sie ruhten auf ihrem Diwan.

Und das war's auch schon. Denn der erlauchte Herr und Gebieter ließ sich infolge des umfangreichen Angebots in jedem einzelnen seiner Schlafgemächer äußerst selten blicken. Tage, Nächte, Wochen, Monate bestanden aus Warten auf den großen Augenblick, da er sie im Serail beglücken würde. Die Frauen wurden nicht informiert, wann dies der Fall sein könnte, und so mußten sie zu jeder Tages- und Nachtzeit damit rechnen, immer perfekt geschmückt und gewandet sein.

Nicht nur Scheichs und Sultane verfügten über Harems, jeder Mohammedaner hatte das Recht, vier Ehefrauen und daneben so viele Sklavinnen, wie er wollte, sein eigen zu nennen. Dem »kleinen Mann« waren im Normalfall zwei bis drei Frauen untertan, die – oft nur durch einen Vorhang voneinander getrennt – in einem winzigen Zimmerchen hausten.

Der ursprüngliche Gedanke des Harems war humaner, als er sich in der Durchführung erweisen sollte: Mohammed, der Gründer des Islams, förderte die Polygamie, um damit den damals üblichen Brauch, weibliche Neugeborene zu töten, abzuschaffen. Dies geschah, weil es als Folge der zahlreich geführten Kriege viel zu wenige Männer gab. Die Frau hatte nach orientalischer Auffassung keine andere Aufgabe, als die Leidenschaften ihres Herrn zu befriedigen und die von ihm gezeugten Kinder großzuziehen. Der Mann verkörperte die Vernunft, die Frau die Sinnlichkeit. Um ihn davor zu »schützen«, sperrte man sie ein. Nur ihr Mann durfte das Antlitz einer Haremsdame sehen, daher mußte sie den Schleier tragen.

Nicht wenige orientalische Herrscher erwiesen sich als wahre Monster: Ehefrauen, derer man überdrüssig war, wurden erdrosselt, schwangere Sklavinnen ertränkt, ihre Leichen ruhen auf dem Grund des Bosporus und des Marmarameers. Auch anderen Familienangehörigen gegenüber war man nicht zimperlich: der bereits erwähnte Sultan Mehmed III. ermordete neunzehn seiner Brüder, um seinem ältesten Sohn die Nummer eins in der Thronfolge zu sichern.

Kaufen konnte man eine Frau wie ein Stück Vieh auf dem Markt, wobei sich der Kaufpreis nach Alter und Liebreiz des »Objekts« richtete. Ein siebzehnjähriges Mädchen von makelloser Schönheit kostete in der Türkei zweitausend Kurusch – ein Pferd dreimal soviel. Ein aus Frankreich kommender Orientreisender, der sich im vorigen Jahrhundert die dort zur Schau gestellten Schönheiten zeigen ließ, schilderte den »Kaufvorgang« so: »Die Händler befahlen den Sklavinnen, sich auszuziehen; sie öffneten gewaltsam ihren Mund, so daß sie ihre Zähne in Augenschein nehmen konnten, sie ließen sie hin und her gehen und wiesen dabei vor allem auf die Spannkraft ihrer Brüste hin ...« Die solcherart feilgebotenen Mädchen waren teils von ihren Eltern verkauft, teils von Menschenhändlern gewaltsam entführt worden. Noch ehe man die Neuzugänge, meist halbe Kinder, ihrem Herrn vorstellte, wurden sie von den Lehrern der Palastschule in die Fertigkeiten der Liebeskunst eingewiesen.

Im Basar konnte man auch Eunuchen kaufen, junge Männer, die vor der Pubertät kastriert wurden, um ihnen die »gefahrlose« Aufsicht über Ehefrauen und Sklavinnen anvertrauen zu können. In vielen Fällen waren aber gerade sie es, mit denen die Paschas betrogen wurden – denn die Eunuchen wurden zwar ihrer Zeugungsfähigkeit, nicht immer aber ihrer Manneskraft beraubt.

In den zwanziger Jahren unseres Jahrhunderts wurde die Vielehe in der Türkei, dem Land mit der größten Haremstradition, verboten. Im Mittleren Osten und in Afrika wird sie vielfach heute noch praktiziert. Wie dies immer schon der Fall war, wird der Harem von Streit, Angst und Rivalität beherrscht, denn Aufgabe jeder Frau ist es, um die Gunst des einen Mannes zu buhlen, alle anderen zu übertrumpfen.

Hatten Sie je den Traum, meine Herren – noch einmal, Hand aufs Herz –, Pascha in einem Harem zu sein, dann haben sie ihn nach der Lektüre dieser Zeilen vielleicht ausgeträumt.

Der Mutzenbacher-Prozeß

Felix Saltens Erben sagen: er war's

Als die überaus freizügig erzählten Erinnerungen der Josefine Mutzenbacher zur Jahrhundertwende auf den Markt kamen, war der Skandal perfekt. Nie zuvor und kaum jemals danach hatte zwischen zwei Buchdeckeln eine solche Fülle pornographischer Ausdrücke Platz gefunden. Pornographie freilich in höchster literarischer Vollendung, wie allseits anerkannt wurde. Da weder bei Erscheinen des ersten »Privatdrucks« im Jahre 1905 noch später je ein Autor genannt war, spekulierte alle Welt, wer der Schöpfer der lustvollen Abenteuer »einer wienerischen Dirne« sei, die mit der gesamten Nachbarschaft, ihren Lehrern, Mitschülern und Kunden in allen Stellungen der Liebeskunst zu verkehren pflegte. Als wahrscheinlicher Verfasser galt von Anfang an der Wiener Schriftsteller Felix Salten. Fünfundachtzig Jahre nach ihrer aufsehenerregenden Lebensbeichte landet »die Mutzenbacher« vor Gericht, nachdem Saltens Erben den Verlag klagten, der für die Verbreitung des Werkes sorgt. Kein Wunder: Seit Josefines Wiederentdeckung Mitte der sechziger Jahre wurden mehrere hunderttausend Exemplare verkauft, ohne daß die Nachkommen des Autors auch nur mit einem einzigen Schilling an den beachtlichen Einnahmen beteiligt wurden.

Führten Verleger und Erben ihren Rechtsstreit bis 1990 hinter verschlossenen Türen, so ist seither das deutsche Bundesgericht in Karlsruhe mit der Angelegenheit befaßt. Und der Prozeß ist fast ebenso pikant wie das Originalwerk. Lea Wyler, in Zürich lebende Enkelin Felix Saltens, hat dem Gericht angeblich Beweise vorgelegt, die erstmals die Autorenschaft ihres Großvaters belegen sollen.

Sie dürften jedenfalls so erdrückend sein, daß selbst für die »Mutzenbacher«-Verleger Rogner & Bernhard kaum noch Zweifel an Saltens Urheberschaft bestehen. Daher geht es vor allem um die Frage, ob sich der Dichter bei Lebzeiten zu seinem Werk bekannte. Nur dann – so hofft der Verlag – wären Tantiemen zu entrichten.

Und die hätten's in sich. Für einen Großteil der rund 250000 neu aufgelegten Exemplare der Original-»Mutzenbacher« müßten die üblichen zehn bis zwölf Prozent des Buchhandelspreises nachgezahlt werden – eine Summe, die in die Millionen ginge, zumal es auch Gewinne aus englischer, französischer und schwedischer Übersetzung gibt. Zum Originalwerk kamen in späteren Jahren auch Fortsetzungen anderer Autoren mit »neuen, pikanten Erlebnissen der größten Wiener Nobelhure«, ja sogar die Amouren ihrer »Tochter Peperl« wurden schon auf den erotischen Buchmarkt geworfen. Seit 1969 kann das ausschweifende Triebleben der Luxuskokotte schließlich – mit Christine Schuberth in der Titelrolle – auch auf der Leinwand bewundert werden.

Josefine Mutzenbacher kam, so steht's in ihren Erinnerungen, in einer Ottakringer Zinskaserne zur Welt, wo sie sich schon sehr bald ihre ersten sexuellen Erfahrungen erwarb. Nach intensivem Körperkontakt mit ihrer nächsten Umgebung gelangte sie auf den klassischen Wiener Strich zwischen Graben, Stephansplatz und Kärntner Straße. Aber nicht etwa nur des Geldes wegen, sondern auch weil sie in der variationsreichen Ausübung ihrer Profession stets Gefühle höchsten Lustgewinns empfand. »Ihr Dirnenschicksal ist nicht traurig, sondern geradezu skandalös fröhlich«, wird im Vorwort einer der zahlreichen »Mutzenbacher«-Ausgaben versichert.

Josefines Liebesspiele in Betten, Kellern, Hauseinfahrten, Klassenzimmern, in einem Fotoatelier, ja sogar im Beichtstuhl, wurden schnell in klingende Münze umgesetzt. Zwar darf das Buch – wegen zweier inzestuöser Szenen mit Vater und Bruder – noch immer nicht in Regalen und Auslagen der Buchhandlungen aufliegen, sehr wohl erlaubt der Gesetzgeber seit etlichen Jahren aber den öffentlichen Verkauf. Ganz im Gegensatz zu früheren Zeiten, an die sich der mittlerweile verstorbene Literaturkritiker Dr. Franz Tassié erinnerte: »In meiner Jugend konnte das Buch nur ›im Schleich‹ erworben werden. Es ist daher allzu verständlich, daß der Autor des Buches ungenannt bleiben wollte, er wäre geächtet und aus der Wiener Gesellschaft verstoßen worden.«

Genau das ist der Grund, warum sich Lea Wyler legitimiert fühlt, nach so vielen Jahren das Pseudonym ihres 1945 verstorbenen

Großvaters zu lüften. »Heute würde man ihn als Autor eines Meisterwerks feiern«, sagt sie, »zu seiner Zeit wäre er ruiniert gewesen.« Im Gegensatz dazu stellt sich der Verlag auf den Standpunkt, daß Salten – weil er seinen Namen nicht nennen wollte – auch jeden Anspruch auf Honorierung des Werkes verwirkte.
Tatsächlich lehnte Salten, wann immer er gefragt wurde, jede Stellungnahme zur »Mutzenbacherin« ab. Der erwähnte Dr. Tassié erzählte mir 1990 in diesem Zusammenhang: »Ich war 1928 Dramaturg am Deutschen Volkstheater in Wien und hatte dort des öfteren mit Salten zu tun. Einmal kamen wir auf das damals schon kursierende Gerücht zu sprechen, er hätte »die Mutzenbacher« geschrieben. Salten ließ mir gegenüber alles offen – er hat seine Autorenschaft weder bestätigt noch geleugnet«. Einen Hinweis, daß er der Autor sei, erhielt der junge Dramaturg freilich von Saltens Freund Egon Friedell, der einmal zu Tassié sagte, »die Mutzenbacher könne a) nur ein professioneller Schriftsteller geschrieben haben und dieser müsse b) Felix Salten sein«.
Auch Tassié war davon überzeugt, daß die Mutzenbacher-Erinnerungen Saltens Werk sind: »Die Vermutung liegt nahe, daß ihm ein echtes Freudenmädchen die Geschichte ihres Lebens erzählte, und er hat sie dann in eine literarische Form gebracht. Die Schilderungen sind so echt, so lebensnah, daß sie direkt aus dem Milieu stammen müssen.«
Die »Mutzenbacher« war nicht der einzige Welterfolg Felix Saltens, doch auch mit seinem zweiten Bestseller hatte er wenig Glück: 1934 überließ er die Rechte seines Romans »Bambi« einem Agenten, der diese an Walt Disney verkaufte. In Hollywood wurde die Geschichte des kleinen Rehs dann verfilmt, ohne daß Salten oder dessen Erben daran verdienten – die Rechte waren seinerzeit durch eine einmalige Abschlagzahlung abgegolten worden.
Sollten Felix Saltens Erben im Mutzenbacher-Prozeß recht bekommen, könnten sie sich nicht nur rückwirkend, sondern auch in Zukunft der Tantiemen erfreuen: Das Urheberrecht gilt in Deutschland (wo die meisten Bücher verkauft werden) bis ins siebzigste Jahr nach dem Tod des Autors. Die Gewinnanteile müßten dann also bis zum Jahr 2015 weiter ausgeschüttet werden.

BERÜHMTE LEUTE...

... und ihre Schwächen

»Meine Bildung besteht aus Lücken«

Die Weltgeschichte zeigt, daß aus schlechten Schülern etwas werden kann

Eltern seien hiermit im voraus um Vergebung gebeten: Ihre Kinder werden die folgenden Zeilen als Waffe gegen Schule und Lerneifer verwenden (wie ich selbst es seinerzeit getan habe). Denn wenn Sie Ihrem eigenen Fleisch und Blut zum x-ten Male einbleuen werden, man lerne doch fürs Leben und nicht für die Schule, dann wird Ihnen derselbe Dreikäsehoch – wissenschaftlich fundiert – entgegenhalten: Die klügsten Köpfe, die größten Gelehrten, die begnadetsten Dichter und Musiker waren allesamt schlechte Schüler. Einstein, Churchill, Schubert, Charlie Chaplin stellten im Leben ihren Mann wie wenige in der Weltgeschichte. Doch in der Schule waren sie Versager.

Beginnen wir mit dem Genie, das Generationen von Sitzenbleibern als klassische Ausrede dient: Die Eltern Albert Einsteins fürchteten zunächst, ihr Sohn wäre nicht ganz normal. Er sprach kaum und zeigte keinerlei Interessen. Obwohl sein mathematisches Talent erkennbar war, absolvierte er nur mit Müh und Not einige Klassen des Münchner Luitpoldgymnasiums, beschaffte sich aber mit sechzehn ein ärztliches Attest, demzufolge er »wegen einer Nervenentzündung einen halbjährigen Erholungsurlaub von der Schule antreten« müsse. Er fuhr nach Italien – und kehrte nie wieder zurück.

Später wollte er am Eidgenössischen Politechnikum in Zürich studieren, der einzigen Hochschule des deutschen Sprachraums, an der man ohne Matura inskribieren konnte. Doch da er bei der Aufnahmeprüfung mit Bomben und Granaten durchfiel, blieb Einstein nichts anderes übrig, als die Reifeprüfung nachzuholen. Mit achtzehn endlich ging ihm der Knopf auf, und er schaffte das Abitur an der Kantonsschule von Aarau. Jahre danach wurde er

ausgerechnet an der Züricher Hochschule Professor, die ihm seinerzeit als Student die Aufnahme verweigert hatte. Und mit zweiundvierzig erhielt er den Nobelpreis für Physik.
Musikgenie Franz Schubert gingen zu viele Musik-Noten durch den Kopf, als daß er an seine Zeugnisnoten hätte denken können. Zeitweise war er so schlecht, daß ihn der Vater mit einem strikten »Komponierverbot« bestrafte, doch »der schlimme Bub« komponierte heimlich weiter. Nur der Protektion des Herrn Papa – der an der Schule unterrichtete, die sein Sohn besuchte – war es zu danken, daß Schubert mit 17 die Zulassung als »Lehrergehilfe« erhielt.
Winston Churchill beschreibt seine Schulzeit als einzige Qual. Man steckte ihn in noble Internate, die er »Prügelhöllen« nannte, und er fiel mehrmals durch. »Die Schuljahre bilden auf der Landkarte meines Lebens einen trüben, grauen Fleck«, schrieb der britische Premier in seinen Memoiren über die »Jahre der Unlust, des Zwanges, der Einförmigkeit, der Sinnlosigkeit«. Als aktiver Politiker bedauerte er dann oft, kein solides Schulwissen erhalten zu haben.
Einen ganz anderen Grund hatte die mangelnde Ausbildung von Churchills Landsmann Charlie Chaplin. Der Schauspieler war in so zerrütteten Verhältnissen aufgewachsen, daß ein Fortkommen in der Schule gar nicht möglich war. Die Eltern waren Alkoholiker und steckten ihn von einem Armenhaus ins andere. Später versuchte er nachzuholen, was er in der Schule versäumt hatte: »Ich wünschte mir, ebensoviel zu wissen wie meine Mitmenschen, um mich gegen die Verachtung wehren zu können, die die Welt dem Ignoranten und dem Ungebildeten zeigt. Deshalb fing ich nun an, während meiner Freizeit in den Buchantiquariaten zu stöbern.«
In ihrem klassischen »Goethe«-Sketch zogen die österreichischen Schriftsteller Egon Friedell und Alfred Polgar über die Institution der Matura her. Sie erfanden eine Szene, in der Johann Wolfgang von Goethe das Abitur nicht schaffte, weil er zahlreiche Fragen zum Thema Goethe (!) nicht beantworten konnte (»In welchem Monat des Jahres 1772 hat Goethe Wetzlar verlassen?«). Der Sketch war die Rache der Autoren an ihren eigenen Schulen – denn sowohl Friedell als auch Polgar waren miserable Schüler. Polgar, der überhaupt nur die Unterstufe des Gymnasiums in der Wiener

Zirkusgasse absolviert hatte, bekannte später: »Meine Bildung besteht zum größten Teil aus Lücken.« Friedell wiederum war aus Dutzenden Schulen geflogen, was er in einem Fall so glossierte: »Mein Ordinarius erklärte plötzlich eines Tages, einer von uns beiden könne die Klasse nicht mehr betreten. Der Direktor entschied sich für mich.« Die Matura schaffte Friedell erst mit einundzwanzig.

Wesentlich ernster fiel Friedrich Torbergs literarische Revanche am Schulwesen aus. Nachdem er beim ersten Anlauf zur Matura durchgefallen war, verfaßte er mit dem Roman »Der Schüler Gerber hat absolviert« die Geschichte eines jungen Mannes, der sich aus Verzweiflung vor den Schikanen der Reifeprüfung das Leben nimmt. Ein leider auch in der Realität nur allzuoft gewählter »Ausweg« für schulisches Versagen.

Eher schlechte Schüler waren auch Franz Grillparzer, Georg Trakl, Thomas Mann und Richard Wagner, der die dritte Klasse des Gymnasiums wiederholen mußte. Andererseits ist »Sitzenbleiben« keineswegs Grundbedingung für eine spätere Karriere. Es gab auch gute Schüler, die Geschichte machten. Zu ihnen zählen Sigmund Freud, Hugo von Hofmannsthal, Richard Strauss, Konrad Adenauer, Adalbert Stifter, Erich Kästner und Ernest Hemingway.

Sollte Ihr Kind nicht zur Gruppe der Vorzugsschüler zählen, dann geben Sie acht, daß Ihnen nicht einmal passiert, was anekdotisch überliefert wird. Da sagte ein Vater zu seinem Sohn, der drei Fünfer im Zeugnis hatte: »In deinem Alter war Franklin D. Roosevelt bereits Klassenbester.«

Worauf der Schnösel antwortete: »Ja, Papa. Und in deinem Alter war er Präsident der Vereinigten Staaten von Amerika.«

Der Adabei von Österreich

Aus den Abenteuern des Roman Schliesser

In Washington küßt er Nancy Reagans Hand, in Cannes trifft er »Denver«-Biest Joan Collins auf einer Jacht, in Hollywood diniert er mit Muskelpaket Arnold Schwarzenegger. Er fuhr mit Chruschtschow quer durch Österreich, berichtete über André Hellers Hochzeit mit der Pluhar ebenso exklusiv wie über die Scheidung von Curd Jürgens, der nach einer veröffentlichten Watschenaffäre drei Jahre kein Wort mit ihm sprach, ihn dann aber wieder zu seinen Freunden zählte. Da kann nur von einem die Rede sein, von Roman Schliesser, der als Löwe im internationalen Jet-set-Trubel längst eine Institution ist. Und dessen Adabei-Kolumne zu einem Stück österreichischer Kultur- und Zeitgeschichte wurde.
Wir treffen uns erstaunlicherweise weder an der Côte d'Azur noch in »Kitz«, St. Moritz oder Gstaad, wo er zu Haus' ist wie unsereins am Gänsehäufel. Vielmehr ist das Rendezvous unter Redaktionskollegen der Einfachheit halber an seinem schmucklosen Schreibtisch im 13. Stock des Wiener Pressehauses angesetzt. An den Wänden des Adabei-Büros Fotos von normannischen Kleiderschränken, First Ladys, gekrönten Häuptern und anderen kleinen Leuten, mit denen er halt so zu verkehren pflegt. Sein Telefon klingelt in der Stunde etwa so oft wie das einer österreichischen Durchschnittsfamilie im Halbjahr. Dran sind Netty, Hetty, Niki, Lumpi ..., die ihm alle was zu erzählen haben.
Woher weiß der quirlige Societyexperte, was Kevin Costner gestern abend gegessen und wieviel Frank Sinatra beim Stadthallenkonzert verdient hat? Die Antwort steht schon im Kolumnenkopf. Er ist eben auch dabei – oder, wie der Wiener sagt: adabei.
Und das ist er wie kein anderer. Adabeisein muß man aber nicht irgendwo und irgendwann, sondern immer am richtigen Ort und zur richtigen Zeit. So saß er etwa mit Roger Moore und Curd Jürgens während der James-Bond-Dreharbeiten im Londoner Studio beim Mittagessen, als der von Roman als Kleiderschrank bezeichnete Normanne zum Telefon gerufen wurde. Nach der Rück-

kehr zum gemeinsamen Tisch berichtete Curd gelassen vom Anruf seines Anwalts: »Ich bin von Simone geschieden.« Was am nächsten Tag ganz Österreich wußte. Via Adabei.
So einfach fliegen aber nicht einmal Adabei alle News zu. Als etwa Hollywoodlegende Clark Gable am Wolfgangsee Urlaub machte und sich dort prompt weigerte, Journalisten zu empfangen, legte sich Roman Schliesser quer vor den Eingang der umzäunten Villa. Dem in halbstündigen Intervallen auftauchenden Dienstmädchen ging er so lange auf die Nerven, bis endlich Mrs. Gable an der Tür erschien. Allerdings mit der auch nicht gerade sehr vielversprechenden Mitteilung: »Bitte gehen Sie weg von hier, mein Mann braucht seine Ruhe.« Da wurde Adabei zum Psychologen: »Ihr Mann hat in dem Film ›Teacher's Pet‹ einen grausamen Zeitungschef gespielt, der seine Reporterin Doris Day gnadenlos hinausgeschmissen hat. Auch ich hab' einen Chefredakteur, und der schmeißt mich genauso raus, wenn ich ohne Clark-Gable-Interview heimkomme.« Ein paar Minuten später hatten sich Clark und Roman bei Whisky und Sliwowitz verbrüdert.
Gut, jetzt wissen wir, wie man an solche Leute rankommt (so man an sie rankommt). Aber wie schafft er's, ihnen Storys zu entlocken, über die am nächsten Tag 2,7 Millionen Leser reden und schmunzeln?
Ich kann hier ruhig ein Adabei-Geheimnis lüften: Er fragt seine Schickeria-Aristo-Film-Sport-Polit- und sonstigen Freunde so, daß irgendwann eine pointierte Antwort kommen muß. Nehmen wir Chruschtschows Staatsbesuch in Österreich. »Herr Ministerpräsident«, bohrte Roman Schliesser, »Sie sagen, unser Land ist so schön, daß Sie sich vorstellen könnten, hier einmal Urlaub zu machen. Ist das nur so ein typischer Chruschtschow-Gag oder haben Sie das auch wirklich so gemeint?« Das mächtige Ostblock-Original grinste übers ganze Gesicht und flüsterte Schliesser exklusiv ins Ohr: »Da muß ich erst meine Burschen im Kreml fragen, ob ich kommen darf.«
Weltstars lesen Adabei. Als Yul Brynner in Österreich »Die Reise« drehte, zitierte Schliesser belustigt die Klatschbase Hedda Hopper, die in einer amerikanischen Zeitung geschrieben hatte, der Schauspieler wohnte »im mottenzerfressenen Wiener Hotel Imperial«.

Adabei schlagzeilte tags darauf: »Armer Glatzkopf. In Wien zerfressen ihn die Motten.«
»Wenige Stunden nachdem wir mit der Zeitung auf der Straße waren«, erzählt Roman, »läutet das Telefon. Eine tiefe, männliche Stimme sagt ›Hallo. This is Yul Brynner. I want to talk to you.‹«
Die nächste Nacht gingen sie in die Eden reden, im Morgengrauen waren sie Freunde, »so daß wir uns später auch privat trafen, wann immer wir in derselben Stadt zu tun hatten«.
Wobei auch noch so private Treffen Roman Schliessers nicht ausschließen, daß ihnen ein paar Bombenstorys folgen.
Das Parlieren mit der Prominenz wurde ihm keineswegs in die Wiege gelegt. Roman Schliesser kam 1931 als Sohn eines Hilfsarbeiters in Wien-Floridsdorf zur Welt. Nach dem Krieg hatte es seine Familie für kurze Zeit nach Ostberlin verschlagen, wo er nach der Matura Sportreporter wurde. In die Heimat zurückgekehrt, war er für zahlreiche Zeitungen tätig, ehe er im »Express« Lokalchef und schließlich Adabei wurde. Seit September 1966 ist er's in der »Kronen Zeitung«.
Und wurde hier zur Reporterlegende, der auch kein Gschichterl aus der Politszene entgeht. Nehmen wir zwei Namen, die etwas hergeben. Kreisky und Androsch.
Klappt bei Adabei wie auf Knopfdruck. In einer Pressekonferenz hatte der damalige Vizekanzler erklärt, er sei ein sogenannter »Leider-nein-Millionär«. Flugs recherchierte Adabei, als wohnte er in Vizekanzlers Kleiderkasten, daß man mit 118 Maßanzügen zum Preis von 15000 Schilling pro Stück »zumindest Garderobenmillionär sein muß«. Denn Androschs feine Kreidestreif- und Flanelltücher hatten im Ankauf »leider ja« mehr als 1,8 Millionen Schilling verschlungen.
Aber solche Storys hindern mediengeplagte Politprofis keineswegs, weiterhin mit Adabei befreundet zu sein. Hannes sagt nach wie vor »Servus, Roman!«, ebenso wie ihn die Politiker Sandner-Fröhlich, Salcher, Gratz, Blecha, Übleis und Zilk duzen.
»Mit Kreisky hat's immer sehr gut funktioniert«, sagt Roman Schliesser, »der wußte ganz genau, was Journalisten hören wollen. Als er einmal nach einer Gallenoperation volksverbunden dritter Klasse im Spital lag, erzählte er mir, daß er dort nach langem endlich

wieder einmal Zeit gefunden hätte, Radio zu hören. Das Programm hat er für so mies gehalten, daß er daraufhin gleich beim ORF intervenierte.«
Frank Sinatra ist zwar kein waschechter Wiener, aber auch von »Ol' Blue Eyes« wußte Roman Schliesser in voller Kolumnenlänge eine sehr österreichische Schnurre zu erzählen. Adabei war nämlich adabei, als Frankieboy nach seinem Wiener Konzert eine Million in bar kassierte, das Sümmchen locker in einen schwarzen Koffer steckte und dann direkt von der Stadthalle in Richtung USA abrauschte.
Dr. Franz Vranitzky, damals Sekretär des Finanzministers, erklärte, Adabeis Beobachtung ausschließen zu können, »denn auch Herr Sinatra darf nicht gegen die Devisenbestimmungen unseres Landes verstoßen«. Ein Jahr später wurde der Stadthallendirektor wegen Devisenvergehens zu einer Strafe von 80000 Schilling verurteilt. An der Adabei-Story muß also doch was dran gewesen sein.
Ist das alles nur Klatsch und Tratsch, Gemunkel und Entertainment? Sicher, das alles ist es auch. Aber Schliessers Kolumne gelangte mittlerweile in die höheren Sphären wissenschaftlicher Betrachtung. Nachdem die Wienerin Monika Schenker schon ihre Magisterarbeit an der Hochschule für angewandte Kunst dem Thema »Kunst in der Klatschspalte« widmete, schrieb sie inzwischen auch ihre Doktorarbeit »Kulturgeschichte des Adabei«: Von Vinzenz Chiavacci, dem Schriftsteller, der im vorigen Jahrhundert die Figur des »Herrn Adabei« erfand, bis Roman Schliesser, der sie zur journalistischen Vollendung reifen ließ. Die Studentin hat an Hand seiner Kolumne erforscht, »welche Veränderungen sich in Österreichs Kulturleben in den letzten 20 Jahren ereigneten«.
Dem solcherart wissenschaftlich durchleuchteten Schliesser ist's aber wichtiger, »die Leser jeden Tag mit Wiener Schmäh zu unterhalten«, als seinen zweifellos vorhandenen Einfluß auf künstlerische Strömungen, Trends und Starkarrieren nachgewiesen zu bekommen.
Daß ich nicht vergess', Ihnen von der Watschenaffäre zu erzählen: Welt- und Adabeistar Curd Jürgens war einmal bei Gattin Simone irrtümlich die Hand ausgerutscht, was Roman seinen Lesern brüh-

warm zu berichten wußte. Jürgens war bitterböse und stellte den Informationsfluß radikal ein. Doch drei Jahre später lag Adabei – neben der Begum und Roger Moore – schon wieder in Curds bescheidenem Sommerdomizil Saint-Paul-de-Vence, um die neuesten Episoden amouröser Natur aufzusaugen.
Meine – zugegebenermaßen wissenschaftlich nicht haltbare – Schlußfolgerung: Man kann Roman Schliesser nicht länger als drei Jahre böse sein.

Die Ritter von Lauda

Nikis blaublütige Ahnen

Also, ehrlich gesagt, unter einem Aristokraten stell' ich mir was anderes vor als diesen Nikolaus Ritter von Lauda, der noch nie dabei ertappt wurde, wie er eine Dame der Gesellschaft mit nasalem »Küß' die Hand, Baronin« begrüßte. Manch blaublütiger Lauda wäre wohl vor Schreck erstarrt, hätte er den Wortlaut auch nur eines einzigen Interviews vom jüngsten Sproß der Dynastie erlebt und gelesen. Man müsse, sagte Niki Lauda etwa im »Spiegel«, »den Hintern z'sammzwicken und arbeiten wie eine Sau«.
Shocking! Vater und Großvater zählten zu den bedeutendsten Industriekapitänen des Landes und blieben ihren Mitarbeitern als »altösterreichische Kavaliere« in Erinnerung. Nikis Urgroßvater war Berater des Kaisers und der Großonkel ein weltberühmter Arzt.
Niki Lauda sitzt mir in der prachtvollen Lauda-Villa im Nobelvorort Pötzleinsdorf am Stadtrand von Wien gegenüber, die noch vom Großpapa stammt und in der er aufgewachsen ist. Ihn interessiert der Jugendstil nicht sonderlich, er steht mit beiden Beinen im Heute, und von den Ahnen weiß er auch nicht viel. »Ich war vielleicht sechzehn, als ich erfahren hab', daß meine Familie irgendwann einmal geadelt wurde. Aber darauf hab' ich immer gepfiffen.

Mir kommt's eher komisch vor, wenn in der heutigen Zeit einer noch Wert drauf legt, daß sein Sohn eine kriegen muß, die auch blaublütig ist. Das ist doch Schnee von gestern.«

Seine Mutter Elisabeth, geb. von Linhart, kennt sich da schon etwas besser aus und erklärt mir den Lauda-Stammbaum: »Kaiser Franz Joseph faßte am 28. Mai 1916 den Beschluß, Nikis Urgroßvater zu adeln. Da der Kaiser bald darauf verstarb, hat erst dessen Nachfolger Kaiser Karl die Urkunde unterzeichnet.« Eine Tatsache, die man sich im Hause Lauda eher hinter vorgehaltener Hand erzählte, denn Österreichs letzter Kaiser hatte den Spitznamen »Sehadler« – jeden, den er gesehen hat, hat er auch geadelt.

Niki Lauda ist das freilich »völlig Wurscht«.

Immerhin, Urgroßpapa Ernst Ritter von Lauda leitete als Sektionschef im k. u. k. Ministerium für öffentliche Arbeiten zur Jahrhundertwende die Regulierung der Donau, nachdem das »Land am Strome« bis dahin fast alljährlich von katastrophalen Überschwemmungen heimgesucht worden war. Dafür hat ihn der Kaiser in den erblichen Adelsstand erhoben.

Zwei Söhne des Ritters von Lauda wurden berühmt: einer als Arzt, der andere – Laudas Großpapa – als Industrieller mit politischen Ambitionen.

Dieser Dr. Hans Lauda zählte nach dem Zweiten Weltkrieg zu den Wegbereitern der Sozialpartnerschaft und des österreichischen Wirtschaftswunders. Als Gründer und erster Präsident der Industriellenvereinigung war er einer der engsten Mitstreiter der Aufbaugeneration um Kanzler Raab und Finanzminister Kamitz. Und als Präsident des Roten Kreuzes organisierte er 1956 die Hilfe für Tausende Ungarnflüchtlinge. Nikis Mutter erinnert sich, daß damals »die ganze Familie Kleider bündeln und Pakete schleppen mußte«.

Aus Nikis Sicht sind die Erinnerungen an den allseits hochgeschätzten Großpapa weniger erfreulich: »Er war Generaldirektor der Veitscher Magnesitwerke und saß im Aufsichtsrat mehrerer Banken, unter anderem auch bei der Ersten österreichischen Spar-Casse. Und von der hatte ich bereits die prinzipielle Zusage für meinen ersten Sponsorvertrag als Rennfahrer. Als mein Großvater davon vom alten Mautner Markhof erfuhr, ist es ihm gelungen, mir

bei der Bank den Geldhahn zuzudrehen. Die Marie war pfutsch, und ich mußte statt gesponsert zu werden, als 19jähriger einen Kredit aufnehmen.« Der einflußreiche Großpapa kostete Niki damals immerhin zwei Millionen Schilling.
»Ich hab' wirklich keine Vorteile davon gehabt, einen berühmten Familiennamen zu tragen«, sagt der dreifache Automobilweltmeister und jetzige Flugunternehmer, »im Gegenteil, bei keinem anderen hätte mein Großvater etwas gegen einen Sponsorvertrag einzuwenden gehabt.« Und: »Geerbt hab i a nie was.«
Großpapa Laudas älterer Bruder Ernst ging als »letzter Ritter der Medizin« in die ruhmreiche Geschichte der Wiener Medizinischen Schule ein. Patienten aus aller Welt flogen an, um sich vom Chef der »Klinik Lauda« im Allgemeinen Krankenhaus behandeln zu lassen. Leber, Milz und die Erkrankungen im Darmbereich zählten zu den Spezialgebieten des berühmten Internisten, den Professor Fellinger einmal als »Wiener Kliniker im besten Sinne des Wortes« bezeichnet hat. Ein Vierteljahrhundert nach seinem Tod wird in aller Welt immer noch nach Professor Laudas »Lehrbuch der inneren Medizin« gelehrt.
»Sicherlich, in der Kindheit hat mir der großbürgerliche Lebensstil der Familie imponiert«, gesteht Niki Lauda und erinnert sich an »den livrierten Diener in der imposanten Stadtwohnung des Großvaters, das Gut in Niederösterreich, den traumhaften Besitz in St. Moritz.« Aber ganz im Gegensatz zu manch anderem Jung-»Aristo« hielt Niki wenig vom »Der Papa wird's scho richten« und verließ mit achtzehn die Pötzleinsdorfer Villa, um fortan in einer winzigen Wohnung in Salzburg zu hausen: »Mir war der steinige Weg lieber als hier am fetten Hintern zu sitzen«, verstößt er schon wieder gegen alle guten Sitten der Gesellschaft. Aber was soll's: »Daß ich vom Elternhaus weg bin und selbständig wurde, war wichtig für meine spätere Entwicklung.«
»Der Name vom Niki sollte lieber auf der Wirtschafts- als auf der Sportseite stehen«, sagte Großvater Hans Lauda einmal. Er hat's nicht mehr erlebt, daß es tatsächlich soweit kam, denn heute findet sich Niki samt Airline genau auf den Zeitungsseiten, die der Großpapa bevorzugte. Die Mutter des Unternehmers sagt: »Obwohl das Verhältnis zwischen dem Niki und seinem Großvater

immer sehr gespannt war, wäre Hans Lauda heute sicher stolz auf ihn.«
Nachsatz: »Wie wir alle.«
Wenn der Niki von den äußerst wohlhabenden Ahnen schon sonst nichts geerbt hat, dann wenigstens den Riecher fürs Geschäft, die einzige Familientradition, die er kennt. Jedenfalls legt er keinen Wert darauf, als »Herr von Lauda« angesprochen zu werden. Seinen Namen hat er sich wahrlich selbst geschaffen.

Seit 100 Jahren »in«

Die Côte d'Azur

Nizza, Cannes, Saint-Tropez. Das klingt wie Mango mit Champagner-Eis, »echt cool«, aber gleichzeitig »hot«. So »in« ist nicht einmal Kojak mit Elvis-Frisur. Denn »in« ist man heutzutage bestenfalls für eine Saison, die Côte d'Azur aber ist's schon seit 100 Jahren. Könige und Millionäre, Filmstars, Maler, Dichter und Komponisten haben dem 300 Kilometer langen Strand eine Atmosphäre verliehen, von der alle anderen Touristenparadiese der Welt nur träumen können. Auch österreichische Urlaubsprominenz hat ihren Beitrag zum sagenhaften Ruf der Côte d'Azur geleistet.
Die Croisette in Cannes ist eine durchschnittlich laute, durchschnittlich schmutzige Straße mit durchschnittlichen Cafés, in denen man für einen durchschnittlichen Drink so viel zahlt wie anderswo für ein überdurchschnittliches Mittagessen. Und doch zieht die palmengesäumte Uferpromenade nach wie vor die Schikkeria aus aller Welt an.
Nizza und Cannes waren Fischerdörfer wie viele andere auch, ehe sie gegen Mitte des vorigen Jahrhunderts zum Geheimtip lungenkranker Aristokraten wurden, die dem Londoner Nebel entfliehen wollten. 1888 verfaßte der Schriftsteller Stephen Liégeard ein Buch, in dem das kleine Paradies an der französischen Riviera erstmals

»Côte d'Azur« (azurblaue Küste) genannt wurde. Damit war ein weltweiter Begriff für Luxus und Eleganz entstanden.
Vorerst war es Rußlands Zarenfamilie, die Nizza ins Rampenlicht rückte, Englands Queen Victoria errichtete in Cimiez den Regina-Winterpalast, und im prachtvollen Grand Hôtel du Cap Martin – neben der Villa von Frankreichs Kaiserin Eugénie – hatte Österreichs »Sisi« ihre Dauersuite. Franz Joseph besuchte sie dort alljährlich, vor allem auch deshalb, weil er wußte, daß Katharina Schratt gleichzeitig im nahen Monaco zur Kur weilte. Doch der Trubel an der Côte d'Azur brachte auch Komplikationen mit sich, wie einem Brief, den der Kaiser am 2. März 1894 von Cap Martin nach Monte Carlo schickte, zu entnehmen ist. »Meine liebe gute Freundin«, schreibt er der Schratt, »als die Kaiserin den Wunsch äußerte, Sie hier zu sehen, war das nicht eine Phrase oder das Gefühl des Mitleides, wie Sie meinen, sondern die wahre Sehnsucht nach Ihnen. Nun fanden wir leider, daß es besser wäre, wenn Ihr Besuch unterbliebe. Von einem Incognito ist hier nämlich keine Rede, man ist von einer Menge Leute beständig beobachtet, es wimmelt von Neugierigen und von hohen Herrschaften, und wir fürchten, daß unsere Beziehungen zu Ihnen einer boshaften Kritik unterzogen werden könnten ...«
Neben der europäischen Hocharistokratie ließen sich hier Berühmtheiten wie Franz Liszt, Somerset Maugham, Franz Werfel, Jean Cocteau und Thomas Mann nieder, vor allem aber Maler wie Picasso und Matisse – die sich vom einzigartigen Licht Südfrankreichs angezogen fühlten.
Bevorzugte man die Côte d'Azur noch am Beginn unseres Jahrhunderts als idealen Ort zum Überwintern, so hat sie heute fast ausschließlich in den Sommermonaten Saison. Als Hauptwohnsitz wurde das Stückchen Traumland von Kinostars entdeckt, die in den fünfziger Jahren an der Côte d'Azur filmten und ihre Gagen gleich an Ort und Stelle in Grundstücken anlegten. Brigitte Bardot war eine der ersten, die sich in Saint-Tropez ansiedelte, es folgten Curd Jürgens, David Niven, Lino Ventura, Roger Moore und Yves Montand. Doch kaum hatten die Stars ihre Villen in die malerische Landschaft plaziert, kamen auch Starlets, Snobs, Yachtbesitzer und Möchtegernplayboys. Aus ehemaligen Fischerdörfern wurden Me-

tropolen mit Hotelpalästen und Wolkenkratzern. Das war der Zeitpunkt, da die wirkliche Prominenz beschloß, wieder fortzuziehen. Nicht von der Côte d'Azur, aber aus den Ballungszentren.
Curd Jürgens, der sich ursprünglich in Cap Ferrat angesiedelt hatte, ging – als es ihm dort zu laut wurde – nach Vence, und zuletzt floh er in ein Traumhaus im mittelalterlichen Dorf St.-Paul. »Am meisten hat er darunter gelitten, daß er vor lauter Gesellschaftsleben nicht einmal mehr dazu kam, ein Buch in die Hand zu nehmen«, erzählt mir seine Witwe Margie, die jetzt den prachtvollen Besitz bewohnt.
Abgesehen davon, daß jeder Côte d'Azur-Besucher ununterbrochen Ausschau hält, ob er nicht ein Stück vom Rockzipfel Roger Moores erspäht (dem ich auf einer Party im Haus von Margie Jürgens glatt tatsächlich begegnete), versteht die Côte d'Azur ihr ewig jugendliches Image durch Autorennen, Discos, Filmfestspiele und Casinos aufrechtzuerhalten.
Apropos: Abends »muß« man zum Roulette nach Monte Carlo, um dort traditionellerweise noch ein paar Tausender zu verspielen, wobei das Wissen um die unmittelbare Nähe von Caroline, Stephanie und Rainier den Verlust ein wenig zu mildern imstande ist (klar, daß hier jeder, der auf sich hält, die fürstliche Familie nur per Vornamen zitiert).
Wie sich talentierte Sonnenanbeter übrigens genieren würden, der Mali-Tant im fernen Döbling den Aufenthaltsort umständlich mit »Côte d'Azur«, »Saint-Tropez« oder »Monte Carlo« anzugeben. Man ist an der »Côte«, in »Trop« und in »Monte«. Das genügt dem Jet-set (kurz auch »Jet« oder »Set« genannt).
So jung wie die »Côte« möcht' ich mit 100 auch noch sein.

»Hanussen lebt« …

… behauptet die Tochter des 1933 ermordeten Hellsehers

Frau Erika Fuchs, geb. Steinschneider wurde 1920 als einzige Tochter Erik Jan Hanussens, des wohl berühmtesten Hellsehers dieses Jahrhunderts, geboren, und sie lebt seit langem schon in Meran. Ich traf sie im Oktober 1988 in ihrer Geburtsstadt Wien, wohin sie zur Premiere des Hanussen-Films mit Klaus Maria Brandauer kam. Zunächst schien sich ein ganz normales Interview anzubahnen, Brandauer sei ihrem Vater »menschlich so nahe gekommen«, meinte sie, und soweit konnte ich ihr noch problemlos folgen.

Doch dann sagte sie plötzlich: »Auch meinem Vater hat der Film sehr gut gefallen.«

»Gnädige Frau«, wende ich besorgt ein, »Ihr Vater wurde am 24. März 1933 in einem Wald am Stadtrand von Berlin durch drei SA-Männer erschossen.«

»Das stimmt«, sagt sie, »aber ich stehe mit ihm in ständiger Verbindung. Wir sprechen fast täglich miteinander.«

Als Reporter ist man Realist, hat fürs Übersinnliche nicht allzuviel übrig. Doch da wir schon einmal auf dem Weg in ihr Hotel sind, lasse ich sie weitererzählen. Sie habe, so sagt Frau Fuchs, die mich in ihrem Äußeren irgendwie an Einzi Stolz erinnert, die medialen Fähigkeiten vom Herrn Papa geerbt.

Im Hotel wartet ein junger Mann, den sie mir als Herrn Oberhuber vorstellt. »Finden Sie nicht, daß er meinem Vater sehr ähnlich sieht?« Er sei Hanussens Reinkarnation, kommt sie endlich zum Punkt. Der dreißigjährige Walter Oberhuber, von Beruf »Hypnotherapeut« und wie Frau Fuchs in Südtirol wohnhaft, habe sich ihr gegenüber erstmals am 20. Dezember 1987, abends um 18 Uhr, als Hanussens Wiedergeburt zu erkennen gegeben. »Mein Vater lebt. Er lebt in Herrn Walter Oberhuber weiter.«

Nun, es ist meine Sache nicht, die mir vorgelegten »Beweise« und »Eidesstattlichen Erklärungen« dieser These zu überprüfen, doch ließ sich Frau Fuchs in ihrem Hotelzimmer am Graben in der

Wiener Innenstadt nicht davon abhalten, sich durch Herrn Oberhubers Hilfe in Trance zu begeben und so mit ihrem Vater in übersinnlichen Kontakt zu treten.

»Ich bin gekommen«, läßt mir Erik Jan Hanussen 55 Jahre nach seinem Ableben durch seine Tochter ausrichten, »um zu Ihnen zu sprechen. Ich möchte mich für den großartigen Film bedanken, es ist mein Film, der mir ein Denkmal setzt und mir durch Klaus Maria Brandauer neues Leben schenkt...«.

Usw. usw.

Verlassen wir die schaurige Welt des Übersinnlichen und kehren wir zurück in die noch schaurigere Welt der Tatsachen, mit denen Hanussen zeitlebens auf Kriegsfuß stand. Er war 1889 als Hermann Steinschneider in Wien zur Welt gekommen und für den Kaiser in den Krieg gezogen. Als junger Zugsführer prophezeite er einem Vorgesetzten, daß dieser Vaterfreuden entgegensehen könne. Und richtig, schon am nächsten Tag kam eine Depesche, großer Jubel, die Frau des Vorgesetzten war schwanger. Bald stellte sich freilich heraus, daß Zugsführer Steinschneider vorher schon die Post abgefangen und durchgesehen hatte.

Fürchten Sie nicht, frage ich Frau Fuchs, als sie aus der Hypnose erwacht war, daß es Ihnen ebenso ergehen könnte wie Ihrem Vater, den man vielfach als Schwindler bezeichnet hat? »Wir haben wissenschaftliche Erklärungen für diese Phänomene«, antwortet sie, »aber Neider gibt es überall.«

Nach dem Zusammenbruch der Monarchie nannte sich ihr Vater Hanussen und bot seine hellseherischen Dienste eines Tages der Oesterreichischen Nationalbank an, aus deren Keller ein prallgefüllter Geldkoffer gestohlen worden war. Zwar gelang es Hanussen, die Bank auf die Spur der Verbrecher zu führen, doch hatte das mit Telepathie wenig zu tun: Hanussen hatte durch seine Kontakte zur Unterwelt herausgefunden, wo das Geld lagerte. Doch sein Aufstieg war nicht mehr aufzuhalten, er trat in allen großen Varietés auf. Fragt sich nur: Als Hellseher oder als Betrüger?

»Man kann nicht immer und auf Befehl in die Zukunft schauen«, erklärt die Tochter, »daher hat er hin und wieder gewisse Tricks anwenden müssen, um sein Publikum nicht zu enttäuschen.«

Aha, verstehe.

Immerhin wurde Hanussen 1928, als er bereits ein weltberühmter Mann war, in Leitmeritz wegen Betrugsverdachts verhaftet. Das Unglaubliche geschah, der Angeklagte Hermann Steinschneider wurde mangels an Beweisen freigesprochen.
Wie konnte sich Ihr Vater, frage ich Erika Fuchs, wie konnte sich Hanussen, der jüdischer Herkunft war, als Berater in Hitlers Dienste stellen? Die Tochter, um keine Antwort verlegen: »Er wollte seinen Einfluß auf Hitler dafür verwenden, um die Juden zu retten. Das hat er mit seinem Leben bezahlt.«
Fest steht, daß Hanussen erschossen wurde, nachdem er den Brand des Reichstags prophezeit hatte. Da drängt sich mir zum Abschluß nur noch eine Frage auf: Wenn der Herr Papa schon Hellseher war, wieso konnte er dann seine eigene Hinrichtung nicht vorhersehen?
»Er hat genau gewußt, daß er umgebracht wird, doch er war Idealist und sagte, was ist ein einziges Menschenleben gegen so viele.«
Nun, ich glaube Frau Fuchs-Hanussen durchaus, daß sie die medialen Fähigkeiten ihres Vaters geerbt hat. Die Fähigkeiten, mit den Medien (= Zeitungen etc.) umzugehen.

Das Ende des Nummernadels

Das waren sie, die Drei- und Vierstelligen

So ähnlich muß es im Achtzehnerjahr gewesen sein, als aus einem Baron der Herr Sternberg wurde, aus dem Comtesserl ein Fräulein Hoyos, aus einem Fürsten der Herr Auersperg: Siebzig Jahre später fällt Österreichs letztes Adelsprädikat, die niedrige Autonummer. W 1, K 24, B 578, G 608, N 2222 ... werden eingestampft, Nummer ist Schall und Rauch. Manch einer droht an seinem schmucklosen Vehikel zu verzweifeln.
Seit 1967 wird an einer »Nummernreform« gearbeitet. Daß bis zur Verwirklichung mehr als 20 Jahre vergingen, darf nicht wundern, sind doch diejenigen, die darüber zu entscheiden haben, meist

selbst zwei-, drei- oder vierstellig unterwegs. Der Nummernadel ist ein österreichisches Kuriosum, sein Ursprung wird durch eine Episode aus den Tagen der Jahrhundertwende überliefert, als nur einige wenige Automobile über Österreich-Ungarns Straßen holperten. Ein Erzherzog ließ damals groß »1« auf seinen Wagen kritzeln, worauf sich Thronfolger Franz Ferdinand – der keinesfalls die Nummer zwei sein wollte – für die Nummer »A 1« entschied (der Kaiser selbst besaß kein Auto).

A-Nummern (für Austria) waren dann auch in der Ersten Republik üblich, in der Nazizeit gab's bei uns deutsche Kennzeichen, die nach dem Krieg eingezogen und durch unser langjähriges System (weiße Schrift auf schwarzer Tafel) ersetzt wurden. Vorerst waren die Ein-, Zwei- und Dreistelligen für Regierungsmitglieder, National- und Bundesräte, Diplomaten sowie hohe Beamte reserviert. Kaum waren aber die schlimmsten Nachkriegssorgen überwunden und die ersten »schönen« Autos auf dem Markt, wollte jeder »eine Nummer«. 1950 verfügte Wiens Polizeipräsident Josef Holaubek, daß es keinen »Anspruch« mehr auf niedrige Kennzeichen gäbe, lediglich Regierungsmitgliedern blieben die Nummern W 1 (Bundeskanzler) bis W 50 vorbehalten.

Doch diese Bestimmung änderte nichts am Wunsch der restlichen »Oberen Zehntausend«, diesem Stand auch sichtbar anzugehören. Politiker, Geschäftsleute, Journalisten, Anwälte, Ärzte und Künstler waren es vor allem, die es in den Nummernadel drängte.

Als die wirklich noblen Herrenfahrer galten die Besitzer jener niedrigen Kennzeichen, denen die schmucke Nummer in den ersten Tagen der Zweiten Republik einfach zugewiesen wurde – weil es damals gar keine höheren Ziffernfolgen gab. Sie zählten zum »alten Adel« unter den Automobilisten.

Ob mit oder ohne Protektion – die begehrtesten Kennzeichen waren bald vergeben. Erst als man 1967 für die Fahrzeuge des Diplomatischen Corps »WD«-Nummern ausgab, wurden wieder Hunderte niedrige Kennzeichen frei. Jeder, dem's wichtig war, intervenierte beim Polizeipräsidenten, einem Politiker oder hohen Beamten. Der eine kannte einen Minister, der andere einen Hofrat, jahrzehntelang vernachlässigte Schulfreundschaften wurden mit der Doppelfrage: »Wie geht's? Hast a Nummer?« aufgefrischt.

Prominente hatten's da leichter. Marcel Prawy bekam seine Dreistellige »vom damaligen Polizeipräsidenten Holaubek geschenkt«, ORF-Sportreporterlegende Edi Finger wurde bei W 369 »narrisch«, Modezar Fred Adlmüller kurvte auf W 777, Karl Schranz erhielt vom Polizeipräsidenten Reidinger W 144 zur Hochzeit, der »rote« Dr. Fischer wurde mit W 565, der »schwarze« Dr. Graff mit W 973 auto(matisch) geadelt.
Nicht nur in Wien, auch in den anderen Bundesländern herrschte bald ein G'riß ums »kleine Schwarze«, wobei der steirische Mühlenbesitzer Franz Schedlbauer zweifellos alle diesbezüglichen Rekorde schlägt. Er und seine Familie fuhren mit St 2, St 3 und St 5, angeblich weil »diese Nummern kein anderer haben wollte«.
Und es wurde auch kräftig verdient. W 378 sorgte für Schlagzeilen, weil damit gleich zwei Autos unterwegs waren: das eine chauffierte – ganz legal – Gerd Bacher, das andere ein Wiener Unternehmer, dem das begehrte Taferl von einem Vertragsbediensteten des Wiener Verkehrsamts für 100 000 Schilling »verkauft« worden war. Der Schmiergeldbezieher wurde ebenso gefeuert wie einige Jahre vorher sieben Beamte der Grazer Polizeidirektion, die sich des gleichen Delikts schuldig gemacht hatten. Die rechtswidrig vergebenen Nummern wurden in allen Fällen eingezogen.
Geld spielte meist keine Rolle, wenn's darum ging, in den republikanischen Adelsstand aufgenommen zu werden. Da Nummern im Normalfall nicht »übertragbar« sind, wurden eigens Firmen gegründet, um diese dem neuen »Kompagnon« (gegen finanzielle Entschädigung) zu überlassen. Wobei bis zu 400 000 Schilling pro Kennzeichen den Besitzer wechselten. Darüber hinaus soll es »Nummernehen« und Adoptionen gegeben haben, die nichts anderes zur Folge hatten als ein schönes Blechtaferl. Denn nur unter Ehepartnern und direkten Nachkommen konnten amtliche Kennzeichen weitergegeben bzw. vererbt werden. Jahrelang zog sich in Wien übrigens ein Scheidungsprozeß hin, in dem die Frage: »Wer kriegt die Autonummer?« eine bestimmende Rolle spielte.
Als dann die weißen Tafeln kamen, stand der Scheidung nichts mehr im Wege. Doch mit dem Nummernadel ist's seither unwiderruflich vorbei.
Adieu, Herr Baron, habe d'Ehre W 2023.

»DER TOD, DAS MUSS EIN WIENER SEIN«

oder: Die schöne Leich'

Große Begräbnisse

»Letzte Wege«, die Geschichte machten

»Der Tod, das muß ein Wiener sein«, singt der große Kabarettist Georg Kreisler, und er fügt noch hinzu: »Genau wie die Liab a Französin. Denn wer bringt dich pünktlich zur Himmelstür? Ja, da hat nur der Weaner das G'spür dafür ...«

Wenn sich die wienerische Abstammung »Freund Heins« auch nicht hundertprozentig nachweisen läßt, so steht doch fest, daß keiner die »schöne Leich'« so sehr liebt wie der Wiener. Zu belegen durch »Letzte Wege«, die Geschichte machten.

Unübertroffen bleibt wohl der gigantische Leichenzug, der dem Sarg Kaiser Franz Josephs am 30. November 1916 folgte. Die ganze Monarchie war in trauerndes Schwarz gehüllt, kaum ein Haus, das nicht beflaggt war. Nicht nur die Wiener, sondern Hunderttausende Menschen aus allen Teilen der Monarchie waren ins Zentrum der Residenzstadt gekommen und hatten im Bereich Hofburg-Stephansdom-Ringstraße Aufstellung genommen, um ihrem Kaiser, der achtundsechzig Jahre lang regiert hatte, Lebewohl zu sagen. Viele ahnten, daß mit Franz Joseph auch dessen Reich zu Grabe getragen würde.

Österreich-Ungarn war an diesem trüben Herbsttag von lautem Glockengeläute übertönt. Der Leichnam des Kaisers war ursprünglich im Schloß Schönbrunn und dann mehrere Tage in der Hofburgkapelle öffentlich aufgebahrt worden. Von dort wurde er mit einem achtspännigen Galaleichenwagen zum Stephansdom übergeführt. Nach der Einsegnung durch Kardinal Piffl bewegte sich der stille Trauerzug in die Kapuzinerkirche. Ehe der Sarg in die Gruft getragen werden durfte, entspannte sich – dem strengen Spanischen Hofzeremoniell entsprechend – ein Disput zwischen einem Kapuzinerpater und dem Ersten Obersthofmeister des Kaisers, der mit

seinem Stab an das Tor der Familiengruft klopfte, um Einlaß zu finden. Daraufhin stellte der Priester die Frage: »Wer ist da?«
Obersthofmeister Fürst Montenuovo antwortete: »Seine Majestät, der Allerdurchlauchtigste Kaiser Franz Joseph.«
»Den kenne ich nicht!«
»Der Kaiser von Österreich und Apostolische König von Ungarn!«
»Den kenne ich nicht!«
Noch einmal schlug der Obersthofmeister an die verschlossene Pforte, und der Kapuziner fragte wieder: »Wer verlangt Einlaß?«
»Ein sündiger Mensch, unser Bruder Franz Joseph«, sagte der Fürst jetzt.
Erst mit Aussprechen dieses Satzes, der die Gleichheit aller Menschen vor Gott ausdrücken sollte, wurde dem toten Kaiser Einlaß in die Gruft gewährt. Dort angelangt, öffneten die Fürstlichen Kämmerer den Sarg, und der Obersthofmeister fragte die Kapuziner, ob sie in dem Verstorbenen »die betreffende Persönlichkeit« erkannt hätten. Als diese bejahten, wurde der Sarg mit zwei Schlüsseln versperrt und dem Orden zur Obhut übergeben.
Unmittelbar hinter dem neuen Kaiser Karl, seiner Frau Zita, dem damals fünfjährigen Kronprinzen Otto und weiteren Mitgliedern des Hauses Habsburg waren Franz Josephs Sarg im Weltkriegsjahr 1916 Regierung und Hochadel, Generäle sowie Abgesandte der befreundeten Staaten gefolgt. Nur die Frau, die ihm in dreißig Jahren am nächsten stand, durfte ihren Kaiser auf seinem letzten Weg nicht begleiten: Fürst Montenuovo hatte Katharina Schratt die Teilnahme an den Begräbnisfeierlichkeiten untersagt. Die Burgschauspielerin hatte mit Franz Joseph ihren einzigen Beschützer bei Hof verloren.
Ähnlich beeindruckend war der Abschied Kaiserin Maria Theresias im Dezember 1780. Zur Bestürzung ihrer nächsten Angehörigen hatte die Monarchin testamentarisch verfügt, »daß niemand von der Familie beim Begräbnis erscheinen sollte. Wenn eine Mutter und Frau nach ihrem Todt noch etwas zu sagen hat, so bitte Ich Mir dieses letzte Zeichen des Gehorsams von Meiner Familie aus«. Die Kaiserin hatte freilich nach ihrem Tod nichts mehr »zu sagen«: Maria Theresias Sohn, Kaiser Joseph II., hielt es

für völlig ausgeschlossen, diesem letzten Wunsch seiner Mutter zu entsprechen. Und so folgte die gesamte kaiserliche Familie Maria Theresias Sarg.

Eine ganz außergewöhnliche Bestattung erlebte die Monarchie im Jänner 1858, nach dem Tod des Grafen Joseph Wenzel Radetzky. Der Feldmarschall hatte sich zu Lebzeiten damit einverstanden erklärt, auf dem Heldenfriedhof bei Schloß Wetzdorf in Niederösterreich seine letzte Ruhe zu finden. Als Gegenleistung für die Ehre, eines Tages neben dem großen Feldherrn begraben zu sein, hatte der reiche Schloßherr Pargfrieder Jahre zuvor Radetzkys Schulden beglichen.

Aber die Österreicher wollen nicht nur die »schöne Leich'« gekrönter Häupter und anderer Würdenträger sehen. Auch der letzte Weg bedeutender Künstler wird mit entsprechender Anteilnahme verfolgt. Freilich gibt es schändliche Ausnahmen, wie etwa die Beisetzung Mozarts in einem Massengrab. Und auch Beethoven und Schubert wurden erst viele Jahre nach ihrem Tod mit jener Würde zu Grabe getragen, die ihrem Genie entsprach. Beide waren ursprünglich in nebeneinanderliegenden, schlichten Gräbern am Währinger Ortsfriedhof beigesetzt worden. Viel später, als man ihre wahre Größe erkannte, wurden die Skelette der Komponisten exhumiert und unter großer Anteilnahme der Bevölkerung in Ehrengräbern auf dem Wiener Zentralfriedhof zur letzten Ruhe gebettet.

Die Begräbnisse populärer Künstler waren es, die auch in unseren Tagen den größten Ansturm bewirkten. Zehntausende kamen zu den Trauerfeiern für Hans Moser, Karl Farkas, Robert Stolz, Paul Hörbiger, Max Böhm und Heinz Conrads. Ebenso groß war die Anteilnahme anläßlich des Todes von Weltstar Curd Jürgens, der auf dem Wiener Zentralfriedhof seine letzte Ruhe finden wollte. Dem Wunsch des Schauspielers entsprechend, wurde sein Leichnam in den Nachtstunden beigesetzt. Sehr viel Prominenz war zu dem Begräbnis erschienen, das Curd Jürgens noch zu Lebzeiten wie eine Theatervorstellung inszeniert hatte.

Den letzten Weg der toten Kaiserin Zita bestimmte dann wieder das Spanische Hofzeremoniell. Mit ähnlichem Wortlaut wie seinerzeit bei Kaiser Franz Joseph fand im Frühjahr 1989 ihr Leichnam Einlaß in die Kapuzinergruft.

Die letzte Ruhe der letzten Kaiserin

In der Wiener Kapuzinergruft erwartet man Kaiserin Zita

Noch herrscht beschauliche Stille in Wiens Kapuzinergruft. Die Touristen finden erst ab neun Uhr Einlaß, und Pater Gottfried, der Kustos dieser weltweit einzigartigen Grabstätte, stellt ein paar Blumen ab. An derselben Stelle wird am Samstag, dem 1. April 1989, Österreichs letzte Kaiserin beigesetzt. Seit dem Tod Kaiser Franz Josephs vor knapp 73 Jahren hat es hier kein aufsehenerregendes Ereignis gegeben. Sobald Kaiserin Zita in der Kapuzinergruft ihre letzte Ruhe gefunden hat, wird's mit der beschaulichen Stille schlagartig vorbei sein.

Die »Gruftkapelle« ist zwar ein kleiner, aber prominent gelegener Raum der Kapuzinergruft. Kaiserin Zita findet hier zwischen den Gräbern der beiden populärsten Monarchen Österreichs ihre letzte Ruhe: Auf der einen Seite grenzt die »Gruftkapelle« an den Raum mit dem Sarg Maria Theresias, auf der anderen befindet sich die Ruhestätte Kaiser Franz Josephs. Derzeit sind in der »Gruftkapelle« neben dem Altar nur eine Madonnenstatue zu Ehren der ermordeten Kaiserin Elisabeth und eine Büste Kaiser Karls aufgestellt. Doch daß der Raum nicht leer bleiben würde, wissen die Kapuziner »schon seit längerer Zeit«, sagt der Kustos-Pater. »Vor mehreren Jahren wurde von seiten der Familie Habsburg angefragt, ob eine weitere Beisetzung möglich wäre«. Und die Bestattung der Kaiserin Zita wird nicht die letzte sein: Auch für den Sarg Kaiser Karls ist, an Zitas Seite, ein Platz reserviert. Seine sterblichen Überreste sollen in absehbarer Zeit von Madeira nach Wien übergeführt werden.

Dann ist die Kapuzinergruft freilich voll belegt. Kein Plätzchen wird für weitere Mitglieder des Hauses Habsburg frei sein. Daß hier – mit Zita und Kaiser Karl – 144 Sarkophage untergebracht sein werden, grenzt sowieso an ein Wunder. Denn das enge Kellergewölbe zwischen Tegetthoffstraße und Neuem Markt war ursprünglich – Sie werden's nicht für möglich halten – für ganze zwei Särge vorgesehen: Nur ein Ehepaar sollte hier beigesetzt sein. Die Krypta

war zu Beginn des 17. Jahrhunderts für Kaiserin Anna und ihren Gemahl Kaiser Matthias errichtet worden. Und heute befinden sich die sterblichen Überreste von zwölf Kaisern, sechzehn Kaiserinnen und mehr als hundert weiteren Mitgliedern des Erzhauses in der Kapuzinergruft, unter ihnen auch zweiundvierzig Kleinkinder. Als einzige Nichthabsburgerin wurde die Gräfin Karoline Fuchs-Mollarth beigesetzt; Kaiserin Maria Theresia wollte mit dieser Geste die besondere Wertschätzung für ihre ehemalige Erzieherin zeigen. Die Herzen eines Großteils der Toten sind im »Herzgrüftl« der nahegelegenen Augustinerkirche aufbewahrt.
Es waren zwölf Kapuzinermönche, die im Jahre 1599 von Rom nach Prag pilgerten. Und zwar zu Fuß! In Wien, wo sie zu kurzer Rast einkehren wollten, erfuhren sie, daß in Böhmen gerade die Pest ausgebrochen war, also beschloß ein Teil der Patres, an der Donau zu bleiben. Und so sind aus der kurzen Rast mittlerweile beinahe vierhundert Jahre geworden.
Kaiserin Anna, die fromme Gemahlin von Kaiser Matthias, stiftete den in Wien »hängengebliebenen« Kapuzinern ein Kloster samt kleiner Krypta, »allwo Ihre kayserliche Majestät, mein geliebter Herr und Gemahl, und ich liegen wollen«. Die Kapuziner sollten also »Hüter« der kaiserlichen Ruhestätte sein.
Noch ehe der Plan gediehen war, war Anna im Alter von dreiunddreißig Jahren verstorben. Ihr Leichnam wurde – wie vier Monate später auch der ihres Mannes – vorerst im nahen Kloster der Dorotheerkirche beigesetzt. Nach Fertigstellung der Kapuzinerkirche und der kleinen, darunterliegenden Gruft konnten die beiden Särge 1633 in die neue Krypta überführt werden. Und damit sollte die Gruft auch schon »vollendet« sein, mehr als diese beiden Ruhestätten waren nicht vorgesehen.
Doch bald führte das Schicksal traurige Regie: Ferdinand III., ein Nachfolger von Kaiser Matthias, hatte in seiner nächsten Umgebung eine Serie von Todesfällen zu beklagen. Innerhalb nur einer Woche starben seine beiden Söhne Philipp und Maximilian. Für deren kleine Särge war in der Kapuzinergruft gerade noch Platz, doch als bald danach seine Frau Maria Anna im Sterben lag, bat sie darum, bei ihren Kindern die letzte Ruhe finden zu können. Als schließlich auch der Kaiser selbst verfügte, bei Frau und Kindern

beigesetzt zu werden, erwies sich das winzige Totenrefugium als viel zu klein, so daß im Jahre 1657 mehrere Sarkophage übereinander geschlichtet werden mußten.
Bald sollte es zur Habsburgertradition werden, sich bei den Kapuzinern beisetzen zu lassen. Aber wohin mit den Särgen? Die Gruft wurde im Laufe der Jahrhunderte – zuletzt 1960 – insgesamt achtmal um- und ausgebaut, jedesmal wurden die Keller angrenzender Grundstücke mit einbezogen.
Durchwandelt man die zehn matt erleuchteten Gruft-Abteile, ist man geneigt, ein altes Sprichwort abzuwandeln: Zeige mir, wie sie begraben sind, und ich sage dir, wie sie gelebt haben. So ist Maria Theresias reich verzierter Sarkophag, mehr als drei Meter hoch und ebenso lang, der prachtvollste. Der davorstehende Kupfersarg ihres Sohnes Joseph II. zeichnet sich hingegen durch besondere Schlichtheit aus. Relativ einfach sind auch die Gräber Franz Josephs, Elisabeths und des Kronprinzen Rudolf. An Franz Ferdinand und Erzherzogin Sophie erinnert nur eine marmorne Gedenktafel. Der in Sarajevo ermordete Thronfolger wollte an der Seite seiner Frau begraben sein, doch da sie als »nicht ebenbürtig« galt, hat man ihr die letzte Ruhe in der Kaisergruft verwehrt. Also wurden beide im niederösterreichischen Schloß Artstetten beigesetzt.
Nach dem Ende der Monarchie gingen die Veränderungen in der Kapuzinergruft in aller Stille vor sich. Hitler »verschenkte« den Leichnam des in Wien verstorbenen Herzogs von Reichstadt an Frankreich, und zwischen 1942 und 1958 wurden hier vier Habsburger beigesetzt, darunter auch die Mutter Kaiser Karls.

Die Gräber der Prominenz

Ein Rundgang

Im Tod, sagt das Sprichwort, im Tod sind alle gleich. Doch wie schon im Leben will's mit der Gleichheit auch »erst wenn's aus wird sein« nicht so recht klappen. In Wien gibt's einen »Gräberforscher«, und der weiß ein Lied davon zu singen, daß man sich für jene Toten besonders interessiert, die's im Diesseits weit gebracht haben. Begleiten wir Herrn Westermayer auf eine seiner beliebten Friedhofsführungen.

»Hier liegt die große Sängerin Lotte Lehmann. Der Marcel Prawy kriegt heut' noch feuchte Augen, wenn er ihren Namen hört.« Im Tonfall des geschulten Conférenciers führt Walter Westermayer am Wiener Zentralfriedhof von Ehrengrab zu Ehrengrab. »Dort drüben sehen Sie die letzte Ruhestätte Maxi Böhms. Seine Wohnung«, berichtet der Friedhofsführer, »wurde ausgeraubt, während man ihn zu Grabe trug.«

Walter Westermayer spricht in Schlagzeilen. »Geschichte und Geschichten«, kündigt er seine Darbietungen an, in denen er dem p. t. Publikum die sterblichen Überreste der Unsterblichen vorführt. Über Beethoven und Mozart – »wer kennt sie nicht?« – geht's hinüber zu unserem Walzerkönig, »der in der Nähe seines Vaters und seiner Brüder beigesetzt wurde. Und wenn Sie genau schau'n, werden Sie auf seinem Grabstein den Umriß einer kleinen Fledermaus entdecken. Ein Hinweis auf seine berühmteste Operette«.

Von Johann Strauß sind's ein paar Schritte nur zu einem anderen Großen der Wiener Musik. Herr Westermayer kann natürlich erklären, warum gerade an der Ruhestätte von Robert Stolz das Schild »Bitte das Grab nicht betreten« montiert ist: »Die Inschrift auf seinem Grabmal ist so klein, daß Kurzsichtige immer wieder in den Rasen steigen, um sie lesen zu können.«

Herr Westermayer, kaufmännischer Angestellter in Pension, hat viele von denen, deren Gräber er jetzt vorstellt, im Leben noch gekannt. »Als eifriger Autogrammsammler hab' ich sie im Filmatelier und vor dem Bühnentürl belagert.« Und wenn er die Berühmt-

heiten von einst jetzt am Friedhof besucht, trägt er ihre Fotos mit den Unterschriften in der Brusttasche.
Vorbei an den Ruhestätten der Schauspieler Werner Krauß, Albin Skoda und Hans Moser, gelangen wir zum Grab Helmut Qualtingers. Hier muß der sonst so beredte Herr Westermayer den Fluß seiner Erzählungen unterbrechen, zumal ihn eine Neuigkeit in Erstaunen versetzt: »Bei meiner letzten Führung war noch kein Grabstein da, inzwischen hat der Hrdlicka sein Mahnmal für'n Qualtinger aufg'stellt.« Westermayers kurzer Kommentar angesichts des überdimensionalen Charakterkopfes: »Also, das hat sich der Quasi net verdient.«
Neben Aggressionsforscher Friedrich Hacker (»bekanntlich in einer Fernsehsendung verstorben«) ruhen der Dirigent Willi Boskovsky und der Schriftsteller Hans Weigel, »der vorerst letzte Prominente«, am Zentralfriedhof. In der Folge wird das Grab der 1980 im Alter von 106 Jahren verstorbenen Hofschauspielerin Rosa Albach-Retty erläutert: »Sie wurde 1874 geboren, genau in dem Jahr, als der Zentralfriedhof gegründet wurde, auf dem sie jetzt ruht.« Zu Paul Hörbigers Begräbnis, ein Jahr nach dem der Albach-Retty, »kamen zehntausend Menschen, und der Toni Stricker spielte zum Abschied das Fiakerlied«.
Dem aufmerksamen Ehrengrab-Besucher ist nicht entgangen, daß hier ein weiterer Hörbiger fehlt. Herr Westermayer kennt die Hintergründe: »Auch der Attila Hörbiger sollte am Zentralfriedhof beigesetzt werden, doch Paula Wessely, die in Grinzing wohnt, wünschte sich eine Grabstelle am Grinzinger Friedhof, um ihren verstorbenen Mann möglichst oft besuchen zu können.«
Ein kurzer Abstecher führt uns noch nach Hietzing, wo Katharina Schratts sterbliche Überreste 1940 beigesetzt wurden, wobei an ihrem offenen Grab ein Kranz des Kaisers lag. »Wie das?« frage ich Herrn Westermayer, »immerhin war Franz Joseph 24 Jahre vor seiner Seelenfreundin verstorben?« – »Stimmt«, antwortet der Friedhofsführer, »der Kaiser hatte aber testamentarisch verfügt, daß beim Begräbnis der Schratt in seinem Namen ein Kranz mit schwarz-gelber Schleife zu deponieren sei. Und so war's dann auch.« Wer ihm diesen Wunsch posthum erfüllte, weiß man bis heute nicht.

Am Hietzinger Friedhof erweisen wir noch Heinz Conrads, »der mit einer vierspännigen Prachtkutsche seinen letzten Weg antrat«, unsere Reverenz, ehe wir »zum Zentral« zurückkehren, wo die Politprominenz ruht. »Figls Sarg«, erklärt der Gräberführer, »wurde irrtümlich schräg in die Erde gelegt, worauf die Friedhofsverwaltung das Angebot machte, ihn nachträglich umzudrehen, was aber die Nachkommen Leopold Figls ablehnten. So liegt der »Architekt des österreichischen Staatsvertrags« auf ewige Zeiten schief unter der Erde.«

Zum Abschluß begeben wir uns noch zur Präsidentengruft, in der die Staatsoberhäupter Renner, Körner, Schärf und Jonas ruhen. Auch hier hat Walter Westermayer Intimes zu berichten: »Der Doktor Kirchschläger ist schon hergekommen, um sich anzuschauen, wo er einmal liegen wird.«

Zwischen zehn und vierzig Menschen finden sich im allgemeinen zu Herrn Westermayers Führungen ein, wobei ihnen auch verschwundene Gräber vorgestellt werden. So fand unser »Gräberforscher« am Zentralfriedhof das geheime Grab des Spions Oberst Redl und die Stelle, an der vor hundert Jahren ein Fleischermeister namens Johann-Georg Lahner beigesetzt wurde. »Obwohl er die Frankfurter Würsteln erfunden hat, war er nicht prominent genug, daß sein Grab erhalten blieb.«

Und da sage noch einer, im Tod seien alle gleich.

Das Kreisky-Begräbnis

Wien, 7. August 1990

»Es war ein eiskalter, grausiger Tag, und wir froren entsetzlich«, schildert Bruno Kreisky in seinen Memoiren den Leichenzug Kaiser Franz Josephs, an dem er als fünfjähriger Bub, auf der Mariahilfer Straße im Spalier stehend, teilnahm. Fast ein dreiviertel Jahrhundert später ist's kein Kaiser, der begraben wird, sondern der Zeuge

von damals, der längstdienende Regierungschef der Republik. »Es war ein kühler, regnerischer Sommertag«, werden spätere Memoirenschreiber zu berichten haben. Über diesen 7. August 1990, als man Bruno Kreisky zu Grabe trug.
Es war ein Abschied, ganz in seinem Sinn. So wie er gelebt hat, so war sein Begräbnis. Die Großen der Politik neben den kleinen Leuten, den »Menschen draußen«, wie er immer sagte. Staats- und Regierungschefs, Parteifreunde und -gegner, Prominenz aus nah und fern. Und seine Wähler, die ihm so lange wie keinem anderen die Treue hielten. Sie alle waren gekommen, um ihrem einstigen Sonnenkönig die letzte Reverenz zu erweisen: Der Willy Brandt und eine Greißlerin aus Ottakring, der Arafat und ein Pensionist aus Ried im Innkreis, der deutsche Außenminister Hans-Dietrich Genscher und ein Eisenbahner aus Klagenfurt... Und unendlich viele Journalisten. Mehr als vierhundert Zeitungsleute, Fotografen, Fernsehteams aus aller Welt. Ganz so, wie er's gern gehabt hat, damals beim Regieren.
Der Trauerzug – den ich mit meiner Kollegin Trude Sagmeister erlebte und von dem wir anderntags gemeinsam berichteten – zeichnet Bruno Kreiskys politische Stationen nach. Im Parlament auf der Wiener Ringstraße, wo Bruno Kreisky erstmals als brillanter Redner aufhorchen ließ, beginnen die Trauerfeiern. In seiner Rede vor dem Parteivorstand bezeichnet Kreisky-Nachfolger Franz Vranitzky den Verstorbenen als »den größten österreichischen Politiker dieses Jahrhunderts«.
Der Sinn des Lebens sei »das Unvollendete« hat Bruno Kreisky einmal gesagt. »Die Unvollendete« von Franz Schubert ist auch Auftakt der offiziellen Feier in der auf sechzehn Grad Celsius abgekühlten Säulenhalle des Parlaments, in der Kreiskys sterbliche Überreste schon seit mehreren Tagen aufgebahrt sind.
Bundespräsident Dr. Kurt Waldheim ist bei den weltlichen Trauerfeiern für Bruno Kreisky, der keiner Religionsgemeinschaft angehörte, ebenso anwesend wie Wiens Kardinal Dr. Hans Hermann Groër. Während das Symphonieorchester den ersten Satz der Achten Symphonie spielt, kämpft manch hartgesottener Politiker mit den Tränen. So auch Ex-Parlamentspräsident Anton Benya, als er nach dem sozialistischen Klubchef Heinz Fischer und Bundeskam-

merchef Rudolf Sallinger das Wort ergreift. Fast tausend Menschen sind ins Parlament gekommen, darunter auch prominente Künstler wie Elfriede Ott (»Zu ihm hatte ich hundertprozentiges Vertrauen«), Fritz Muliar, Felix Dvorak, Karl Merkatz, die Maler Friedensreich Hundertwasser und Adolf Frohner.
Mit Gustav Mahlers Vierter Symphonie und der österreichischen Bundeshymne endet der Festakt im Parlament. Selbst sein Vorgänger als Bundeskanzler, Josef Klaus, dessen Volkspartei Kreisky durch seinen ersten Wahlsieg aus der Regierung in die Opposition drängte, ist tief bewegt: »Ich habe Dr. Kreisky seit 1970 nur noch zweimal kurz gesehen. Es tut mir heute leid, daß ich eine Einladung von ihm nicht angenommen habe. Denn er war, bei allem, was uns politisch trennte, ein großer, ein außergewöhnlicher Mann.«
Sechs eigens ausgewählte Sargträger der Städtischen Bestattung heben nun den Sarkophag mit dem Leichnam Bruno Kreiskys aus dem rot-weiß-roten Blumenmeer. Der feierliche Zug bewegt sich unter den Klängen von Mozarts Maurerischer Trauermusik zum großen Tor des Parlaments, das nur in besonderen Ausnahmefällen geöffnet wird. Vor der Rampe des Hohen Hauses haben sich inzwischen mehr als viertausend Menschen versammelt. Auch der sommerliche Nieselregen hat sie nicht abgehalten, »dem Alten« Lebewohl zu sagen. »So einer wie der Kreisky kommt nimmermehr«, sagt ein alter Mann, der sich schon in den frühen Morgenstunden einen Platz in der ersten Reihe gesichert hat. »Der Kreisky war nicht nur Politiker, der war halt auch noch ein Mensch.«
Margit Schmidt, Kreiskys langjährige Sekretärin, weiß das besser als alle anderen, die zum Abschied gekommen sind. Gerührt erzählt die engste Mitarbeiterin, wie der Kanzler für die Sorgen und Nöte der Menschen stets ein offenes Ohr hatte: Kreisky, Bruno Dr. steht seit vielen Jahren im Amtlichen Telefonbuch von Wien. Jedermann konnte ihn unter der Nummer 375118 zu Hause erreichen, auch damals, als er Bundeskanzler war. »Die Leute haben wirklich Tag und Nacht bei ihm angerufen«, sagt die Sekretärin, die jetzt die Trauerfeier im Kreis der engsten Angehörigen des Verstorbenen verfolgt. »Selbst als einmal mitten in der Nacht eine verzweifelte Wienerin am Telefon war, weil es durch das beschä-

digte Dach ihres Hauses regnete, wußte der Bundeskanzler Rat: Er hat ihr die Feuerwehr hingeschickt.«

Vielleicht ist auch diese Frau in Dankbarkeit mit dabei, als sich der Trauerkondukt nach elf vom Parlament durch das Burgtor über den Heldenplatz zum Ballhausplatz bewegt. Vorbei an weiteren Tausenden, die, dicht gedrängt, an der Ringstraße ihre stille Trauer zeigen. Tausend Polizisten sind im Einsatz, um mehr als fünfzehnhundert Ehrengäste aus aller Welt zu schützen. Ein Sonderkommando der Alarmabteilung ist ständig um die Person des PLO-Führers Yassir Arafat bemüht, der bis zuletzt ein Geheimnis daraus machte, ob er nach Wien kommen würde.

Die Gardemusik des österreichischen Bundesheeres spielt, während sich der Kondukt dem Ballhausplatz nähert, Trauermärsche von Beethoven bis Chopin. Die fünfzigjährige Wienerin Renate Schaffer wischt sich Tränen aus den Augen: »Sein Tod geht mir sehr nahe, alle in unserer Familie haben ihn verehrt. Als meine Tochter vier war, hat sie ihren Teddybären Bruno genannt. Den gibt es noch, diesen Bruno.«

Zweite Station, Bundeskanzleramt. Dreizehn Jahre lang leitete Bruno Kreisky von hier aus die Geschicke der Republik. Länger als irgendein anderer Regierungschef war er Bundeskanzler. Nach Franz Vranitzky, dem jetzigen Hausherrn, würdigt Vizekanzler Josef Riegler den »harten politischen Kontrahenten, der infolge seiner starken Persönlichkeit stets über die Parteigrenzen hinweg Ansehen genossen hat«.

Hohe ausländische Gäste sind es, die hier am Ballhausplatz auf die außenpolitische Bedeutung des Mannes hinweisen, der laut Henry Kissinger »zu groß für Österreich« gewesen sei. Nach Frankreichs Außenminister Roland Dumas spricht Schwedens Ministerpräsident Ingvar Carlsson von den Jahren der Emigration Kreiskys in Stockholm, wo er auch seine Frau Vera kennengelernt und geheiratet hat.

Die SPÖ-Spitzen verabschieden ihren ehemaligen Vorsitzenden vor der Parteizentrale in der Löwelstraße. Von hier aus werden die sterblichen Überreste des Staatsmannes in einer schwarzen Limousine mit dem Kennzeichen W 777 666 zum Zentralfriedhof geführt. Nur von den engsten Angehörigen begleitet, setzt sich der Kondukt

um 12.30 Uhr in Bewegung. Dr. Peter Kreisky, der Sohn des Verstorbenen, und seine jüngere Schwester Susanne führen mit Kreiskys Enkelsöhnen Oliver und Jan-Daniel den Trauerzug an.
Kurz vor 15 Uhr fährt der Mercedes mit Bruno Kreiskys sterblichen Überresten durch das Zweite Tor des Wiener Zentralfriedhofs. Auch hierher sind Tausende Menschen gekommen, um ihm die letzte Ehre zu erweisen. Und sie sind aus ganz Österreich angereist. Michael Rodnigger, 21jähriger Jusstudent, hat sogar seinen Kärnten-Urlaub unterbrochen: »Kreiskys Politik verdanke ich, daß ich, ein Arbeitersohn, heute studieren kann.« Eine alte Frau, die stolz darauf ist, daß er ihr an einem 1. Mai persönlich die Hand gedrückt hat, sagt: »Der Herr Bundeskanzler war a sehr a g'scheiter Mensch, aber g'redt hat er trotzdem ganz normal, so daß ihn a jeder verstanden hat.«
Zwischen den Ehrengräbern des ÖGB-Präsidenten Johann Böhm und des Zwölfton-Komponisten Arnold Schönberg befindet sich die Grabstätte. Gegenüber von Kreisky ruhen die ehemaligen Bundeskanzler Leopold Figl und Julius Raab, die 1955 mit ihm gemeinsam Österreichs Staatsvertrag geschaffen haben. »Angesichts der sterblichen Hülle« bezeugt Dr. Kirchschläger: »Bruno Kreisky war ein guter Mensch, ein redlicher Politiker, ein Mann, der Österreich liebte.«
Wiens Bürgermeister Dr. Helmut Zilk ist es, der mit ganz persönlichen Abschiedsworten Tausenden am Grab und Millionen Menschen vor den Bildschirmen aus der Seele spricht. »Lieber Bruno«, sagt er unter Tränen, »du hast uns in deinen letzten Lebensjahren zwei Erinnerungsbände geschenkt, ein Abschlußband war geplant, du konntest ihn nicht mehr vollenden. Aber dieser letzte Band, er existiert: Er steht in unserer Erinnerung, geschrieben in unseren Herzen, in denen du weiterschlägst, weiterleben wirst, wo dein tapferes Herz zu schlagen aufgehört hat.«
Roberta Zuffar ist nicht die einzige, die bei diesen Worten Tränen vergießt. Seit dem Tod seiner Frau führte sie für Bruno Kreisky den Haushalt: »Er war für mich wie ein Vater. Ein gutes Essen war für ihn immer das wichtigste. Erdäpfelgulasch und Beuschel mit Knödeln hat er besonders gern gehabt, in Mallorca Fisch. In letzter Zeit hat er leider immer weniger gegessen. Der Herr Doktor war es

auch, der mir das schönste Kompliment meines Lebens gemacht hat. Er hat gesagt, ich bin die einzige Frau auf der Welt, die ihm nicht auf die Nerven geht. Jetzt bin ich siebenundfünfzig und gehe in Pension. Weil einen anderen Chef als den Herrn Doktor kann ich mir nicht mehr vorstellen.«

Mit bewegter Stimme mahnt Kreiskys langjähriger Weggefährte und Freund Willy Brandt: »Ich finde, die Österreicher sollten ein bißchen stolz darauf sein, daß sie uns, den anderen in Europa, diesen Mann geschenkt haben. Er war in seiner Widersprüchlichkeit für die einen ein guter Freund, für die anderen ein geschätzter Mann.«

Am Ende der achtstündigen Trauerfeier wird der Sarg mit dem Toten unter den Klängen der österreichischen Bundeshymne in die Tiefe versenkt. Altbundeskanzler Dr. Bruno Kreisky hat seine letzte Ruhe gefunden.

Die Österreicher, hat er immer gesagt, sollten »ein Stück des Weges« mit ihm gehen. An diesem 7. August 1990 haben sie noch ein Stück, das allerletzte Stück, an seiner Seite zurückgelegt. Vom Parlament über Ringstraße und Ballhausplatz bis hinaus zum Zentralfriedhof, Zweites Tor, dort wo alle Großen der Republik begraben sind.

Und der Dr. Kreisky mag oben im Himmel gesessen sein. Und sich, während er das alles mit dem ihm eigenen Scharfblick beobachtete, bedächtig durch den Bart gestrichen haben. Und er hat nicht gesagt: »Ich bin der Meinung«, sondern: »Es war sehr schön, es hat mich sehr gefreut.«

Tod im Hotel

Das Genfer »Beau-Rivage«, in dem Kaiserin Elisabeth die letzte Stunde schlug

Das »Beau-Rivage«, an der eleganten Uferpromenade des Genfer Sees gelegen, ist ein prachtvoller Alter Bau. Ein Hotelpalast, vergleichbar mit dem »Imperial« in Wien oder dem »Panhans« am Semmering. Im Gästebuch findet sich die Weltprominenz der letzten 100 Jahre. Ein gutes Dutzend gekrönter Häupter, der Herzog von Windsor mit seiner Wallis Simpson, General de Gaulle und Edward Kennedy, die Millionäre Astor, Rockefeller und Vanderbilt, etliche Maharadschas und russische Großfürsten. Aber auch Künstler wie Richard Wagner, Robert Schumann, Benny Goodman, Jean Cocteau, Charlie Chaplin oder Clark Gable sind hier abgestiegen. Zwei Namen brachten das Hotel freilich in die internationalen Schlagzeilen: Kaiserin Elisabeth von Österreich und der Ministerpräsident von Schleswig Holstein, Uwe Barschel. Beide haben ihre Zimmer im »Beau-Rivage« nicht lebend verlassen.
Trotz telefonischer Voranmeldung bei der Besitzerin des 200-Betten-Palais war's gar nicht so einfach, zu Madame Catherine Mayer vorzudringen. Eine Hausdame führte mich vorerst problemlos durchs Hotel, um mir die Salons und Appartements – vor allem natürlich das Sterbezimmer »unserer Sissi« – zu zeigen. Als ich aber der Hotelangestellten ganz nebenbei die Frage stellte, wo denn die Suite, in deren Badezimmer der Ministerpräsident Barschel... na Sie wissen schon..., da war plötzlich der Teufel los. Die junge Frau ergriff hastig die Flucht und ward nie wieder gesehen. Nach einer längeren Pause tauchte dann eine Verwandte der Chefin auf, bot mir im Marmorsalon »L'Impératrice« einen Platz an und fragte mich strengen Blicks, ob ich tatsächlich wegen der Kaiserin Elisabeth gekommen wäre. Denn in Sachen Dr. Uwe Barschel könne man mir, »bitte wirklich um Verständnis«, keine Auskunft erteilen.
Erst nach einer Garantieerklärung meinerseits, daß ich keineswegs an Barschels Badewanne interessiert sei, sondern einen Bericht über

Kaiserin Elisabeth schreiben wolle, erschien Madame Catherine Mayer, die Chefin. Unterm Arm ein riesiges Paket Unterlagen und Fotos zu »Sissis« Tod im Appartement 119/120 des »Beau-Rivage«.

Man ist, so hat's den Anschein, geradezu stolz darauf, daß Österreichs Kaiserin im familieneigenen Hotel ihren letzten Atemzug tat. Mit der Affäre Barschel will man hingegen nichts zu tun haben.

Verbleiben wir also beim wesentlich romantischeren Fall der Hotelchronik. Kaiserin Elisabeth war am 9. September 1898 in Genf angekommen, wo sie sich unter dem Pseudonym »Gräfin von Hohenembs« einquartierte. Eine Schweizer Zeitung lüftete tragischerweise das Inkognito und berichtete, daß Ihre Majestät im »Beau-Rivage« (auf deutsch: Schönes Ufer) wohnte. Als der 25jährige Anarchist Luigi Lucheni diese Zeilen gelesen hatte, sah er seine große Stunde gekommen. Seit Monaten schon wollte er »irgendein Attentat« verüben, doch konnte er diesen Plan mangels einer geeigneten, in Genf weilenden prominenten Persönlichkeit nicht verwirklichen.

Tags darauf, als Elisabeth um 13.38 Uhr mit ihrer Hofdame Irma Gräfin Sztáray, nur ein paar Schritte vom »Beau-Rivage« entfernt, am Kai das Linienschiff nach Montreux besteigen wollte, stach Lucheni kaltblütig mit einer spitzen Feile zu. »Die Kaiserin sank zur Erde«, gab Gräfin Sztáray später als Zeugin des Mordanschlags der Genfer Polizei zu Protokoll, »da erst kam mir der Gedanke, daß das Scheusal Ihre Majestät geschlagen haben mußte.« Trotz ihrer schweren Verletzung konnte die Kaiserin noch bis zum Schiff gehen, auf dem sie dann ein zweites Mal zusammenbrach. »Was ist denn mit mir geschehen?« waren Elisabeths letzte Worte, ehe man sie in bewußtlosem Zustand zum »Beau-Rivage« zurückbrachte.

Das Hotel wurde damals von Charles-Albert und Fanni Mayer, den Großeltern der heutigen Besitzerin, geführt. »Ich kann mich noch gut an die Erzählungen meiner Großmutter erinnern«, hebt Catherine Mayer an (die trotz ihres urgermanischen Namens kein deutsches Wort beherrscht). «Meine Großmutter stand dort drüben in der Halle«, zeigt sie in das prächtig marmorgeschmückte Atrium im

Erdgeschoß, »als die schwerverletzte Kaiserin auf einer improvisierten Bahre aus Segelleinen und zwei Schiffsrudern im Haus ankam, worauf sofort der Hotelarzt Dr. Golay gerufen wurde.«
Großmama Fanni Mayer hinterließ ein paar dicht beschriebene Bogen Papier, auf denen sie die historisch gewordenen Ereignisse des 10. September 1898 in französischer Sprache schildert. Ihre Enkelin Catherine zeigt mir das bisher unveröffentlichte Dokument: »Sechs Damen und sechs Herren trugen die schwerverletzte Kaiserin in das Hotel, während unser Geschäftsführer Elisabeths Hand hielt. Ich verfolgte diesen so traurigen und entsetzten Zug bis hinauf in den ersten Stock zum Appartement, das die Kaiserin bewohnte. Dr. Golay sagte, er könne nicht mehr helfen, der Blutverlust sei zu hoch, was an einem immer größer werdenden Fleck am Herzen zu beobachten war. Ihren letzten Seufzer gab Elisabeth ungefähr 20 Minuten nach ihrer Ankunft im Hotel. Comtesse Sztáray schloß in Anwesenheit eines Priesters ihre Augen und legte ihr beide Hände zusammen.«
Einige Zeit weilte die Kaiserin unter demselben Dach wie ihr Mörder, ist ebenfalls den Aufzeichnungen der damaligen Hotelchefin Fanni Mayer zu entnehmen: »Passanten verfolgten den Attentäter und hielten ihn fest, bis ihn ein Gendarm verhaften und in unser Hotel bringen konnte. Hier versetzte mein schockierter Gatte dem Mörder einen heftigen Schlag ins Gesicht, und der Gendarm mußte einen jungen österreichischen Baron daran hindern, sich auf Lucheni zu stürzen. Nach einer kurzen Einvernahme im Hotel wurde der Gefangene zum Polizeirevier befördert.«
Zu diesem Zeitpunkt war Kaiserin Elisabeth bereits verstorben. Mit einem Porträt der jungen »Sissi« in deren Sterbezimmer 119/120 wird im »Beau-Rivage« heute noch des Dramas gedacht.
Knapp 90 Jahre danach ereignete sich, zwei Stockwerke höher, eine ganz andere Tragödie. Der wegen einer bis heute nicht restlos geklärten Politaffäre seines Amtes enthobene Ministerpräsident Uwe Barschel nahm sich am 10. Oktober 1987 in der Badewanne des Zimmers 317 das Leben. »Das Appartement wird seither nur an nicht-europäische Gäste vermietet, die vermutlich noch nie vom Fall Barschel gehört haben«, erzählt mir ein Stubenmädchen hinter vorgehaltener Hand. Das »Sissi-Zimmer« hingegen gilt als Attrak-

tion des Hauses und ist zum Preis von 700 Franken pro Nacht für jedermann, der sich's leisten kann, beziehbar.
Durch den Tod der Kaiserin erlangte das Hotel – in dessen Seitentrakt am Quai du Mont-Blanc übrigens das österreichische Generalkonsulat untergebracht ist – derartige Berühmtheit, daß man ein vor vielen Jahren schon errichtetes Elisabeth-Museum wiedereröffnen will. Die Familie Mayer – urgroßväterlicherseits wie »Sissi« aus Bayern stammend – hat für diesen Zweck eine umfangreiche Sammlung angelegt, in der sich unter anderem ein Originalkleid der Kaiserin befindet. Den Grundstock für die zukünftige Erinnerungsstätte bilden ein paar Habseligkeiten Elisabeths, über deren Herkunft Fanni Mayer ebenfalls in ihrer Niederschrift vom Tag des Mordanschlags berichtet: »Die Kaiserin wurde einbalsamiert und in ihren Sarg gelegt. Am Abend gab die Comtesse Sztáray mir und meinem Mann eine Rose, die sie dem Sarg entnommen hatte und die ich sorgfältig behüte. Außerdem händigte sie mir ein malvenfarbenes, vom Blut der Kaiserin beflecktes Stück eines Bandes aus.« Diese Gegenstände werden seither in einem kleinen Glasschrank aufbewahrt.
Neben Elisabeth und dem Ministerpräsidenten Barschel ist auch der Herzog von Braunschweig – vor mehr als 100 Jahren freilich schon – im »Beau-Rivage« verschieden. »Eines natürlichen Todes«, wie sich die Hotelchefin anzufügen beeilt. Dann schmunzelt sie noch: »Wir sind aber sicher, daß in unserem Haus mehr Menschen gezeugt wurden als verstorben sind.«
Die Hotelchronik gibt darüber keine Auskunft. Doch sind die Lebendigen wohl nicht so berühmt geworden wie die hier Verstorbenen.

Wie der Schädel des Mörders nach Wien kam

Luigi Luchenis Kopf reist von Genf nach Wien

Heimlich, still und leise ging der makabre Transport vor sich. Ein Angehöriger der österreichischen Botschaft in Bern reiste per Eisenbahn von Genf nach Wien. In seinem Diplomatenkoffer befand sich ein rundes, etwa 30 Zentimeter hohes Einsiedeglas. Besagter Behälter, gefüllt mit einer gelblich-trüben Flüssigkeit, enthielt den konservierten Schädel eines Mannes, der sich 1910 das Leben genommen hatte. Den Schädel des Mörders der Kaiserin Elisabeth. Es erhebt sich die Frage, aus welchem Grund Luigi Luchenis Haupt nach so vielen Jahrzehnten nach Österreich gebracht wurde. Und warum man dies der Öffentlichkeit zu verschweigen versuchte. Der »Geheimtransport« erfolgte – ausgerechnet – am Heiligen Abend des Jahres 1985.

Professor Dr. Heinrich J. Holzner, Vorstand des Pathologisch-anatomischen Instituts, erklärt die seltsamen Vorgänge: »Die Sache durfte keinesfalls an die große Glocke gehängt werden. Wir hatten das Gerichtsmedizinische Institut der Universität Genf schon vor Jahren um die Freigabe des Lucheni-Schädels gebeten, weil es sich hierbei zweifellos um ein für die österreichische Geschichtsschreibung interessantes Exponat handelt. Die Schweizer Behörden antworteten, sie wären prinzipiell damit einverstanden, Luchenis Schädel als Dauerleihgabe zur Verfügung zu stellen.«

Jetzt aber kommt der springende Punkt: »Unter der Auflage freilich, daß der Kopf weder öffentlich zur Schau gestellt noch in irgendeiner Form publizistisch verwertet wird!« Also: Ins Museum ja, gezeigt werden darf er aber nicht.

Seither lagert Luchenis Schädel – dem einst verworrene anarchistische Gedanken entsprangen – in einem Nebentrakt des sogenannten »Narrenturms« im Wiener Allgemeinen Krankenhaus, und kaum jemand weiß über die Existenz des merkwürdigen Objekts Bescheid. Denn jener Teil des Pathologisch-anatomischen Museums – der weltweit größten Sammlung dieser Art – ist und bleibt für die Öffentlichkeit gesperrt. Professor Holzner: »Nur einige

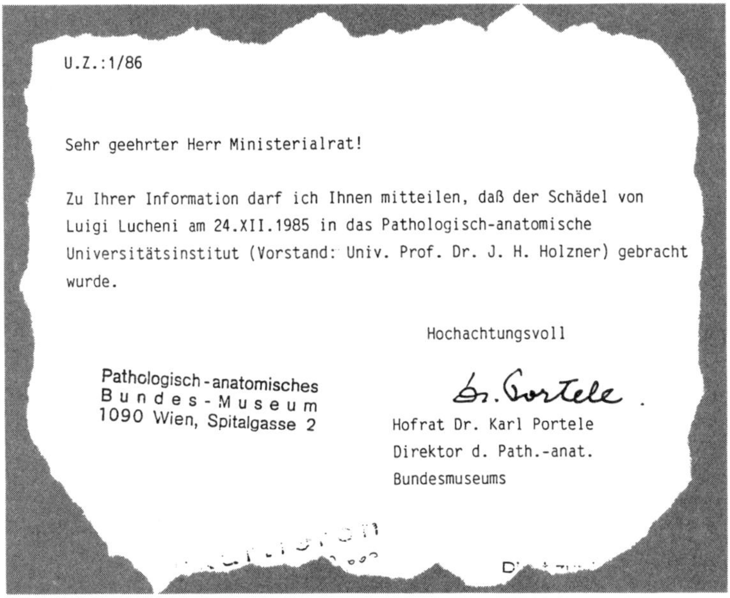

U.Z.:1/86

Sehr geehrter Herr Ministerialrat!

Zu Ihrer Information darf ich Ihnen mitteilen, daß der Schädel von Luigi Lucheni am 24.XII.1985 in das Pathologisch-anatomische Universitätsinstitut (Vorstand: Univ. Prof. Dr. J. H. Holzner) gebracht wurde.

Hochachtungsvoll

Pathologisch-anatomisches
Bundes-Museum
1090 Wien, Spitalgasse 2

Dr. Portele

Hofrat Dr. Karl Portele
Direktor d. Path.-anat.
Bundesmuseums

Aktenvermerk in Sachen Lucheni-Schädel

wenige Mitarbeiter des Museums haben die Reliquie zu Gesicht bekommen. Wir müssen uns an die Auflagen des Genfer Instituts halten, das nach wie vor der rechtmäßige Eigentümer des Schädels ist, andernfalls könnte man ihn uns wieder wegnehmen.«

Nun, wer war dieser Luigi Lucheni, um dessen Knochen neuerdings so ein G'riß herrscht? 1873 in Italien unehelich geboren, von seiner Mutter ins Findelhaus gesteckt und von einem Pflegeheim ins andere abgeschoben, war er für kurze Zeit Diener eines italienischen Herzogs. Weil der ihn nach wenigen Monaten aus seinen Diensten entließ, entwickelte der junge Mann einen blinden Haß gegen jegliche Form von Aristokratie.

Nach dem Mordanschlag auf Kaiserin Elisabeth wurde er zu einer lebenslangen Kerkerstrafe verurteilt und zwölf Jahre später in seiner Zelle tot aufgefunden. Der Mörder hatte sich erhängt. Wie bei kriminalhistorisch besonders »interessanten« Fällen mit psychisch krankhaften Motiven durchaus üblich, wurde der Schädel

des Attentäters vom Rumpf des Körpers abgetrennt, obduziert und danach im Genfer Leichenhaus in ein mit Formaldehyd gefülltes Gefäß – einem Einsiedeglas ähnlich – gesteckt. Darin befindet sich, seit damals unverändert, Luchenis konservierter Schädel, »mit halbgeschlossenen Augen, leicht geschwollenen Lidern, herabhängender Unterlippe, einem Dreitage-Bart und (wenn auch nur noch vereinzelt feststellbaren) Kopfhaaren«. Bei der Obduktion des Hauptes im Jahre 1910 waren keinerlei anatomische Abnormitäten feststellbar gewesen.
Am 24. Dezember 1985 endlich wurde das seltsame Relikt mittels diplomatischer Post in einem Abteil der Österreichischen Bundesbahnen nach Wien befördert. Und hier lagert es jetzt in einem Versteck des Pathologisch-anatomischen Museums.
Ehrlich gesagt, es soll uns nichts Schlimmeres passieren, als daß wir den Schädel auch weiterhin nicht zu Gesicht bekommen.

Begegnung mit dem Tod

Unser Verhältnis zum Sterben

Spaziergang über den kleinen Ortsfriedhof. Da liegt ein zwölfjähriges Mädchen begraben, dort drüben ein Mann, dessen Grabstein anzeigt, daß er vierundneunzig wurde. Gerecht, so heißt es, ist das Leben nicht. Mit dem Tod verhält sich's ebenso. Der da fand seine letzte Ruhestätte in einer prunkvollen Marmorgruft. Nur ein paar Schritte weiter – Gruppe VI/2. Reihe/Grab 7 – erinnert ein morsches Holzkreuz an die Existenz eines anderen.
Fünf Klassen gibt's, begraben zu sein. Von der schlichten Ruhestätte »in laufender Reihe« bis zur eigenen Familiengruft. Vom Weichholz bis zum Kupfersarg. Bestattet sang- und klanglos oder aber mit Musik, Chor und Pferdekutsche. Profan gesagt: Begräbnisse von zwölf- bis dreihunderttausend Schilling (letzteres inklusive Mausoleum).

Ob so oder so, der Weg ins Paradies scheint paradiesisch, vergleicht man ihn mit dem Abschied unserer Ahnen von dieser Welt. Erst in unserer Zeit ist Begrabenwerden menschenwürdig geworden.
War ursprünglich die Familie für die Bestattung eines Menschen zuständig, so wurde diese Aufgabe im Mittelalter von den Religionsgemeinschaften übernommen. Im vorigen Jahrhundert entstand dann das Berufsgewerbe des Leichenbestatters. Damals ein Gewerbe freilich von höchst zweifelhaftem Ruf.
»Pietät« hieß eines der großen Bestattungsunternehmen, aber kaum ein Firmenname war je so unzutreffend wie dieser. Nichts war den Geschäftemachern heilig, am allerwenigsten der Tod. Die in Wien »Pompfüneberer« genannten Bestatter hatten eigene Spione unter Vertrag, die ihnen berichteten, daß im letzten Stock der zweiten Stiege einer gestorben ist. Ja sie wurden sogar schon informiert, wenn's einem nicht gut ging. War einmal bekannt, daß eine vermögende Person im Sterben lag, warteten bis zu sechs Agenten nächtelang vor der Haustür, um im »rechten Augenblick« der erste zu sein. Wer schneller war, der machte in diesem makabren Konkurrenzkampf den Profit.
Der Dr. Lueger hat nicht nur Hände geschüttelt, sondern diesen unhaltbaren Zustand zu beenden gewußt. Einem Großteil der 83 privaten Bestattungsfirmen, die in so entsetzlicher Weise der berühmten »schönen Leich'« nachgelaufen waren, entzog er ab dem Jahre 1907 die Konzession, andere Unternehmen wurden von der Gemeinde aufgekauft.
's wär net Wien, hätte die Geschichte nicht ein tragikomisches Ende gefunden: Das erste große Begräbnis der vom Bürgermeister Dr. Lueger gegründeten Städtischen Bestattungsanstalt war für ihn selbst bestimmt.
Weil bei uns aber nichts von heut auf morgen geht, hat's dann immerhin 43 Jahre gedauert, bis im Jahre 1950 mit der Firma »Payer und Schmutzer« das allerletzte private Bestattungsunternehmen seine Pforten schloß. Dann aber »für immer«, um dieses in der Branche so alltägliche Wort zu gebrauchen.
Der Amtsrat Julius Müller vom »Bestattungsmuseum der Stadt Wien«, einer weltweit einzigartigen Institution, kann viele solcher Geschichten erzählen. Und weiß auch von den Sorgen anderer

Großstädte, deren Bestattungswesen nach wie vor von privaten Firmen beherrscht wird: »In Berlin«, berichtet er etwa, »ist das Problem heute ähnlich wie's bei uns zur Jahrhundertwende war.« Dutzende Bestattungsunternehmen kämpfen dort um jeden Toten, machen Werbung in der U-Bahn, in Telefonzellen und vor allem in den Krankenhäusern.

In Österreich gibt es das Problem längst nicht mehr, die in mittleren und kleineren Gemeinden angesiedelten privaten Bestatter gelten als seriös.

Das Verhältnis des Wieners zum Tod ist Literatur geworden und oft besungen: »Erst wenn's aus wird sein« singt man, und »Verkauft's mei G'wand, i fahr' in Himmel«. Beim Heurigen fragte mich angesichts solcher Musikuntermalung unlängst ein deutscher Tourist, ob es denn »überhaupt keene Wiener Lieder gibt, in denen die Menschen am Leben bleiben«. Selten, mußte ich gestehen, und erzählte ihm von der ortsüblichen Sehnsucht zur »schönen Leich'«, die solche Blüten trieb, daß am Tag, an dem Kaiser Franz Joseph seinen letzten Gang antrat, in der »Neuen Freien Presse« per Inserat »Große Fensteröffnungen mit schöner Aussicht auf den Trauerzug« vermietet wurden.

Franz Josephs Urgroßonkel, der sonst so reformfreudige Kaiser Joseph II., hatte per Dekret das gefürchtete Massengrab eingeführt. Ohne Sarg, in einen Leinensack gehüllt, wurden die sterblichen Überreste Hunderttausender Menschen unter die Erde verfrachtet. Selbst Wolfgang Amadeus Mozart blieb dieses Schicksal bekanntlich nicht erspart. Doch schon nach wenigen Jahren mußte der Kaiser diese unhaltbare Bestimmung wieder zurücknehmen.

Das Verhältnis der Menschen zum Tod hat sich inzwischen radikal geändert, »Freund Hein« war uns nie so fern wie heute. Vor drei, vier Generationen noch war er allgegenwärtig, wer einmal die Dreißig überschritten hatte, begegnete ihm regelmäßig. Durch Seuchen wurden ganze Regionen ausgerottet, da verstarb eine junge Frau, dort ein kleines Kind. Gesunde Männer zogen in den Krieg und kehrten nicht wieder. Alte Menschen waren eher die Ausnahme.

Die Zeiten haben sich gewandelt, die Begegnung mit dem Tod ist seltener geworden. Nur die Faszination der letzten Stunde, über die niemand hier auf Erden wirklich Bescheid weiß, ist geblieben.

Scheintot

Die Angst, lebendig begraben zu werden, war einst größer als die Angst vor dem Sterben

Der Alptraum vieler Menschen ist wahr geworden. Die 78jährige Berta Weiner wurde im Februar 1991 von zwei Ärzten für tot erklärt, ihr »Leichnam« in einen Holzsarg gebettet. Erst als der Bestattungsbeamte den Sargdeckel schließen wollte, bemerkte er, daß die Frau noch lebte! Die herbeigerufene Rettung kam zu spät, Berta Weiner starb, völlig unterkühlt, in einem Wiener Krankenhaus.

Scheintot. Mutet allein das Wort in unseren Tagen unglaublich an, so gehörte es in früheren Zeiten beinahe zum Alltag. Noch zur Jahrhundertwende war die Angst vor dem Lebendig-Begrabenwerden größer als die Angst vor dem Tod. Nicht ohne Grund: Sollen doch damals rund drei Prozent der »Toten« zum Zeitpunkt ihrer Bestattung noch gelebt haben!

Als prominentes Opfer unter den Lebendig-Begrabenen gilt der 1852 verstorbene russische Erzähler Nikolai Gogol, dessen Gebeine bei einer Umbettung, wenige Jahre nach der Beerdigung, in derart verkrümmter Haltung vorgefunden wurden, daß man annimmt, der große Dichter habe im Grab verzweifelt um sein Leben gekämpft.

Schlimm genug, daß dies 1852 im fernen Rußland möglich war. Aber 1991 in Österreich?

Hätte es unter keinen Umständen zum »Fall Berta Weiner« kommen dürfen. Legen doch die »Instruktionen für den Totenbeschauer« klar und deutlich fest, daß der gerufene Arzt »den Tod nicht bloß auf Grund fehlender Lebenszeichen, sondern auch auf Grund sicherer Todesmerkmale zu konstatieren hat«. Als zuverlässiger Beweis für den tatsächlich eingetretenen Tod gelten Leichenstarre und die sogenannten Totenflecke, die ein bis zwei Stunden nach dem Ableben eines Menschen sichtbar werden.

Kaiserin Maria Theresia war es, die vor mehr als 200 Jahren gegen das Lebendig-Begrabenwerden ankämpfte, indem sie per Hof-

dekret befahl, daß »Todte nicht eher als nach Ablauf von 48 Stunden begraben werden«. Seit damals ist's auch Gesetz, das Ableben eines Menschen mittels ärztlicher Totenbeschau behördlich feststellen zu lassen.
Was freilich kaum etwas daran änderte, daß weiterhin manch »lebender Leichnam« beerdigt wurde. Denn das Amt des Totenbeschauers war damals dürftig honoriert und wurde daher nur von ganz jungen Badern und Wundärzten, die wenig medizinische Erfahrung hatten, ausgeübt.
Verständlich, daß viele Menschen skeptisch waren. Johann Nestroy, der ein Leben lang fürchtete, lebendig begraben zu werden, vermerkte in seinem Testament: »Die Todtenbeschau heißt so viel wie gar nichts, und die medizinische Wissenschaft ist leider noch in einem Stadium, daß die Doctoren – selbst wenn sie einen umgebracht haben – nicht einmal gewiß wissen, ob er todt ist.«
Der dänische Märchendichter Hans Christian Andersen hatte so große Angst davor, lebendig eingesargt zu werden, daß er jeden Abend vor dem Schlafengehen einen Zettel an sein Bett legte, auf den er geschrieben hatte: »Achtung, ich bin nur scheintot!«
Immer wieder wurden Apparaturen erfunden, mittels derer man die Gefahr, bei lebendigem Leib begraben zu werden, abwenden wollte. Viele ließen einen Herzstich vornehmen, um ganz sicher zu gehen, daß sie auf ihrem letzten Weg auch wirklich tot seien. Nestroy bestand ebenso darauf wie die Schriftsteller Edgar Allan Poe und Arthur Schnitzler.
Auch eher skurrile Methoden sollten davor schützen, allzu früh zur ewigen Ruhe zu gelangen: 1829 wurde eine Art Periskop entwikkelt, das dem »Toten« die Möglichkeit gab, aus dem Sarg hinaus in die Welt zu blicken, ihn aber auch im Fall des Falles mit Sauerstoff versorgen sollte. Großer Popularität erfreute sich der vom niederösterreichischen k. k. Strafhausverwalter Johann Nepomuk Peter in der Leichenkammer des Währinger Ortsfriedhofs installierte »Rettungswecker«: Jeder Tote bekam eine Schnur um die Hand gebunden, die mittels Läutwerk eine Verbindung zum benachbarten Haus des Friedhofswärters schaffte. Bewegte sich der »Leichnam«, wurde der Wärter automatisch aus dem Schlaf gerüttelt. Kaum hatte sich die Existenz der Maschine herumgesprochen,

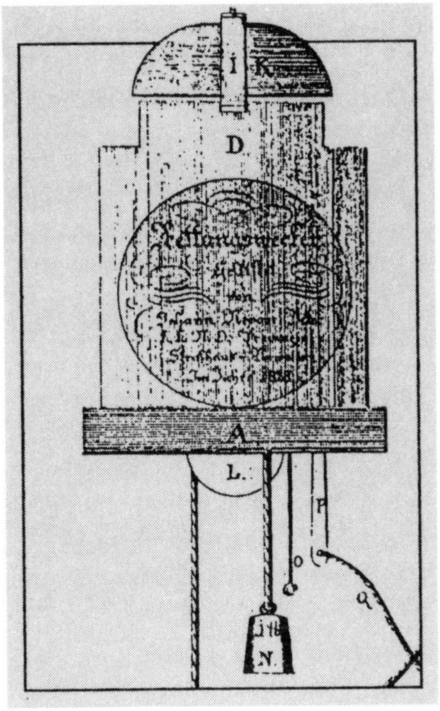

»Rettungswecker«, Währinger Friedhof zu Wien

wollten Tausende Wiener nur noch am Währinger Friedhof begraben werden. Ein Modell des historischen »Rettungsweckers« befindet sich heute noch im Wiener Bestattungsmuseum.

Berta Weiners Tragödie war nicht der erste Fall von Scheintod in unserer Zeit. Mehr als 20 zusätzlicher Jahre durfte sich der Klagenfurter Pensionist Josef Ramosch erfreuen, nachdem sein »lebloser Körper« 1969 bereits auf dem Seziertisch der Grazer Universitätsklinik gelandet war. »Ich war bei vollem Bewußtsein, habe alles mitbekommen, was um mich herum passierte. Aber ich konnte mich nicht verständlich machen, mein Körper war wie gelähmt.« Gerettet wurde Josef Ramosch durch einen Pfleger, dem aufgefallen war, daß sich seine Finger ganz leicht bewegten. So konnte dem damals 52jährigen Mann im letzten Moment noch der Alptraum des Lebendig-Begrabenwerdens erspart werden. Mit seiner Frau führte er dann noch ein ausgefülltes Leben, ehe er 1990 starb.

Rund 80000 Menschen sterben alljährlich in Österreich. Franz Knispel, Direktor der Wiener Städtischen Bestattung, kann »nach menschlichem Ermessen ausschließen, daß heute noch irgend jemand lebendig begraben« wird.
Nach menschlichem Ermessen.

Von Nestroy bis Agatha Christie

Literarisches

»Die 100 Leichen meiner Oma«

Agatha Christies Enkel erinnert sich

Als mir letztens ein Foto Agatha Christies in die Hände fiel, mußte ich unweigerlich an meine eigene Großmutter denken. Auch sie war eine reizende alte Dame mit schlohweißem Haar und feinnervigem Gesicht. Der winzige Unterschied: Meine Oma hatte keinen einzigen Menschen auf dem Gewissen. Jene aber, die auf besagtem Bild ganz friedlich zwischen Ehemann Max und Hund »Bingo« sitzt und in die Kamera lächelt, hat zahllose erschossen, erwürgt, vergiftet, ertränkt und sonstwie ins Jenseits befördert. Agatha Christie war wohl die bezauberndste Schreibtischtäterin aller Zeiten.

Ich kann mir in meiner Phantasie gerade noch ausmalen, wie Edgar Wallace oder Alfred Hitchcock bei einer Tasse Tee darüber nachdachten, auf welch grauenvolle Weise sie ihr nächstes Opfer verstümmeln würden. Aber Agatha, die biedere Oma mit Haarnetz? Unmöglich! »Es ist in der Tat schwer zu glauben«, erzählt mir ihr Enkel Mathew Prichard, »denn sie war eine Großmutter, wie sie sich jeder Bub wünschen würde; liebenswürdig, gütig, heiter und voller Lebensfreude.«

Die allergrößte Lebensfreude hatte die reizende alte Dame, wenn sie effektvoll mordete. Mr. Prichard, den ich in seinem Londoner Büro erreiche, kann seinen Unterhalt recht komfortabel von Omas Leichen bestreiten, zumal Agathas Bücher neben Bibel und Koran zu den größten Bestsellern aller Zeiten zählen: Eine Milliarde ihrer Krimis wurde bisher auf englisch verkauft, eine weitere Milliarde in 109 anderen Sprachen. Rechnen Sie pro Buch nur zehn Schilling an Tantiemen, die der Autorin bzw. deren Erben zustehen, dann können Sie sich vorstellen, daß man die Firma Christie mit Ford und General Motors in einem Atemzug nennen kann.

Enkelsohn Mathew Prichard ist Vorsitzender von »Agatha Christie

Ltd.«, einem Konzern, der sich um die weltweite Vermarktung der Blutdelikte seiner Großmama kümmert. Jährlich gehen nach wie vor drei bis fünf Millionen ihrer Bücher in Druck, daneben verkauft »Agatha Christie Ltd.« Film- und Fernsehrechte, Übersetzungen und Werbeprodukte aller Art.

»Mit Österreich verbanden meine Großmama herrliche Erlebnisse«, sagt Mathew. »1963 war ich mit ihr bei den Salzburger Festspielen, wo wir den ›Rosenkavalier‹ unter Herbert von Karajan sahen.« Österreich-Erinnerung Nr. 2 ist Oskar Kokoschka, der die Schriftstellerin 1969 in London porträtierte. Und schließlich wurde »Zeugin der Anklage«, Agatha Christies berühmtester Film, unter der Regie des Österreichers Billy Wilder gedreht. »Es war die einzige Verfilmung ihrer Bücher, die Großmutter gefiel. Kurz vor ihrem Tod kam dann noch ›Mord im Orientexpreß‹ dazu.«

Mich verblüfft, werfe ich vorsichtig ins Gespräch, daß mich Ihre Mama, die Tochter Agatha Christies also, frappant an Miss Marple erinnert.«

Mr. Prichard, ein Gentleman vom Scheitel bis zur Sohle, in mittleren Jahren, lächelt britisch. »Daran habe ich noch gar nicht gedacht. Aber vielleicht haben Sie recht, es gibt gewisse Ähnlichkeiten. Doch es muß sich um einen puren Zufall handeln, denn meine Großmama haßte die Miss Marple im Film. Margaret Rutherford spielte nämlich immer nur Margaret Rutherford, aber niemals Miss Marple. Sie hatte mit der Figur aus Großmutters Büchern nichts zu tun.«

Miss Marple, das war – neben Meisterdetektiv Hercule Poirot – die berühmteste Schöpfung der genialen Autorin, die am 15. September 1890 im englischen Seebad Torquay als Tochter wohlhabender Eltern geboren wurde. Agatha wollte zunächst Sängerin werden, war aber zu schüchtern für die Bühne. Die Frau, die stark genug war – im Geiste –, all die Morde zu begehen, hatte »zu schwache Nerven« für eine Opernkarriere. Als ihre Schwester einmal sagte, sie könnte sich vorstellen, daß es einen Kriminalroman gäbe, dessen Mörder sie nicht schon nach wenigen Seiten erraten würde, wollte Agatha das Gegenteil beweisen. Sie schrieb ihr erstes Buch, das unter dem Titel »Die mysteriöse Affäre bei Styles« 1920 auf den Markt kam. Vorher schon, als Krankenpflegerin im Ersten Welt-

krieg, hatte sie in einem chemischen Labor zu tun, in dem sie die »Giftmischer« faszinierten.
Enkel Mathew, der – solange seine Großmutter lebte – alle Sommer- und Weihnachtsferien in ihrem Haus bei Oxford verbrachte, erinnert sich, daß sie jeden Abend aus ihrem neuesten Roman vorlas, um zu testen, wie schwer es für ihre Leser sein wird, den Täter ihres nächsten Kriminalfalles zu erraten. Die Familie wurde damit ausreichend auf Trab gehalten, denn für ihre 78 Krimis, 20 Theaterstücke und zahlreichen Kurzgeschichten produzierte sie weit mehr als hundert Leichen und ebenso viele Täter, die es zu identifizieren galt. »Mein Großvater schlief beim Vorlesen ihrer Geschichten regelmäßig ein und tippte, wenn er dann abrupt aufwachte, auf irgendeinen »Verdächtigen« – zur Freude der ganzen Familie meist auf einen, der es unmöglich gewesen sein konnte. Nur meine Mutter hatte das Talent, den richtigen zu finden.«
1976 starb die große Agatha, im 86. Lebensjahr, nicht ohne die Welt auf ihren Tod literarisch vorzubereiten. Ließ sie doch kurz vorher in ihrem letzten Roman Meisterdetektiv Hercule Poirot sterben, damit dieser nicht fortan, von seiner Schöpferin verlassen, alleine durch die böse Welt unaufgeklärter Morde irren müßte. Ihr Mann, der weltberühmte Archäologe Sir Max Mallowan, starb zwei Jahre nach ihr.

Mozarts bester Freund

Emanuel Schikaneder, Textdichter der »Zauberflöte«

Er war ein umherziehender Vagabund, ein Komödiant, der sein Publikum viele Jahre lang in Dörfern und Kleinstädten mit oft belanglosen Lustspielen unterhielt. Ein einziges Werk freilich machte Emanuel Schikaneder unsterblich. Er ist der Textdichter der »Zauberflöte«. Ohne seine freundschaftliche Verbindung zum Mu-

sikgenie wäre diese wohl populärste aller Mozart-Opern nicht entstanden.
Schikaneders Wandertruppe spielte in Augsburg, Stuttgart und Nürnberg, ehe sie 1780 mehrere Monate in Salzburg gastierte. Zu den Besuchern der dortigen Vorstellungen zählten neben Erzbischof Graf Colloredo auch dessen Hofkapellmeister Leopold Mozart, der immer in Begleitung seiner Kinder »Nannerl« und des damals 24jährigen Wolfgang Amadé kam.
Johann Joseph Schickeneder, wie er eigentlich hieß, war 1751 als zwölftes Kind eines Bedienten in Bayern zur Welt gekommen. Fünf Jahre älter als Mozart, erkannte er dessen Genie beim ersten Salzburger Treffen auf Anhieb. Die beiden äußerlich so unterschiedlichen Männer – der dichtende Schauspieler war von mächtiger Statur, der Komponist klein und gedrungen – wurden innige Freunde, die viel miteinander lachten und gemeinsam zum Kegelschieben und zum »Bölzelschießen« gingen. Noch in Salzburg hatten sie die Idee zur »Zauberflöte«, doch es sollte mehr als ein Jahrzehnt vergehen, ehe sie ihr einziges gemeinsames Werk verwirklichten.
In der Zwischenzeit schuf Mozart »Die Entführung aus dem Serail«, »Die Hochzeit des Figaro«, »Don Giovanni« und »Così fan tutte«; Schikaneder bereiste die deutsche und die österreichische Provinz, spielte von Shakespeare über Schiller bis zu seinen eigenen Werken alles, was das Publikum verlangte.
Erfreuen sich Schauspieler heute im allgemeinen großer Anerkennung, so zählten sie damals zum »fahrenden Volk«, das in Dörfern und Städten mit dem berühmt-berüchtigten Satz: »Hängt's die Wäsch' weg, die Komödianten kommen«, empfangen wurde. Die Wandertruppen waren tatsächlich sehr oft zu Fuß unterwegs, wobei uns Schikaneder ein Beispiel für die schreckliche Mißachtung seines Berufsstandes hinterließ: In der Nähe von Krain bat er, nach stundenlangem Fußmarsch, schwitzend und zum Umfallen erschöpft, auf dem Feld arbeitende Bauern um einen Krug Wasser, den man ihm und den anderen Künstlern auch reichte. Als kurz danach heftig einsetzender Hagelschlag das Getreide vernichtete, glaubten die Bauern, das Gewitter sei die Strafe Gottes dafür, daß sie den Schauspielern geholfen hätten. Sie liefen den Komödianten

nach, griffen sie mit ihren Sensen und Gabeln an, wobei mehrere Mitglieder der Schikaneder-Truppe verletzt wurden.

Freilich sollte der Schauspieler und Prinzipal neben Demütigung auch sehr viel Jubel erleben, meldete doch das Münchner »Theaterjournal«, Schikaneder hätte als Hamlet das Publikum dermaßen begeistert, daß er »hervorgerufen und gezwungen wurde, seinen letzten Auftritt zu wiederholen«. Kaiser Joseph II. ist es zu danken, daß die Komödianten, gerade in dieser Zeit, immer mehr Achtung fanden. Als der Kaiser – und in dessen Gefolge auch der Adel – die Theaterleute zu Soireen und Empfängen baten, wurden sie bald von allen Teilen der Bevölkerung umworben.

Inzwischen war Schikaneder die eigene Ehefrau mit einem Dichter seiner Kompanie »durchgegangen«. Selbst eine der Stützen des Ensembles, hatte Eleonore Schikaneder zahlreiche Liebschaften ihres Mannes mit jungen Schauspielerinnen, Ballett- und Stubenmädeln ertragen, ehe sie die Kraft aufbrachte, ihn zu verlassen. Um nach dem Tod ihres Freundes dennoch zu Emanuel zurückzukehren.

1789 wurde Schikaneder »Directeur« des Wiener Freihaustheaters, das Kaiser Joseph als Spielstätte des deutschen und des wienerischen Singspiels sehen wollte, zumal an den großen Häusern fast nur italienische Opern aufgeführt wurden. Endlich seßhaft geworden, fand nun der neuernannte Prinzipal Gelegenheit, mit dem mittlerweile ebenfalls in Wien lebenden Freund aus Salzburg jenes Werk zu schaffen, mit dem auch er in die Musikgeschichte eingehen sollte: »Die Zauberflöte«.

Anleihen für deren Inhalt holten sich die beiden aus Wielands Märchensammlung »Dschinnistan« und aus einer Posse von Wenzel Müller. Während er am Textbuch arbeitete, entschloß sich Schikaneder – ebenso wie Mozart Mitglied der Wiener Loge »Zur gekrönten Hoffnung« –, die Romanze des Prinzen Tamino und seiner Pamina mit freimaurerischen Elementen anzureichern.

Der Textdichter war auch am Zustandekommen einer der populärsten Melodien aller Zeiten maßgeblich beteiligt: Schikaneder sang Mozart den damals in Schwaben üblichen Lockruf der Vogelfänger vor, der zum Grundmotiv für »Ein Mädchen oder Weibchen wünscht Papageno sich« werden sollte. Schikaneder selbst kreierte

die Figur des ihm seelenverwandten, leichtlebigen Papageno, die seit nunmehr zweihundert Jahren zu den Paraderollen populärer Sänger zählt.
Einmal mehr erwies sich das Schicksal als unbarmherzig. Zwar wurde der Textdichter durch die ungeahnten Einnahmen der »Zauberflöte« reich, doch der Komponist überlebte die Premiere am 30. September 1791 – die er selbst noch dirigierte – um nur neun Wochen. Mozart hat vom Welterfolg seiner Oper nicht mehr erfahren.
Mit dem durch die »Zauberflöte« erworbenen Vermögen kaufte Schikaneder das Grundstück »Laimgrube, Realität Nr. 4«, auf dem er das Theater an der Wien errichten ließ. Doch der in wirtschaftlichen Fragen talentlose Dichter und Schauspieler hatte sich mit dem gewaltigen Projekt übernommen und mußte das von ihm geplante Theater an der Wien am 1. Juli 1802, nach nur einjähriger Spielzeit, wieder verkaufen.
Wie sein genialer Komponist, sollte auch der Textdichter der »Zauberflöte« ein würdeloses Ende finden: Emanuel Schikander überlebt Mozart um mehr als zwei Jahrzehnte, doch auch er geht in Armut und unter schrecklichen Umständen zugrunde. 61 Jahre alt und geistig umnachtet, stirbt er 1812 in Wien. Sein Leichnam wird – ebenso wie der Mozarts – in einem Massengrab beigesetzt.

»Ich glaub' von jedem Menschen das Schlechteste«

Johann Nestroy (1801–1862)

Karl Kraus sprach ihm die Fähigkeit zu, »aus drei Worten eine Figur und aus zwei Sätzen ein Milieu« zu schaffen. Nestroy selbst sah seine Kunst profaner: »G'fallen sollen meine Sachen, lachen sollen die Leut', und mir soll die G'schicht a Geld tragen, damit ich auch lach', das ist der ganze Zweck.«

Sein Vater war Hof- und Gerichtsadvokat in Wien, und es war überhaupt nicht daran zu denken, daß Johann Nepomuk Nestroy jemals irgendeinen anderen Beruf ausüben würde als der gestrenge Herr Papa. War ihm aber schon am Schottengymnasium die Ausbildung seiner Baßstimme wichtiger als Mathematik und Latein, so platzte ihm im zweiten Semester des Jusstudiums endgültig der Kragen. Nestroy ging zum Theater, spielte vorerst auf Dilettantenbühnen und feierte 1822 am Wiener Kärntnertortheater sein Debüt als Opernsänger: als Sarastro in Mozarts »Zauberflöte«.
Im darauffolgenden Jahr verliebte er sich Hals über Kopf. Da er am Kärntnertor zuwenig verdiente, um heiraten zu können, nahm er ein besser bezahltes Engagement am Deutschen Theater in Amsterdam an. Doch die Ehe – von Nestroy später als »gegenseitige Lebensverbitterungsanstalt« bezeichnet – hielt nicht lange, seine Frau Wilhelmine ging nach vier Jahren mit einem ungarischen Grafen durch. Von da an bis zu seinem Tod lebte Nestroy mit seiner Lebensgefährtin, der Schauspielerin Marie Weiler. Einen Sohn brachte er in diese Beziehung aus seiner Ehe mit, zwei Kinder hatte die Weiler aus einer früheren Verbindung.
Nach Lehr- und Wanderjahren durch die Provinz, wo er mehr und mehr zum Sprechdarsteller wurde, verpflichtete ihn der berühmte Theaterdirektor Karl Carl 1832 als »Lokalkomiker« in die Josefstadt und ans Theater an der Wien. Nestroy nahm jetzt Engagements nur noch an, wenn seine Freundin Marie Weiler gleichzeitig auftreten durfte. Es war damals durchaus üblich, daß Schauspieler – so sie keine geeigneten Rollen fanden – ihre Stücke selbst schrieben. Was Nestroy anfangs spielen mußte, schien tatsächlich nicht nach seiner Fasson zu sein: Es waren Intriganten, Bösewichte, der Geßler in »Wilhelm Tell«, der Burleigh in »Maria Stuart«, aber auch der Rappelkopf in Ferdinand Raimunds »Alpenkönig«, den er »mehr wie einen Menschenfresser als einen Menschenhasser« anlegte, wie ein Kritiker meinte.
Also setzte sich Nestroy hin und schrieb sich – wie vor ihm schon Raimund – die Rollen auf den Leib. Und bewies mit »Der böse Geist Lumpazivagabundus« sehr bald sein Genie. Er selbst trat als Schuster Knieriem auf, der Komiker Wenzel Scholz als Schneider Zwirn und Direktor Carl als Tischler Leim.

Der »Lumpazi« wurde in üppiger Ausstattung aufgeführt, aber Direktor Carl mußte sparen. Die Zeit war reif für die schlichtere Lokalposse, und für den Praktiker Nestroy war's kein Problem, sich den neuen Gegebenheiten anzupassen. Ein Erfolg löste den anderen ab: »Zu ebener Erde und erster Stock«, »Der Talisman«, »Das Mädl aus der Vorstadt«, »Einen Jux will er sich machen«... 1845 übersiedelte Nestroy samt Prinzipal und Freundin Marie Weiler ans Theater in der Leopoldstadt – das spätere Carl-Theater –, dessen Leitung er nach dem Tod von Direktor Carl übernahm.

Nestroy paßte nicht ins Biedermeier, er war seiner Zeit voraus, träumte von einer neuen Welt und ahnte, daß sie auch bald kommen würde. Aber noch stand er mit seinen ebenso treffsicheren wie blitzgescheiten Parodien, Couplets, Aphorismen und Wortspielereien in permanentem Kampf mit Metternichs strenger Polizeizensur. Oft genug wurden seine Possen abgesetzt, er mußte Strafe zahlen, einmal soll er sogar im Kerker gelandet sein. Er war fanatischer Pessimist und drückte diese Überzeugung in dem Satz aus: »Ich glaub' von jedem Menschen das Schlechteste, selbst von mir, und ich hab' mich noch selten getäuscht.« Die k. k. Behörden wußten sehr genau, daß da kein bloßer Spaßmacher am Werk war, sondern ein aggressiver Satiriker und Sprachkünstler, der immer ins Schwarze traf. Sein Ideal war, wenn das Publikum »mit'n halberten G'sicht lachen und mit der anderen Hälfte weinen« konnte.

Zu einer Zeit, da es noch riskant war, für die Rechte des kleinen Mannes einzutreten, kämpfte er als wortgewaltiger Ankläger für mehr Demokratie, doch als das politische Ziel 1848 erreicht schien, dachte Nestroy nicht daran, sich zufriedenzugeben, sondern verfaßte mit »Freiheit in Krähwinkel« eine Satire auf die Revolution.

1860 verlegte er seinen Wohnsitz nach Graz, wo er zwei Jahre später den Folgen eines Schlaganfalls erlag. »Die Würmer können nicht reden«, hatte er einmal geschrieben, »sonst verrateten sie's vielleicht, wie gräßlich langweilig dem Toten das Totsein vorkommt.«

Die Generation, die Nestroy noch auf der Bühne erlebt hatte, konnte sich nicht vorstellen, daß ein anderer seine Rollen spielen sollte, und so landeten die genialen Stücke in den Theaterarchiven und waren schnell vergessen. Für unser Jahrhundert wurden sie von Karl Kraus wiederentdeckt, heute zählen sie zu den meistgespielten auf Österreichs Bühnen.

Das Drama eines Lebens

Ferdinand Raimund (1790–1836)

Er zählte zu den umjubelten Künstlern seiner Zeit. Als Schauspieler war er ein Liebling des Publikums, seine Werke fanden auch außerhalb Österreichs große Anerkennung, er war wohlhabend und berühmt. Doch Schwermut und Melancholie trieben ihn zum Selbstmord.

Man schrieb den 29. August 1836, als sich ein zunächst unbedeutend erscheinender Vorfall ereignete: Ferdinand Raimund war, von einer erfolgreichen Gastspielreise aus Hamburg kommend, auf seinen Besitz im niederösterreichischen Gutenstein zurückgekehrt. Sein Hund, der ihn sofort liebevoll empfing, hatte unglückseligerweise kurz vorher mit einem anderen Hund im Dorf gerauft und sich dabei eine schmerzhafte Verletzung zugezogen. Bei der Begrüßung streichelte Raimund seinen geliebten Hund unabsichtlich an der Wunde, so daß das Tier instinktiv nach seinem Herrl schnappte und dessen Hand verletzte.

Was noch lange kein Drama gewesen wäre, weitete sich infolge der angekränkelten Psyche des Dichters zur Katastrophe aus. Nachdem ihm eine Zigeunerin in jungen Jahren prophezeit hatte, er würde dereinst an den Folgen eines Hundebisses sterben, war Ferdinand Raimund überzeugt, er wäre durch die Verletzung des Hundes an Tollwut erkrankt und müsse jetzt elendiglich zugrunde gehen. Zwar ließ er noch eine Kutsche anspannen, um seinen Arzt in Wien zu konsultieren, doch als er unterwegs von einem schweren Gewitter überrascht wurde und im Gasthof »Zum goldenen Hirschen« in Pottenstein übernachten mußte, verlor er die Nerven. Um vier Uhr früh schoß er sich mit seinem Revolver, den er immer

bei sich hatte, eine Kugel in den Kopf. Er verstarb nach einer Woche qualvollen Leidens.
Dem schrecklichen Ende war ein Leben zwischen beruflichen Erfolgen und persönlichem Leid vorausgegangen. Raimund war als 13. Kind eines Drechslermeisters in der Wiener Mariahilfer Straße zur Welt gekommen. Elf seiner zwölf Geschwister waren im Säuglingsalter verstorben, nur er als Jüngster und eine Schwester überlebten. Die Mutter starb an der Schwindsucht, als er zwölf war, der Vater zwei Jahre später. Nach der Bürgerschule wurde er von seiner älteren Schwester bei einem Zuckerbäcker in die Lehre gesteckt.
Das war eine schicksalhafte Entscheidung, denn als Lehrbub des Zuckerbäckers Jung auf der Freyung hatte Raimund die Aufgabe, allabendlich Süßigkeiten ins alte Hof-Burgtheater am Michaelerplatz zu liefern. Auf der vierten Galerie, »am Juchhe«, wie die Wiener sagen, verkaufte er Brezeln und Zuckerln. Und war vom ersten Tag an dem Theater verfallen. Er blieb bis Ende jeder Vorstellung und wollte nur noch Schauspieler werden. Mit 18 warf er seinem aus Schwaben stammenden Lehrherrn – dem er Jahrzehnte später in der Figur des Ajaxerle im »Bauer als Millionär« ein Denkmal setzte – die Brezeln hin und sprach beim Prinzipal des Meidlinger Sommertheaters im Theresienbad vor, der den jungen Mann freilich mit den Worten: »Sie können ja nicht einmal das rollende ›R‹ sprechen«, hinauswarf.
Ferdinand Raimund war ohne familiäre Bindung und schloß sich jetzt einer Wanderbühne an, um fortan als Darsteller von Klassikern sowie Ritter- und Räubertragödien durch die Provinz zu »tingeln«.
1814 erkannte der Direktor des Theaters in der Josefstadt sein außerordentliches Talent und engagierte ihn. Raimund spielte vor allem komische Rollen, wurde zum Star, doch fand er in der damaligen Theaterliteratur nicht die Stücke, die ihm zusagten. Als er drei Jahre später Schauspieler und Regisseur am Leopoldstädter Theater wurde, begann er selbst zu schreiben. Und war – mit dem »Barometermacher auf der Zauberinsel« – auf Anhieb erfolgreich.
Doch Ferdinand Raimunds Psyche war nicht geschaffen, Erfolg, Popularität und finanziellen Wohlstand genießen zu können.
Nach der schweren Jugend gerade den ersten beruflichen Höhen-

flug erlebt, kam wieder eine private Katastrophe: Raimund hatte sich in Toni Wagner, die Tochter eines reichen Kaffeesieders, verliebt. Doch da dieser mit dem »Gsindel vom Theater« nichts zu tun haben wollte, verweigerte der Cafetier die Einwilligung zur Heirat. So begann Raimund in seiner Depression eine Beziehung mit einer Theaterkollegin namens Luise Gleich, die ihm wenig Glück brachte.

Ohne die Schauspielerin wirklich zu lieben, wurde er in eine von ihrer Familie regelrecht »inszenierte« Heirat getrieben. »Die verhinderte Hochzeit« könnte der Titel einer Tragikomödie von Ferdinand Raimund sein, aber die Geschichte hat sich tatsächlich so zugetragen: Unmittelbar vor der Trauung wurde Raimund im Zuge eines Streits von seiner Braut in den Finger gebissen, worauf er in den Prater entfloh und die Hochzeit platzen ließ. Wien hatte einen Skandal, und Raimund wurde am Abend danach von seinem Publikum ausgepfiffen.

Es gab kein Entrinnen, vier Tage nach der Affäre beugte er sich dem Druck des Publikums und heiratete Luise Gleich. Die Ehe war natürlich zum Scheitern verurteilt und wurde schon nach wenigen Monaten geschieden.

Worauf Raimund zu seiner angebeteten Toni Wagner zurückfand, mit der er den Rest seines Lebens verbrachte. Doch war es auf Grund der geltenden Gesetze nicht möglich, ein zweites Mal zu heiraten.

Fast alle Stücke, die Ferdinand Raimund schrieb, waren auf Anhieb erfolgreich. Auch wenn mit dem um elf Jahre jüngeren Johann Nestroy ein mächtiger Rivale heranwuchs, konnte er die volle Anerkennung seines Werks erleben. Einzig sein Traum, die Aufführung seiner Zaubermärchen am Burgtheater, an dem er einst Brezeln verkaufte, blieb ihm versagt. Erst 50 Jahre nachdem er auf so tragische Weise »der Welt ade« gesagt hatte, gab man dort sein Meisterwerk, den »Verschwender«, dessen berühmtes Hobellied mit den Worten des Tischlers Valentin endet: »Da leg' ich meinen Hobel hin und sag' der Welt ade.«

Ferdinand Raimund, ein Mann, der über wahrhaft prachtvolle Gaben verfügte. Nur über die eine nicht, mit ihnen glücklich zu werden.

War es Selbstmord?

Josef Weinheber (1892–1945)

Der 8. April 1945 war ein Sonntag. Die Sowjets haben Wien erreicht, der Stephansdom brennt, die Innenstadt droht im Bombenhagel unterzugehen. Widerstandskämpfer werden auf offener Straße gehenkt, Hitlerdeutschland steht vor der Kapitulation. In Kirchstetten bei St. Pölten stirbt Josef Weinheber an einer Überdosis Morphium.

Ich bin nach Kirchstetten gefahren, in jenes Haus, in dem der Dichter im Alter von 53 Jahren aus dem Leben schied. War es ein Unfall oder war es Selbstmord? Neben mir sitzt sein Sohn Christian, der sich natürlich auch mit dieser Frage beschäftigt hat.

Das Leben des Dichters verläuft vorerst sehr durchschnittlich. Geboren in Ottakring als Sohn eines Fleischhauers, wächst Josef Weinheber nach dem frühen Tod der Eltern im Waisenhaus Mödling auf, muß mit 15 die Mittelschule verlassen, weil ihm nach einem »Nichtgenügend« auf eine Mathematikschularbeit die staatliche Unterstützung gestrichen wird. Weinheber kommt zu Zieheltern, arbeitet als Lehrling in einer Pferdefleischerei, ehe er zur Post geht, wo er es bis zum »Inspektor« bringt.

Ein Heiratsinserat vermittelt ihm seine erste Frau Emma, von der er sich bald scheiden läßt. Bei der Post lernt er seine zweite Frau Hedwig kennen. Schon als kleiner Beamter schreibt er – neben zahlreichen Gedichten – mit dem Roman »Das Waisenhaus« auch die Erinnerung an seine triste Kindheit nieder. An Selbstbewußtsein mangelt es dem von Rilke, Trakl, Wildgans und Karl Kraus beeinflußten Dichter nicht, meint er doch 1926, als völlig unbekannter Schriftsteller: »Ich will nicht ein Lyriker sein, ich will *der* Lyriker sein.«

Zehn Jahre später, durch das Buch »Adel und Untergang« schlagartig bekannt geworden, wird er mit dem Mozartpreis der deutschen Goethestiftung geehrt. Die mit 16000 Schilling dotierte Auszeichnung verwendet er zum Ankauf eines ehemaligen Gasthofs in Kirchstetten. Hier wohnt und schreibt er bis zum letzten Tag seines Lebens.

NS-Deutschland hofiert ihn, der trinkfeste »Ostmärker« wird zum Paradeliteraten jener dunklen Zeit. Zweifellos vom braunen Gedankengut verblendet, gehörte Weinheber (mit Unterbrechungen) schon ab 1931 »der Partei« an, schreibt von den Nazis bestellte Huldigungsgedichte, darunter »Dem Führer« und »Ode an die Straßen Adolf Hitlers«.

Die genauen Umstände des Todes bleiben rätselhaft. Es gibt zwei Versionen. Für die Version Selbstmord sprechen Depressionen, spricht ein Brief, den er fünf Tage vor seinem Tod seiner Ziehmutter Maria Grill schreibt: »Wir werden uns in diesem Leben nicht mehr sehen. Ich danke Dir für alles Gute, das Du an mir getan hast. Ich kann Dir wahrscheinlich kein Lebenszeichen mehr geben, weil ich Stunde für Stunde damit rechne, daß wir von der Außenwelt abgeschnitten werden. Leb also wohl, Dein Weinheber.«

»Wer von uns, der diese Tage miterlebte, hat nicht einen solchen Brief geschrieben, weil er sich in einer hoffnungslosen Lage glaubte«, meinte später sein Freund und Entdecker Manfred Jasser, der die Version eines Unfalls vertritt, denn »niemand, der Josef Weinheber wirklich kannte und über seine letzten Lebenstage unterrichtet ist, glaubt ernsthaft an Selbstmord.«

Hedwig Weinheber, die Witwe, hat diese letzten Tage so beschrieben: »Er litt schon seit Jahren unsäglich an dem, was er kommen sah, war an schwere Schlafmittel gewöhnt und mußte die Dosis immer wieder verstärken. In der Nacht zum 8. April wirkte auch das nicht mehr, er war am Morgen todmüde, aber ruhig. Da muß es geschehen sein. Er wollte schlafen, er mußte schlafen. Jetzt aber war die Dosis zu groß, die in der Nacht zu klein gewesen war. Er schlief ein, aber er wachte nicht mehr auf.«

Weinhebers Sohn Christian will hingegen keineswegs glauben, daß es ein Unfall war. »Der Brief an seine Ziehmutter ist eindeutig. Es war Selbstmord.« Christian Weinheber-Janota wird in keiner Biographie erwähnt. Entstammt er doch der Verbindung Weinhebers mit der Germanistikstudentin Gerda Janota, die sich bei einer Dichterlesung in Linz in den bulligen Autor verliebt hatte und ihm 1941 den unehelichen Sohn schenkte. Er wurde – nach jahrzehntelangen Erbschaftsprozessen gegen die Nachkommen der Witwe – Universalerbe des Dichters.

Der Weinheber-Forscher Professor Dr. Albert Berger prägte die Formel, wonach Weinheber – auf österreichisch – »ein bisserl ein Faschist war, ein Mitläufer höheren Grades, der den Herrschaften, wenn sie ihrer bedürftig waren, die poetischen Schnörkel lieferte, aus Eitelkeit, Ahnungslosigkeit oder Verblendung«. Als er in den vierziger Jahren endlich bemerkte, wie sie seine Dichtung für ihre üblen Zwecke mißbrauchten, »fand er keinen Ausweg mehr«.
In erster Linie sind es die in seinem Lyrikband »Wien wörtlich« zusammengefaßten Gedichte, die Weinheber unsterblich machen. Er hat darin die Wiener Mundart zur klassischen Dichtkunst erhoben.
Der große Schriftsteller hat im Garten seines Hauses in Kirchstetten die letzte Ruhestätte gefunden.

Arzt und Dichter

Arthur Schnitzler (1862–1931)

Er hat Österreich in zwei Lager geteilt. Es gab nur glühende Verehrer und die anderen, die ihn total ablehnten. Heute bestehen kaum Zweifel darüber, daß Arthur Schnitzler der bedeutendste deutschsprachige Schriftsteller unseres Jahrhunderts ist. Ein Beobachter mit psychologischem Einfühlungsvermögen und ein begnadeter Stilist. Der »Schnitzler-Ton« ist immer noch fester Bestandteil vieler Bühnen im deutschen Sprachraum.
Kurz nach seiner Matura veröffentlichte die Zeitschrift »Der freie Landesbote« Schnitzlers erstes Werk, das »Liebeslied der Ballerine«. Trotz seiner literarischen Ambitionen absolviert er das Medizinstudium und wurde Assistenzarzt seines Vaters, der gegen Ende des vorigen Jahrhunderts zu den Großen der Wiener Medizinischen Schule zählte: Professor Dr. Johann Schnitzler hatte sich als Facharzt für Kehlkopferkrankungen einen Namen gemacht und die Wiener Poliklinik gegründet, deren erster Direktor er war.

Auch der junge Dr. Arthur Schnitzler schien in der Medizin anfangs erfolgreicher zu sein als in der Dichtkunst. Während seine wissenschaftlichen Arbeiten über Hypnose und Suggestion aufhorchen ließen, fand sich für den Literaten vorerst nicht einmal ein Verleger: Lange Zeit war Schnitzler um die Veröffentlichung seines »Anatol« bemüht, doch kein Mensch wollte den später so berühmt gewordenen Zyklus herausbringen. Sein erstes Buch – es hatte den Titel »Das Märchen« – mußte Schnitzler auf eigene Kosten in Druck geben.

Nicht viel besser stand's um die frühen Bühnenwerke des Sekundararztes. Zur ersten Schnitzler-Premiere war es durch ein reines Mißverständnis gekommen: der Direktor der Wiener Schauspielschule Friedrich hatte den Einakter »Das Abenteuer seines Lebens« nur deshalb zur Aufführung gebracht, weil er dachte, nicht der junge, unbekannte Dr. Schnitzler sei der Autor, sondern der alte, berühmte Professor Schnitzler, den aufzuführen er als werbewirksame Veranstaltung für sein Institut betrachtete.

Arthur Schnitzlers Durchbruch kam über Nacht, mit der Uraufführung von »Liebelei«, der klassischen Liebesaffäre des Fin de siècle, am Burgtheater. Von da an war Schnitzler der erklärte Liebling vieler Österreicher, Genie und Dichterfürst. Aber so groß die Schar seiner Anhänger war, so viele Feinde hatte er bald auch.

Mit dem neuen Jahrhundert begann Schnitzlers Weg zur Skandalfigur im literarischen Wien: In der Weihnachtsnummer der »Neuen Freien Presse« des Jahres 1900 erschien die erste Folge seiner Novelle »Leutnant Gustl«, die zur Beschlagnahme der Zeitung führte.

Aber nicht nur der Zeit des alten Kaiserreichs, sondern auch jener der jungen (Ersten) Republik war Schnitzler voraus. Die Aufführung seines »Reigen« am 16. Februar 1921 führte zum größten Theaterskandal, den Österreich je erlebt hat: Im Zuschauerraum der Wiener Kammerspiele kam es als Protest gegen erotische Szenen zu einer von 600 Randalierern veranstalteten wüsten Schlägerei, worauf das Stück von der Polizei »aus Gründen der öffentlichen Ruhe und Ordnung« verboten wurde. Wenige Tage danach fand der Tumult im Parlament eine »würdige Fortsetzung«. Während der sozialdemokratische Abgeordnete Albert Sever für die Wieder-

aufnahme des »Reigen« eintrat, wurde er durch den Faustschlag eines Nationalen getroffen, Saaldiener des »Hohen Hauses« mußten die einander attackierenden Volksvertreter trennen. »Schmutz-, Schund- und Bordellstück« zählten noch zu den harmloseren Ausdrücken in Sachen »Reigen«, den Schnitzler eigentlich gar nicht zur öffentlichen Aufführung vorgesehen hatte. Das Stück war in einer Auflage von 200 Exemplaren zunächst nur »als unverkäufliches Manuskript« gedruckt und an Freunde verschenkt worden. Während man hierzulande noch heftig über Schnitzlers »Schweinereien« diskutierte, wurde er bereits in mehrere Sprachen übersetzt, Hollywood verfilmte in den zwanziger Jahren »The Affairs of Anatol«.
Die Ehe des Schriftstellers war unglücklich und 1921 geschieden worden, er selbst – alles andere als ein Kostverächter – konnte seinem Privatleben so manche Bühnengestalt entnehmen. Die wichtigsten Schnitzler-Figuren haben tatsächlich gelebt: War Adele Sandrock, seine Geliebte, Vorbild für die männerverzehrende Schauspielerin im »Reigen«, so ist in seinem »Professor Bernhardi« eindeutig Schnitzlers Vater wiederzuerkennen. Für das berühmt gewordene »süße Mädel« stand Arthur Schnitzlers Freundin Jeanette Heeger Pate, mit »Komtesse Mizzi« war in Wirklichkeit die Wiener Nobeldirne Mizzi Veith gemeint...
Obzwar in seiner Blütezeit der meistgespielte Dramatiker des deutschen Sprachraums, sah sich Schnitzler sein Leben lang als Mediziner, nach dem Tod des Vaters hatte er eine Ordination als praktischer Arzt eröffnet, »die ich eigentlich offiziell nie aufgegeben«, wie er seinem Tagebuch anvertraute. »Auch im Dichter ist stets und überall der Arzt zu merken«, meinte der Kritiker Oskar Maurus Fontana, »denn alle seine Werke haben den Rang, Wert und Sinn von Diagnosen, von Versuchen zu Heilungen. Es sind Krankheiten der Zeit, der Seele, des Triebes und der Liebe, die er erkannte und darstellte.«
In den letzten Jahren seines Lebens war es ruhiger um ihn geworden. Die Schnitzler-Renaissance setzte erst Jahrzehnte nach seinem Tod ein. Und hält bis heute an.

Namenregister